U0299257

财务数字化转型实践手册

郝志越 徐耀 伍盛 / 著

清华大学出版社
北京

图书在版编目（CIP）数据

财务数字化转型实践手册 / 郝志越，徐耀，伍盛著.
北京：清华大学出版社，2024. 6. -- ISBN 978-7-302
-66535-9
　　Ⅰ. F275-62
中国国家版本馆 CIP 数据核字第 20240E7F82 号

责任编辑：宋冬雪
封面设计：青牛文化
责任校对：王荣静
责任印制：杨　艳

出版发行：清华大学出版社
　　　网　　　址：https://www.tup.com.cn，https://www.wqxuetang.com
　　　地　　　址：北京清华大学学研大厦 A 座　　邮　　编：100084
　　　社 总 机：010-83470000　　　　　　　　邮　　购：010-62786544
　　　投稿与读者服务：010-62776969，c-service@tup.tsinghua.edu.cn
　　　质 量 反 馈：010-62772015，zhiliang@tup.tsinghua.edu.cn
印 装 者：涿州汇美亿浓印刷有限公司
经　　销：全国新华书店
开　　本：148mm×210mm　　印　张：11.5　字　数：251 千字
版　　次：2024 年 7 月第 1 版　　印　次：2024 年 7 月第 1 次印刷
定　　价：88.00 元

产品编号：106069-01

自 2011 年 Gartner 公司提出相关概念以来，以提升客户体验、创新业务模式、驱动科学决策、创造企业价值为特征的数字化转型浪潮已席卷全球。在中国，数字化转型已从企业层面上升为国家战略，陆续被写入多个政府工作报告之中，在国民经济和社会发展的"十四五"规划纲要中，中国政府明确提出了"以数字化转型整体驱动生产方式、生活方式和治理方式变革"的发展目标。

经过 10 多年的快速发展，中国在数字化转型方面已取得了显著成效：数字经济规模持续扩大，总体规模连续多年位居世界前列；制造业数字化转型逐步深入，众多企业通过应用数字技术，实现了生产过程的智能化、自动化和柔性化；服务业借助电子商务、移动支付、共享经济等手段为其数字化转型提供了强有力的支持；中国的数字基础设施建设取得了令人瞩目的成就，数字政府治理服务效能得到了显著提升。

招商局集团作为中国民族工商业的先驱，自 1872 年创立以来，始终紧跟时代步伐，不断变革和创新，已发展成为中国最令人敬仰的公司之一。近年来，公司决策层以建设具有全球竞争力的世界一流企业为战略愿景，借助于卓有成效的数字化转型战略和系统化的实践，将公司带入了一个全新的数智化发展阶段。在其众多的数字化发展成就之中，无疑招商局蛇口工业区控股股份有限公司（以下简称招商蛇口）的财务数字化转型经验是最值得财务人员关注的内容之一。

创立于 1979 年的招商蛇口，作为招商集团"打响改革开放第一炮"的产物，40 多年来为中国经济发展做出了重要的贡献，曾孵化并培育了招商银行、平安保险、中集集团、招商港口等知名企业。招商蛇口主要聚焦园区开发与运营、社区开发与运营、邮轮产业建设与运营三大业务板块，截至 2023 年年末，业务覆盖 110 多个城市和地区，总资产规模达到 9085 亿元。在财务数字化建设方面，自1990 年首个基于 DOS 的核算系统上线以来，招商蛇口的财务管理团队一年一个脚印，逐步构建了具有最新发展理念和信息技术应用的"业财税银"一体化发展蓝图，基本实现了涵盖计划预算、财务分析、绩效管理、决策支持、税务管理、资金管理、产权管理、业务核算、财务报告等内容的先进财务应用生态群，可以说数字化转型的成绩斐然。

当前，很多研究数字化转型的朋友都对大型企业数字化转型的成功实践非常感兴趣，希望了解这些成功案例背后所运用的道和术，即数字化转型中所使用的知识、战略、路径、方法、策略、技术等内容。尽管目前已公开发表和出版的有关论文和专著可以部分解答朋友们的相关疑问，但像这本书这样出自一线知名财务数字化专家之手，基于某个大型企业数字化转型经验且能全面细致地描述相关过

程的专著并不多见。本书的作者郝志越先生曾是招商蛇口财务部的
信息技术负责人，也是招商局集团财务信息化建设的主要参与者，
是国内具有丰富实践经验的数字化转型知名专家。他基于几十年的
管理和实践经验，详细剖析了大型企业财务数字化转型规划中的具
体方法和内容，分析了银企一体化、供应链融资一体化、销售业务
业财一体化，以及智能收款对账、智能费用报销、税务数字化管理、
集中财务核算等系统的基本架构、功能和实现路径。全书条理清晰，
通俗易懂，相信对广大的财会管理人员了解和掌握具体的财务数字
化转型知识会有所帮助，在此谨向大家特别推荐！

刘　勤
上海国家会计学院教授、智能财务研究院院长

推荐序二

什么叫大趋势?

我认为它有两个特点:一是不容易形成;二是一旦形成,便难以被逆转。未来几年,国产化替代、数字化、大模型、人工智能+、可持续发展等都是不可抵挡的大趋势。

大变局时代,在所有的不确定性下,数字化转型已不是"选择题",而是关乎企业生存和长远发展的"必答题"。在数字经济背景下,我们逐渐步入了数字原生时代,软件正在定义一切,企业也需要不断升级数字化运营和数字化商业模式创新,保持韧性成长。源于客户的信任和支持,金蝶已为超过740万家企业、政府组织提供数字化转型服务。

财务管理是企业数字化转型的中心环节。所以,当读到《财务数字化转型实践手册》这本书的时候,我很开心看到有这样一本专门探讨企业财务数字化实战的图书出版,书中内容非作者亲身实践不可得。

招商局集团是陪伴金蝶一路走来的重要客户和合作伙伴,我与郝志越先生的交往更是颇深。郝志越先生从事财务信息化工作有30

多年的时间，被招商局集团财务部的领导称为"集团财务信息化建设第一人"。书中所述的财务数字化场景如银企一体化、供应链融资一体化、销售业务业财一体化、智能收款对账都是当前企业面临的普遍问题；再如智能费用报销系统、税务数字化管理系统、财务核算系统等又是企业做数字化转型必须建设的基础系统，书中所讲述的实战经验与金蝶这些年沉淀的财务转型的思想、看法不谋而合，有很多话题也是我们共同在思考的。

郝志越先生在招商蛇口的长期工作经历，也让我不由得想起金蝶与招商蛇口、招商局集团的不解之缘。创业伊始，金蝶就投身到了中国改革开放的前沿阵地——深圳蛇口，蛇口是一块宝地，也是金蝶的福地。1991 年，我开始创业；1993 年，我们有幸得到了招商局蛇口工业区的投资，虽然 1997 年招商局蛇口工业区因为政策法规等原因退出了金蝶，但这个合作的种子一直埋在我的心里。这么多年来，金蝶与招商局集团风雨同舟，在财务共享、司库、合并报表等数字化领域有重要合作，相互见证着对方的发展和管理的提升。缘起蛇口，风雨再续，可以说，金蝶与招商局集团所走过的路，所共同实践摸索出的数字化转型经验，在这本书中都有充分体现。

一部金蝶创业史，半部中国软件发展史。1993 年，金蝶做财务软件起家，而后紧随时代发展进行云转型。如今在人工智能的大潮下，又推出了"金蝶云·苍穹 GPT"和中国首款财务大模型，不断加速财务与智能化融合，旨在为用户提供体验更佳的产品。而正是因为金蝶持续保持变革，不断创新，才有了与招商局集团共同成长的机会。

　　30年过去，我与金蝶依旧奋战在数字化转型的第一线，同时在这条路上的还有许多像郝志越先生一样深耕不辍的"老兵"。我常说，伟大的公司总是孕育在大变局之中，所以我相信，无论您的企业处于何种阶段，数字化转型始终是"宜未雨而绸缪，毋临渴而掘井"，也永远是一种"现在进行时"，一种动态迭代的过程，因为计划总赶不上变化，变化也是唯一的常态。站在新的时代路口，我们需要透视"财务管理"，理解"财务数字化重要性"，建设"世界一流财务管理体系"，构建财务管理的新质生产力，进而迈向世界一流！唯愿在迈向企业数字化征程的大道上，有你我偕行，以星星之火点亮"数字中国"之光！

徐少春

金蝶集团董事会主席兼 CEO

很高兴有机会向大家推荐一本极具价值和意义的财务数字化转型新书——《财务数字化转型实践手册》。这本书的作者是和我一起工作近 20 年的老朋友郝志越先生，他是一位在财务信息化领域深耕 30 多年的资深专家。郝志越先生曾就职于招商局集团下属的招商局蛇口工业区控股股份有限公司，在招商局集团推进企业数字化转型及业财税银一体化进程中，招商蛇口一直是集团财务管理创新发展的排头兵，取得了令人瞩目的成绩，其中不少成果更是业内首创。

《财务数字化转型实践手册》一书是郝志越先生多年经验和智慧的结晶，全书深入浅出地阐述了财务数字化转型的重要性、路径和方法。通过阅读本书，读者不仅能够全面了解财务数字化转型的核心理念和关键举措，还能够从中汲取丰富的实践经验和创新思路。

在第一章"顶层设计：编制财务数字化建设规划"中，作者强调了财务数字化转型的顶层设计和规划的重要性。他提出，制订一个科学合理的财务数字化建设规划是数字化转型成功的关键。在这一章中，他详细阐述了如何编制财务数字化建设规划，以及财务数字化转型的关键举措，为读者提供了宝贵的参考和借鉴。第二章

"银企一体化：智能化资金管理的基石"，则着重介绍了银企一体化在财务数字化转型中的重要作用。作者通过多个实践案例，深入剖析了银行账户全生命周期管控、银企直联、银行电子回单一体化等关键环节的实践应用，展示了银企一体化在提升资金管理效率和风险控制方面的显著成效。第三章"供应链融资一体化：全链条线上化管理实践"是本书的又一亮点。作者在这一章中详细阐述了供应链融资一体化的概念、建设思路、建设模式以及应用案例。他强调了供应链融资一体化在优化企业融资结构、降低融资成本、提升融资效率等方面的重要作用，为企业在数字化转型中探索新的融资模式提供了有益的启示。第四章"销售业务业财一体化：财务数字化转型的基础"则聚焦于销售业务与财务的深度融合。作者通过对系统基础设置管理、销售订单管理、应收账款管理等关键环节的剖析，阐述了销售业务业财一体化的核心思想和实施路径。他强调了销售业务与财务的紧密配合对于企业提升运营效率、降低运营成本、优化客户体验等方面的重要意义。

总的来说，《财务数字化转型实践手册》一书不仅系统地介绍了财务数字化转型的理论框架和实践方法，还通过丰富的案例和实践，展示了数字化转型在财务管理中的巨大潜力和价值。作者以其深厚的专业背景和丰富的实践经验，为读者呈现了一部既有理论深度又有实践指导意义的佳作。

作为郝志越先生的老朋友，我深知他在财务信息化领域所付出的努力和取得的成就。他的创新精神和专业素养使他在财务信息化的工作岗位上取得了显著的成绩，也为整个行业的发展做出了积极的贡献。这本书是他多年经验和智慧的结晶，我相信它一定能够为读者带来深刻的启示和收获。此外，我还特别欣赏作者在书中展现的开放和包容的态度。他不仅分享了自己的经验和见解，还积极吸收和借鉴了其他行业的优秀实践和创新思路。这种开放的态度使得这本书的内容更加丰富和多元，也为读者提供了更广阔的视野和思考空间。

我强烈推荐大家阅读《财务数字化转型实践手册》这本书。无论您是财务领域的从业者，还是对数字化转型感兴趣的企业管理者，抑或是从事企业数字化工作的 IT 人，这本书都将为您提供宝贵的参考和借鉴。通过阅读这本书，您将能够更好地理解财务数字化转型的核心思想和实施路径，为您的职业发展和企业发展注入新的活力和动力。

最后，再次感谢郝志越先生为我们带来这样一部优秀的作品。我相信他的智慧和经验将继续为财务领域的发展贡献新的力量。

吴　沂

招商局集团原信息技术部总经理

2024 年 4 月 9 日于深圳

自　序

　　光阴似箭，时光荏苒。蓦然回首，曾经的青葱少年转眼之间已经两鬓斑白。我从 20 世纪 80 年代末开始涉足财务信息化，到后来的专司其职，前后经历了 30 多年的时间，可以说我的全部职业生涯基本只做了一件事：财务信息化建设。几年前曾有朋友戏称我是"成也财务信息化，败也财务信息化"，当时我只当是玩笑没有多想，现在退休了细细品味，渐渐有些许感悟。所谓的"成"，我不敢说自己有多大的成绩和贡献，只是生逢其时，赶上了一个好的发展时代，又遇到了一个好的工作平台，唯有尽心尽力工作，无愧于本心，唯心无憾也。至于"败"，可能是因此而失去了些名利，但那些终究是身外之物，本就无可留恋，所以也就无所谓败了。

　　近几年，财务数字化转型是一个比较热门的话题，关注度持续升温，很多企业也在积极推进。我虽然已经退休，但对过往的事情还是有一些念想和牵挂，也会时常关注财务信息化的发展动态。回顾自己的工作经历以及 30 多年来的财务信息化建设历程，从手工记账、会计电算化、财务信息化，再到智能化数字化财务等，每一次的系统升级都是财务业务管理的变革，都涉及企业的战略、组织、流程、人员、技术等方面的优化、调整或重组，可以说财务数字化转型自改革开放以来就没有停止过，并且一直走在企业数字化建设的前列，财务数字化转型，财务人永远在路上。我作为一名财务信息化工作者，也非常有幸参与其中。

现阶段，在国家大力发展数字经济的大背景下，财务数字化转型势在必行，为此国家相关部委先后出台了多个政策性文件，特别是 2022 年 2 月国资委发布了《关于中央企业加快建设世界一流财务管理体系的指导意见》（以下简称《指导意见》），对中央企业的财务数字化建设提出了更高的要求。这对央企的广大财务人员来说，又是一次鞭策和挑战。同时，国内部分省市的国资委也相继发布了关于国有企业财务数字化转型的指导意见，如 2023 年 7 月，深圳市国资委印发了《关于推动市属国有企业加快财务数字化转型指导意见》的通知，为市属国有企业的财务数字化转型提出了具体目标和要求。

财务数字化转型涉及两方面的内容：一是财务业务管理需求，二是数字化技术。其中财务业务管理需求是财务数字化转型的本质，是财务数字化转型的内因；数字化技术是支撑，是驱动力，是财务数字化转型的外因。只有管理需求的内因和技术支撑驱动的外因相互作用，才能真正实现财务数字化转型。国资委在《指导意见》中指出，要更加突出"支撑战略、支持决策、服务业务、创造价值、防控风险"功能作用，以"规范、精益、集约、稳健、高效、智慧"为标准，以数字技术与财务管理深度融合为抓手，固根基、强职能、优保障，加快构建世界一流财务管理体系。国资委的《指导意见》为我们明确了财务数字化转型的五大需求目标：支撑战略、支持决策、服务业务、创造价值、防控风险。

目前国内企业大都已经实现了财务信息化管理，但在数据处理上仍然是以传统的财务"核算型"为主，围绕企业的收入、费用、成本等要素，按照一定的会计周期进行会计工作的汇总核算，其结果只能是反映企业的基本财务状况。特别是企业的财务系统和业务系统之间是割裂的，信息孤岛问题依然很严重，财务只能被动接受数据。如果这些问题不解决，不要说财务数字化转型，就连基本的管理会计需求都无法满足。因此，构建"业财税银一体化"系统是财务数字化转型的基础。只有把"业财税银一体化"做好了，做扎实了，我们才能确保管理会计系统和全面预算系统实施落地，才能推进全业务流程的智能财务共享中心系统建设，才能给我们的财务数字化转型提供坚强有力的保障。

一般我们在讲"业财一体化"时，业务系统主要指公司的主营业务系统，如采购系统、销售系统等，其实站在公司整体的经营管理角度来看，公司内部的费控管理系统、人力资源管理系统、办公系统、法务系统等也是业务系统，公司外部的国家金税系统、商业银行的交易系统、央行的征信管理系统以及票证登记管理系统等，也是业务系统。这些企业的内部业务系统和外部业务系统同企业的财务管理系统有着密切联系和高频数据交换，也需要按照一体化的要求同财务系统进行融合。因此，本书所讲的"业财税银一体化"是一个广义的概念，它涵盖企业内部和外部所有同财务相关的业务。

"业财税银一体化"的概念提出已经有很多年，我在 21 世纪初就开始了这方面的建设工作。近 10 多年我曾同国内多家大中型企业的财务和 IT 人员交流过这个问题，但时至今日国内仍然有很多企业没有真正做到"业财税银一体化"管理。这里面有一个认识上的误区，就是有些业务部门的技术人员和财务人员认为，"业财税银一体化"就是做一个系统接口，把业务系统的数据传给财务系统就可以了。这种认识是片面的，甚至是错误的。如果按照这个思路去做"业财税银一体化"建设，它将严重制约全面预算管理、财务共享中心、管理会计等系统的建设，财务数字化转型就更加无从谈起。

企业要实现真正意义的"业财税银一体化"，就必须要建立双向融合机制，让财务走进业务，让业务靠近财务，特别是在互联网模式下，要充分利用数据库和管理软件等 IT 工具，将企业经营活动中的业务流程、财务流程和管理流程有机融合在一起，使财务数据和业务数据融为一体。在提高工作效率、减少重复劳动的同时，真正发挥财务的管理控制职能，实现从业务到财务的闭环管理，提升业务数据的准确性和及时性，保障业务数据和财务数据完整统一。全面支持管理会计、全面预算和决策支持的需要，为财务数字化转型打下良好的基础。

本书的内容来源于我从事财务信息化建设 30 多年的工作实践，从"业财税银一体化"的角度来阐述财务数字化转型如何规划设计，如何实施落地，如何运营运维。全书内容包括八章。其中第一章讲述财务数字化建设的规划编制以及组织机构建设，这是财务数字化转型的顶层设计，是财务数字化建设的纲，其中财务数字化建设的组织体系建设尤其重要；第二章和第三章针对银企一体化，主要讲述银行的交易数据同企业的应收应付管理实现无缝动态衔接，实现自动对账核销和电子单据的自动配比，在供应链融资一体化部分，介绍了产融结合和银企一体化深度融合的创新应用；第四、五、六章主要讲述业财一体化相关内容，由于业财一体化涉及的内容比较广泛，受篇幅限制，本书只对销售业务一体化、收款对账核销一体化以及费控系统一体化进行了介绍；第七章讲述的是业财税一体化系统建设，主要介绍国家实施"营改增"以及"金税工程"以来，企业如何结合自身的管理需求，建设智能化的税务管理系统；第八章讲述的是企业如何通过现代信息技术，构建集中统一的财务基础核算体系，这是财务信息系统建设的基石。

最后，因个人工作经历和工作视野的局限性，书中的观点以及解决方案难免会存在偏颇或错误，不当之处敬请谅解和批评指正。

郝志越

2024 年 4 月 10 日于深圳

目　录

| 第四章 | **销售业务业财一体化：财务数字化转型的基础**

| 第五章 | **智能收款对账：财务共享中心建设的助力"神器"**

第一章

顶层设计：编制财务数字化建设规划

随着大数据、云计算、人工智能等一系列新兴技术的不断深入应用，特别是在 2021 年 12 月 12 日国务院印发了《"十四五"数字经济发展规划》（国发〔2021〕29 号）之后，国内一些传统的企业，特别是一些大型的央、国企，结合自身的业务需求和管理需求，纷纷踏上了数字化转型之路。财务部门是企业管理中一个重要的环节，也是数据量最大、数据输入输出最多的部门，其核心地位和重要程度不言而喻，因此，财务数字化转型一直被认为是企业数字化转型的突破口。从近几年一些大型集团公司的实践来看，财务数字化转型确实起到了引领和推动作用，特别是有些企业还借助财务数字化转型之机，倒逼企业业务系统的数字化转型升级。

　　近两年来，财务数字化转型是一个比较热门的话题，特别是在国内各大软件厂商的加持下，其关注热度持续升温，各种论坛、讲座层出不穷，感觉在财务体系内，如果不懂财务数字化转型就落伍了，就要被淘汰。回顾过去 30 多年来财务信息化的发展历程，从手工记账、会计电算化、财务信息化，再到智能化财务，每一次都涉及企业的战略、组织、流程、人员、技术等方面的调整、优化或重组，可以说财务的变革自改革开放以来就没有停止过。因此，财务数字化转型财务人永远在路上。现阶段，在国家大力发展数字经济的大背景下，财务数字化转型势在必行，特别是 2022 年 2 月国资委发布了《关于中央企业加快建设世界一流财务管理体系的指导意见》，对国有企业的财务数字化建设提出了更高的要求。关于财务数字化转型的背景、作用和意义等一些论述，笔者在此不再赘述。本章重点介绍企业在财务数字化转型过程中，如何编制财务数字化建设规划，实施财务数字化转型的关键举措，以及数字化转型的组织体系建设。

如何编制财务数字化建设规划

《中庸》曰："凡事预则立，不预则废。"意思是说我们做任何事情，事前有准备就会成功，没有准备就会失败。古人在 2000 多年前已经深知计划的重要性，计划先行是一切事情成功的基础。财务数字化建设是企业数字化建设的重要组成部分，在企业总体战略规划下，提前做好统筹，编制合理的建设规划，才能牢牢掌握财务数字化建设的主动权，确保财务数字化建设良性、可持续发展。

财务数字化建设涉及的面比较广，有一定的复杂性和难度，仅靠财务部门自身是完不成的，对内需要同 IT（信息技术）部门、业务部门合作，特别是需要企业领导的大力支持；对外需要同软件厂商合作，请它们在技术和产品质量上给予保障；在推进实施过程中需要上下同欲，齐心协力。因此，对于集团型企业来讲，财务数字化建设必须要做好顶层设计，编制中长期的建设规划。

现在一些企业，对编制预算、编制发展规划都比较重视，也很用心，但落实到财务数字化建设方面，其重视度还有待提高。这几年笔者同很多大型的集团公司交流，发现能够拿出一个完整的3~5年财务数字化建设规划的企业不是很多，更不要说什么顶层设计了。这主要是因为他们不太重视财务数字化建设，还没有充分认识到财务数字化建设的重要性。或者在理念上还存在一些误区，如有些财务人员认为，他们不懂信息技术，编制财务数字化建设规划应该是IT部门的事情，而IT部门又认为这是业务部门的事情，他们只提供技术支持。而现在既懂财务业务又懂IT技术的复合型财务人员相对比较少，因此导致在编制财务数字建设规划方面，心有余而力不足。还有一些企业的财务管理人员，抱着走一步看一步的心态，甚至干脆把这件事直接交给软件厂商去做。凡此种种，不一而举。

编制财务数字建设规划是一件非常重要的事情，一定要认真对待。一个好的建设规划，可以指导我们沿着正确的方向前进，使我们少犯错误、少走弯路。因此，提高财务管理者对编制财务数字建设规划的认识，充分理解财务数字化建设的重要性，是编制财务数字化建设的重要一步。

一、明确财务数字化建设规划由谁来编制

近几年笔者在同很多企业交流时，经常会提到财务数字化建设规划是自己来做还是请外面的咨询公司来做的问题。对于这个问题仁者见仁，智者见智，没有一个统一的标准答案。但一般来讲，如

果企业自身的信息化基础比较好，能够协调各方面的资源，并且有较强的管控和实施能力，那就自己组织编制；相反，如果企业内部没有这方面的能力和资源，在数字化建设的推进和实施中会有阻力和难度，必须借助外部的力量才能实现，那就请咨询公司来做，毕竟他们经验丰富，有很多的成功案例可借鉴。

1. 企业自己编制规划

如果企业自己编制财务数字化建设规划，那么在协调企业内部资源时，IT 部门一定要全力参与，同时建议软件厂商也参与进来，毕竟他们有很多客户资源可以利用和借鉴。另外笔者特别建议多到外面去走走看看，同一些数字化建设比较好的企业进行交流，看看人家是怎么做的，这对开拓思路会有很大的帮助。

2. 请咨询公司编制规划

如果请外面的公司来做，建议选择有实力的咨询公司，也许费用会比较高，但报告的质量会好些，有关的咨询建议和实施路径比较容易在企业内部形成共识，有利于项目的推进和实施。但是，请咨询公司来做并不是我们就当"甩手掌柜"，依然需要我们全过程的参与，特别是要把我们的想法、要求以及存在的困难和问题，同咨询公司讲清楚，确保咨询目标明确，切实可行。

3. 请软件厂商协助编制

财务数字化建设规划的编制，除了上面的两种方式外，还有一些企业选择委托软件厂商编制。国内的软件厂商在进行系统建设的时候，一般都会给企业提供建设计划和实施方案，如果企业有需求，也会提供编制数字化建设规划服务。这种编制方式的优点是，规划的目标明确，具有较强的操作性。但缺点也很明显，规划的内容很容易被软件厂商带偏，在目标方向以及实现的手段等方面，很明显有软件厂商相关产品的痕迹。这样不利于企业数字化整体的、可持续的发展，最好不要既当运动员，又当裁判员。当然了，让软件厂商参与进来协助，提供一些合理化建议还是很有必要的。

综上所述，采用何种方式编制财务数字化建设规划，没有绝对的好坏优劣之分，只有适合自己的才是最好的。一般来讲，对于规模比较大的集团公司，其集团层面规划的编制，建议聘请咨询公司来做，这样可以更好地借鉴国内外的一些经验，起到统领全局、战略指引的作用。而对于集团所属的各二级公司，由于财务数字化建设的方向目标等重大战略问题，集团已经有了明确的指引，剩下更多的是执行层面的问题，规划的编制建议自己来做。

二、我们需要一个什么样的财务数字化建设规划

无论采用哪种方式编制财务数字化建设规划，我们都必须要有一个清醒的认识，那就是我们究竟需要一个什么样的规划，可能外部的咨询公司会提供一些方案，但最终还是需要我们自己来决定。

1. 符合财务数字化建设规律

财务数字化建设是企业数字化建设的重要组成部分，其建设发展要在企业的总体发展规划下，满足企业管理需求，符合财务数字化建设的规律。如果企业目前还处在会计电算化阶段，刚刚解决了手工记账、手工编制报表等基础核算问题，这只是财务数字化建设的初级阶段。如果此时一定要在短期内将其建设成为智能财务，这

是不切实际，也是不可能实现的，因为现在的数据基础还不能支撑完成这个目标。就好像人类社会的发展一样，不可能从原始社会直接跨越到共产主义社会。

财务数字化建设有其自身的发展规律，从电算化、信息化到数字化、智能化，需要扎扎实实地打好基础，一步一个脚印不断前行，切忌急于求成、贪大求全。因此，我们在编制规划时一定要遵循这一规律，充分满足各发展阶段管理需求。

2. 财务管理需求和信息技术的深度结合

财务数字化建设的本质就是借助先进的信息技术来满足企业的财务管理需求，是从原始数据的采集、加工、整理，到数据的应用、分析等流程同信息技术的深度结合。财务数字化建设必须从业务中来、到业务中去，全方位、多层次地满足管理需求。

编制财务数字化建设规划也应遵循以业务为主导的原则，切忌把规划编制成一个重技术、轻业务的技术规划。我们崇尚科学，尊重技术，但不能唯技术论。先进的信息技术如果不能和财务的业务结合起来，满足不了实际场景的需求，再好的技术也没有用。如果我们不顾业务场景和管理的需求，片面强调技术问题，认为技术能解决一切问题，甚至说一切问题都是技术问题，那就是唯技术论了。

3. 可执行落地的建设规划

编制财务数字化建设规划的目的是用它来指导我们在一定时期内的工作，因此规划的内容必须具有一定的前瞻性和可操作性，能够实施落地。特别是在请咨询公司做规划时一定要注意这个问题。一般来讲，咨询公司在对企业充分调研的基础上，会出具一个符合企业财务数字建设发展的方案，但在实际工作中，一些咨询公司为了突出其咨询能力，往往把规划做得"高大上"，看起来很漂亮，但中看不中用，可操作性较差，甚至无法实施落地。

我们既要仰望星空，更要脚踏实地，只有这样，财务数字化建设之路才能走得稳、走得扎实。

4. 不要苛求完美、面面俱到

财务数字化建设涉及很多层面，无论由谁来编制规划，都会受当时的管理需求和信息技术的影响，多少都会存在一些局限性，不可能十全十美，这是很正常的事情。另外，财务数字化建设有很多问题需要解决，要分清楚主次，按照轻重缓急来编制规划。如果不分轻重，将所有的事情一股脑儿地全部规划进来，看起来挺全面的，但实际效果可能不尽人意，真正到实施推进的时候，可能哪件事情都没做好。

三、财务数字化规划编制案例分析

招商局蛇口工业区控股股份有限公司（以下简称"招商蛇口"，股票代码001979）是招商局集团（中央直接管理的国有重要骨干企业）旗下城市综合开发运营板块的旗舰企业，也是集团核心资产整合平台及重要的业务协同平台。招商蛇口创立于1979年。深圳蛇口片区是中国改革开放的发源地，为中国经济发展做出了重要的历史贡献，孵化并培育了以招商银行、平安保险、中集集团、招商港口等为代表的一批知名企业。2015年12月30日，招商蛇口吸收合并招商地产实现无先例重组上市，打造了国企改革的典范和中国资本市场创新标杆。截至 2022 年年底，招商蛇口总资产规模达到 8865 亿元，实现营业收入 1830 亿元，归母净利润 42.64 亿元。公司业务覆盖近 110 多个城市和地区，开发精品项目超 620 个，服务千万客户。

招商局集团的财务数字化规划分两个层面：集团和各二级板块公司。集团层面负责编制 5~10 年的财务信息化建设规划，确定集团整体的建设方向和基本思路，以及一些核心系统的建设规划，集团层面的规划一般请国内外知名的咨询公司来做。集团所属的各二级公司板块，在集团的整体规划框架下，编制自己公司的 3~5 年财务数字化建设计划，重点是结合公司的业务场景，负责系统的实施落地和业财一体化建设。二级公司的财务数字化建设规划一般情况下都是各公司自己编制，但也有一些规模比较大、业务比较复杂的二级公司，选择聘请咨询公司来编制规划。

招商蛇口的财务信息化建设起步于 20 世纪 90 年代初，经过 30 多年的建设发展，基本建成了以财务管理为核心的会计核算、合并报表、资金管理、税务管理、预算管理等财务信息系统。从 2017 年开始招商蛇口全面推进财务数字化转型，以"业务驱动、技术赋能"为指导开展了多项创新应用：基于全业务流程的智能财务共享中心系统建设在国内居于领先地位，业财税银一体化的深度应用为财务数字化转型提供了强有力的支撑。业财银一体化的银企智能系统、业财税一体化的智能税务系统、业财融链一体化的供应链金融系统等财务数字化应用方案，得到国内外著名咨询公司的高度赞同和认可。

招商蛇口的财务信息化规划基本上是由财务部门负责编制，在招商局集团的整体规划之下，每年年初滚动编制五年的财务信息化建设规划，同时编制每年的工作计划。

图1-1是招商蛇口"十三五"财务信息化规划总体框架图。

财务信息化建设的总体目标是：以"服务一线、解决痛点、赋能业务、助力管理"为原则，充分利用现代信息技术，不断发展创新，推进业务财务一体化、银企支付一体化、税务财务一体化等系统的建设，以财务共享中心建设和财务信息智能化建设为抓手，构建互联网模式下新的财务管理体系，全面助力财务向价值创造性组织转型。

图1-2是招商蛇口"十四五"财务数字化规划总体框架图。财务数字化"十四五"战略目标是：在集团财务数字化规划的整体框架下，通过"财务职能＋数字化工具"，产生新的财务生产力，助力公司综合发展。在财务职能类的数字化建设方面，继续夯实基础财务工作数字化，提质增效；深化业财融合水平，助力业务发展；补齐内控缺失，加强财务风险管理。在此基础上，应发挥财务数据分析在战略洞察、预判未来趋势的独特优势，做好对公司资源配置和决策支持的支撑。

管理会计数字化：通过计划预算、成本会计和决策分析的数字化，做好对公司经营决策和资源配置的支撑。

资金管理数字化：提升资金风险管控能力，实现资金的可知、可视、可控，并对资金动态和异常进行监控与预警；加强公司资金统筹管理能力，可以通过数字化工具实现资金可用的最大化，盘活提效、提升流动性。

税务管理数字化：基于业财税一体化原则，满足管理型和基础

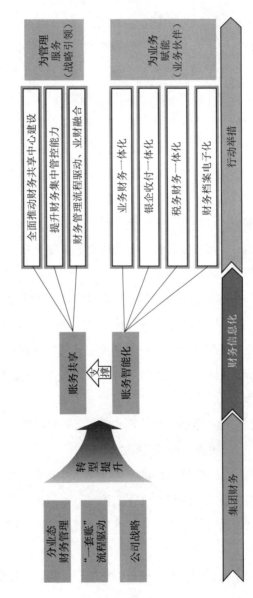

图 1-1 招商蛇口 "十三五" 财务信息化规划总体框架

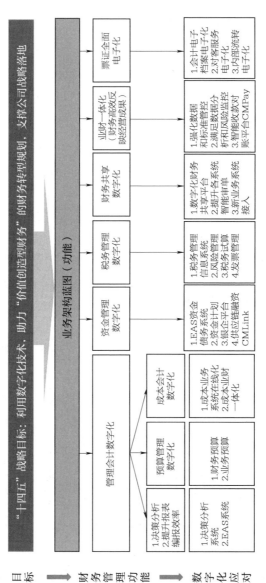

图 1-2 招商蛇口"十四五"财务数字化规划（2021—2025）总体框架

税务业务的质效提升，构建四项能力，即纳税申报自动化能力、税务信息采集能力、税务风险管理能力和税务数据分析能力。

财务共享数字化：在稳定运营的同时，持续扩大业务范围和服务范围，并利用数字化工具提升服务效率，建立财务数据分析模型和体系。

业财一体化：实现财务及时可靠反映业务经营成果，业务也能更加高效的财务服务（"反哺业务"），持续推动业财融合满足公司综合发展需要。

票证全面电子化：顺应国家全面电子化变革，从财务内部流转和对客服务两个层面着手，推进财务信息全面电子化。

财务数字化转型关键举措

财务数字化转型，我们首先要知道为什么要转型，往哪里转，怎么去转型。把这三个问题想明白、搞清楚了，财务数字化转型就有了一个很好的开始，而好的开始是成功的一半。在这三个问题中，"为什么要转型"的答案是比较清晰的，这是大势所趋，是企业管理和发展的需要；转型的方向也是比较明确的，就是要通过财务数字转型，实现"赋能业务、助力管理、价值创造"等目标；最后就是转型怎么做的问题了，这是财务数字化转型的核心问题，也是难点所在。

虽然财务数字化转型的初衷和目标是相同的，但在实施转型过程中，因各个企业的实际情况存在差异，如信息化基础、业财一体化程度、数据的标准化以及软件厂商的选择等，这些都会对财务数字化转型的进度和效果产生较大的影响。因此，企业必须结合自身的业务需求和实际情况，选择适合自己的财务数字化转型方案和实施路径。下面重点谈谈财务数字化转型实施的关键举措。

一、建设集中统一的财务数字化运营平台

财务数字转型是依托先进的数字化技术如大数据、云计算、人工智能等，对数据资源进行有效的整合，挖掘出数据的价值，其本质是"技术＋数据"的转型。要实现这一目标，企业必须构建标准统一的财务数字运营平台，提供稳定、可靠、高效、安全的数据服务，这是财务数字化转型的第一步，是非常关键的转型举措，它直接关系到财务数字化转型的成败。

1. 财务数字化运营平台的选择

这几年笔者在同国内的一些大型集团公司交流时，经常会谈到财务数字化运营平台建设的选择问题，存在的主要疑惑是选择国内的软件厂商还是国外的软件厂商，或者是自主开发。从理论上来讲，无论采用哪种方式建设财务数字化平台，只要是适合自己的就是最好的方案。因为每家企业都有其自身的经营方式和管理理念，在建设财务数字化运营平台时存在差异也是很正常的事情。但是，随着信息技术的不断发展以及国际形势的不断变化，我们在选择财务数字化运营平台时，既要充分满足企业业务管理的需求，也要考虑战略发展、风险管控等层面的管理发展需求。

（1）选择国内软件还是国外软件

这个问题要分时间段来看，在改革开放初期，我们的信息技术

水平同国外比还有一定的差距，此时选择同国外技术先进的软件厂商合作，可以提高我们的财务管理水平，同时促进国内软件厂商的发展。现在30多年过去了，国内的财务软件厂商已经成长起来，特别是在新技术应用和自主创新等方面有了很大的发展，无论是功能上、技术上还是未来的发展上，都可以满足企业的需要，并且在很多方面还优于国外的软件。特别是近几年来西方一些国家在高新技术方面对我国的封锁和限制，使我们更加认识到软件国产化的重要性，核心技术必须掌握在自己手里。因此，无论从哪个方面来讲，选择国内的软件厂商都是第一位的，特别是国有企业，这既是政治问题，也是关乎财务数字化建设能否良性、可持续性发展的问题。

（2）选择哪家国内软件厂商

现在国内规模比较大的财务软件厂商有很多家公司，虽然它们各有特色，但核心功能和性能基本大同小异，都能满足企业的需要，这是软件厂商的"硬"实力，是最基本的能力。如果仅从系统的功能性和技术性角度来看，选择哪一家都是可以的。但是财务软件不是一件普通的商品，其后续的实施、运维等工作非常重要，一个好的财务系统还必须有一个好的实施运维方案，这是软件厂商的"软"实力，也是其核心竞争力。下面笔者重点谈谈企业在选择财务数字化运营平台时，应关注软件厂商"软"实力方面的几个问题。

一是软件厂商的实施交付能力。虽然各个软件厂商的产品在功能和技术上能够满足企业的需要，但在系统的实施交付能力方面会存在差异。无论系统的功能有多么的强大，技术有多么的先进，如果不能实施落地、交付使用也是空谈，也不是一个好的解决方案。

对于企业来讲，软件的实施交付能力直接关系到财务数字化建设的
应用效果，必须高度重视。企业可以走访软件厂商既有的一些用户，
了解财务系统的实施落地情况，金杯银杯不如客户的口碑。

二是软件厂商的运维保障能力。系统实施落地上线运行后，后
续的运维保障工作非常重要，包括日常问题的处理、用户的应用指
导以及需求的深化应用等方面，这是财务数字化平台安全、高效运
行的基本保障。

三是软件厂商的二次开放能力。虽然软件厂商提供的产品功能
强大，但毕竟是一个标准产品，在企业的实际应用过程中，有些功
能还需要不断优化、完善和二次开放。一般来讲，一个完善的财务
数字化解决方案，应该是 80% 的标准功能加 20% 的二次开发。特别
是为了实现业财一体化管理，财务系统还需要同多个业务系统对接，
这更加需要软件厂商有较强的二次开发能力。也许软件厂商有较强
的产品研发能力，但并不是所有厂商都愿意做二次开发，因此在同
软件厂商谈判时，要充分说明这一点。

（3）财务系统自主开发的问题

现在国内软件厂商提供的财务系统已经比较成熟，市场化率也
很高，国内大多数企业都会选择在市场上采购成熟的财务系统。虽
然自主开发的系统更贴近企业的实际业务需求，但其弊端也是明显
的，如投入大、周期长、技术更新难等。所以不建议企业采取自主
开发的方式建设财务数字化平台。

2. 财务数字化平台的实施策略

目前国内的一些大型集团公司，由于受公司历史沿革或经营业

务上的差异等因素影响，集团总部和其所属的子公司或孙公司所应用的财务系统会有差异，它们按照各自的需求选择不同的财务系统，或者是同一个软件厂商的系统但版本不同。财务数字化转型，其本质也是"财务数据"的转型，如果集团所属公司各自为政，采用不同的财务系统，就很难做到数据的集中统一管理，那么财务数字化转型就成了一句空话。因此企业在建设集中统一的财务数字化运营平台时，要尊重历史、立足当下、面向未来，进一步加大实施推广力度，提高集中管控能力，统一集中管控思想。

（1）加强项目组织体系建设，加大实施推广力度

为确保财务数字化运营平台能够落地运行，必须有组织体系保障，成立相应的项目管理团队，明确职责和工作内容，全面领导项目的实施应用工作。这其中要高度重视同软件厂商的合作，联合制订具体的实施方案和工作计划，完善周例会和月度例会制度，建立顺畅的多方沟通机制，及时解决实际工作中的问题。

（2）领导大力支持，加强考核管理

建设集中统一的财务数字化运营平台，其本质也是财务管理模式的变革和转型。从原来单一、分散的财务管理模式，提升到集中、统一的管理模式，其相应的财务管理制度、业务流程等方面需要优化、完善和调整，这等于再造一个全新财务管理模式，并重新划分与界定集团总部和所属各公司的财务管理职责。这些变革和转型仅靠财务部门是很难完成的，必须得到各级公司领导的大力支持和业务部门的全力配合。同时集团总部要将所属各公司的财务数字化建设情况纳入年终的考核计划中去，制定具体的评价规则，同公司

的绩效考核挂钩，真正做到奖罚分明。

（3）统一思想认识，上下同心协力

集团公司在实施统一的财务数字化平台时，肯定会遇到来自企业内部的阻力。比如说人们已经习惯了某种状态，而你现在要改变这种状态，让他重新学习，改变原有的习惯，他肯定在思想上有抵触，甚至反对。财务数字化平台建设也会遇到同样的问题，要改变原有的操作习惯和工作方法，适应新的管理模式，这对每一个财务工作者都是挑战，但同时也是机遇。因此，集团公司总部和其所属的各子分公司，要在建设统一的财务数字化平台上认识一致、行动一致，集团总部要向广大财务人员宣贯建设财务数字化平台的意义，特别要让财务人员认识到财务数字化转型关系到每一个人，只有努力学习、不断进步，才能满足财务数字化转型的需要，才能跟上时代前进的步伐，否则将会被淘汰。

二、加强财务主数据管理，全面推进财务基础数据标准化

财务数字化建设的核心是数据，如果没有统一的、标准化的数据作为基础，转型也就无从谈起。因此必须加强财务主数据管理，推进财务基础数据标准化。

在财务的主数据中，会计科目和其所附属的核算项目是核心主数据，它承载了企业最原始的会计核算数据。站在集团公司和企业管理的角度看，财务主数据除会计科目外，还包括企业其他主数据，如供应商、客户、员工、组织机构等，这些主数据与财务的业务流程紧密相关，也是财务管理的核心数据。

1. 厘清财务主数据的源头，确定主数据管理应用规则

财务主数据的来源主要包括两部分：财务系统自身和企业的其他业务系统。来源于财务系统自身的主数据如会计科目、报表项目等，是由财务部门主责管理，而来自企业其他业务系统的主数据，如供应商、客户、员工等，其主责管理部门分别是企业的生产采购部门、销售管理部门和人力资源部门。业务部门和财务部门共同的主数据，需要财务和业务部门共同协商，统一数据源头，统一编码规则，统一应用规范。切不可各自为政，业务部门一套标准，财务部门一套标准。

2. 依托财务数字化运营平台，加强对财务主数据的管控

对财务主数据最有效的管理就是事前控制，集团公司依托财务数字化运营平台，按照"一套账、多组织"模式，构建以会计集中核算为主导的财务数字化管理体系。"一套账、多组织"是将集团所属会计实体的财务数据，按照组织架构建立在统一的账套中，统一组织数据的管理和应用。"一套账"模式改变了以往每个责任中心单独建立财务账套的方式，既满足了企业独立核算的需要，又为集团集中管控提供了抓手和工具。

在"一套账"模式下，财务的主数据由集团总部负责统一管控，统一制定规则、分级授权使用，如会计科目的一级科目、二级明细科目及部分三级明细科目由集团统一管控，其他科目授权下属企业自行管理。对于授权下属企业管理的主数据，集团总部也要有相应的管理要求和应用规则。

三、业财一体化：财务数字化转型基础

业财一体化这个概念的提出已经有很多年了，在 10 多年前笔者所供职的单位也开始了这方面的建设工作。这几年笔者曾同多家公司深入交流过这个问题，总体感觉在业财一体化建设方面还有很多事情要做。这里面有一个重要的问题就是，对业财一体化在认识和理解上的差异。很多业务、财务以及 IT 部门的人员认为，业财一体化就是系统之间做个接口，把业务系统的数据传给财务系统就可以了。按照这个思路去做业财一体化，虽然短期内可以解决一些实际问题，但治标不治本，无法满足财务数字化转型的需要，同时将严重限制财务共享中心、管理会计等系统的建设。

业财一体化是在互联网模式下，充分利用数据库和管理软件等 IT 工具，将企业经营活动中的业务流程、财务流程和管理流程有机融合在一起，使财务数据和业务数据融为一体。在减少财务人员和业务人员重复劳动的同时，真正发挥财务的管控职能，实现从业务到财务的闭环管理，提升业务数据的准确性和及时性，保障业务数据和财务数据完整统一，全面支持管理会计、全面预算和决策支持的需要。

以公司的采购业务为例，从采购订单到入库、出库、付款等环节，都与财务有非常紧密的关系，如预付货款时必须有对应的采购单，支付货款时必须同采购系统的应付单强关联，确保货物流和资金流一致，另外还涉及发票单据等税务方面的事情。这些不是一个简单的数据接口就能解决的问题，需要财务系统与采购系统全业务流程的对接，做到互联互通、数据共享。

一般我们讲业财一体化，业务系统主要指公司的主营业务系统，如采购系统、销售系统等，站在公司整体的经营管理角度来看，公司的 HR（人力资源）系统、OA（办公自动化）系统、法务系统等也是业务系统，它们与财务系统和主营业务系统有着密切联系和数据交换，也需要按照一体化的要求同财务进行融合。后面的章节中有关于业财一体化的详细说明，在此就不赘述了。

业财一体化建设是财务数字化转型的基础，非常重要。只有把业财一体化做好、做扎实，我们才能确保管理会计系统和全面预算系统实施落地，才能推进全业务流程的智能财务共享中心系统建设，才能给财务数字化转型提供有力的保障。

财务数字化转型：组织体系和人才队伍建设是关键

2021 年 12 月 30 日，财政部印发了《会计信息化发展规划（2021—2025 年）》，大力推进我国的会计数字化转型工作。在该规划的总体目标中，对人才队伍建设提出了具体要求："会计信息化人才队伍不断壮大。完善会计人员信息化方面能力框架，打造懂会计、懂业务、懂信息技术的复合型会计信息化人才队伍"，这为引导和规范我国会计信息化人才队伍建设持续健康发展，进一步培养和打造高质量的会计信息化人才队伍指明了方向。

一、加强财务数字化组织体系建设

企业在实施财务数字化建设项目时，往往是从企业内部抽调财务业务骨干和 IT 技术人员，同外聘专业咨询机构以及软件厂商共同组成项目组，全面负责项目建设工作。经过数月的项目实施推进，完成上线运行工作以及项目验收后，项目组也基本上完成了任务，相关人员又回到原单位工作。系统上线运行后，软件厂商虽然会提供系统的日常运维工作，但公司内部的组织管理以及内外协调等工作基本上是由各部门部分骨干人员兼职完成，因没有相应的组织体系和考核机制，后续系统的优化完善、升级更新等工作将受到制约，严重影响财务数字化建设的质量和可持续发展。

目前国内有些企业将财务数字化建设以及后续的管理完全交给 IT 部门负责，这种做法是不妥当的。这些年笔者在与多家企业交流时，经常会听到财务部门和 IT 部门之间不和谐的声音，有时候搞的软件厂商都无所适从。因此，建立和完善数字化组织体系，是财务数字化转型的有力保障。

虽然建立财务数字化组织体系有多种方式和方法，但从笔者多年的财务数字化建设实践来看，其核心有两点：一是在集团公司财务部门内设置财务数字化管理组织，统筹集团的财务数字化建设工作；二是所属各企业要在其财务部内设置财务数字化管理岗位，配备相应的专职人员，明确岗位职责。另外，建议有条件企业的总会计师或财务总监直接分管企业的 IT 部门。

二、完善财务数字化管理制度

为全面推进我国的财务数字化建设工作，近两年财政部、国资委先后发布了《会计信息化发展规划（2021—2025 年）》《关于中央企业加快建设世界一流财务管理体系的指导意见》《关于推动中央企业加快司库体系建设进一步加强资金管理的意见》等一系列文件，明确了财务数字化建设的目标和系统建设的总体要求，为企业财务数字化建设顶层设计和实施路径指明了方向。

为了财务数字化建设的有效实施，企业在财政部、国资委等政策文件指导下，结合自身的管理需求，需要制定规范的、科学的财务数字化管理制度，确保财务数字化建设系统安全高效运行、数据准确及时。

首先是结合财务数字化建设的要求，建立、健全岗位职责制，切实做到事事有人管，人人有职责。充分发挥财务数字化建设的运营效益，全面提高工作效率。其次是按照《会计基础工作规范》的要求，制定财务数字化应用规范，优化各项财务业务处理流程，确保财务数据准确合法。最后就是制定安全管理制度，包括网络安全、软硬件安全、数据安全、病毒防治等方面。

三、加强人才管理，打造优秀队伍

财务数字化建设需要搭建数字化平台、制定数据标准、推进业财融合等举措，这些工作都需要人去做。只有找对了人、用对了人，财务数字化建设才能健康持续发展，否则，即便是有再好的蓝图、规划，财务数字化建设都将无从谈起。

首先，财务数字化建设是知识密集型和技术密集型融为一体的复杂性工作，要求从业人员有较高的素质和不断学习创新的能力，为此财政部在《会计信息化发展规划》中特别强调："完善会计人员信息化方面能力框架，打造懂会计、懂业务、懂信息技术的复合型会计信息化人才队伍"，这是财务数字化建设的基石，也是对财务数字化人才的最基本要求。

其次，财务数字化人才的来源要内部培养和外部招聘相结合。内部培养的人才更了解企业的情况，知道企业最需要什么，哪些地方需要改进优化，对企业更有归属感。但是，由于长期在一个单位工作，人才的培养容易出现同质化现象，特别是会出现职业上的倦怠，缺乏冲劲和创新动力。目前我国复合型财务数字化人才还比较紧缺，仅靠企业内部培养很难满足市场的需求，因此，通过外部招聘的方式满足企业的需求，也是一个很好的途径。外部招聘的人才更具有市场竞争性，目标明确，专业性强，可以在短期内弥补企业人才短缺。但是，外部招聘人员由于对企业情况缺乏了解，容易出现"水土不服"现象，归属感和配合度等方面需要时间来磨合。财务数字化人才无论是内部培养还是外部招聘，两者不存在绝对的好坏优劣之分，只有把两者很好地结合起来运用，才能相得益彰发挥更好的作用。总之，能够满足企业的需求、解决实际问题就是最好的解决方案。

再次，财务数字化建设是一项技术密集型的工作，需要从业人员有干劲，有动力，有创新，有饱满的工作激情，真心热爱这项工作，这是我们实现目标的基础。如果失去了激情，工作就会不在状态，缺乏创新，不思进取，致使工作质量大打折扣，而且还会产生抱怨情绪，传播负能量，影响他人。笔者从业30多年来，对这方面感受颇深。如果仅具备业务能力而缺乏工作激情，最终还是会一事无成。因此在财务数字化建设中，在做好个人职业生涯规划的同时，必须保持工作激情和状态，敢担当、敢作为。

最后，建立绩效、薪酬、晋升三维一体的管理机制，更好地调动员工的积极性和主动性。这属于人力资源管理范畴，在此就不赘述了。

第二章

银企一体化：智能化资金管理的基石

为了进一步提升企业资金管控能力，提高资金使用效率，保障企业资金安全，2021 年 12 月，国务院国资委正式印发《关于推动中央企业加快司库体系建设进一步加强资金管理的意见》（以下简称《司库建设意见》）。文件指出：财务管理是企业管理的中心，资金管理是财务管理的核心。但随着数字信息技术快速演进、金融支付手段更新迭代，以及企业转型升级和创新发展加快，企业传统的资金管理模式已难以适应管理能力现代化和国资监管数字化的新要求。在立足新发展阶段、贯彻新发展理念、构建新发展格局、实现高质量发展的重要时期，企业尤其是中央企业要充分认识加快推进司库体系建设的必要性和紧迫性，主动把握新一轮信息技术革命和数字经济快速发展的战略机遇，围绕创建世界一流财务管理体系的目标，将司库体系建设作为促进财务管理数字化转型升级的切入点和突破口，重构内部资金等金融资源管理体系，进一步加强资金的集约、高效、安全管理，促进业财深度融合，推动企业管理创新与组织变革，不断增强企业价值创造力、核心竞争力和抗风险能力，夯实培育世界一流企业的管理基础。

国资委《司库建设意见》的颁布，对企业司库建设和资金管理工作进行了明确的指导和部署，吹响了资金管理数字化建设的集结号。文件特别指出：司库体系是企业集团依托财务公司、资金中心等管理平台，运用现代网络信息技术，以资金集中和信息集中为重点，以提高资金运营效率、降低资金成本、防控资金风险为目标，以服务战略、支撑业务、创造价值为导向，对企业资金等金融资源进行实时监控和统筹调度的现代企业治理机制。

本章以国资委《司库建设意见》为指导，结合笔者近 20 多年资金管理数字化建设的经验，重点介绍资金管理在基础结算、运营管理、金融创新、决策支持，以及风险防控等方面的数字化建设实践情况。

银行账户：全生命周期管控

银行账户是企业在银行开立的存款、贷款、往来等账户的总称。根据我国《银行账户管理办法》，银行账户一般分为基本存款账户、一般存款账户、临时存款账户和专用存款账户。在企业的会计核算体系中，为保证会计信息的真实性、完整性和正确性，需要设置相应的会计科目和辅助核算项目，对企业生产经营活动所引起的资金收付行为进行翔实的记录和反映。我国在《银行账户管理办法》中，对企业银行账户的开立、销户以及运营操作有明确的规定，这里不再赘述。下面重点谈谈企业内部的银行账户管理策略以及对应的数字化解决方案。

对于集团型公司而言，要实施资金集中统一管理，就必须加强对所属企业银行账户的管控，这是资金集中管理的基础。

一、确定合作银行

集团总部要根据业务需要及所属企业的行业特点，确定合作银行的范围。我国有数百家商业银行，在经营方式、服务内容等方面各有特色，绝大部分能够满足企业的需求。但是，集团总部在选择合作银行时，不可能将这些银行全部列入合作名单，可以在充分考虑银行的服务能力、创新能力和运营保障能力，以及过往的合作历史等多方面因素基础上，确定 3~5 家重点合作商业银行，在满足企业资金管理需要的前提下，促进银行之间的良心竞争，确保企业利益最大化。

二、严控开户数量

集团总部要严格控制所属企业的银行账户开立数量，原则上只在集团确定的合作银行名单内开立基本账户，杜绝开立人情账户、关系账户。同时加强对历史账户的清理工作，对已无业务需求的银行账户及时销户，最大限度减少银行账户的开立数量，为集团公司的资金集中管理奠定基础。

三、强化流程审批

集团总部需制定相应的银行账户开、销户审批流程，所有账户的开、销户必须严格按审批流程，审批同意后操作执行。目前国内的财务软件系统大多有流程管理功能，集团总部可以在财务信息系统内，配置相应的银行账户开、销户审批流程，取消纸质审批，要求所属企业必须通过财务信息系统发起申请。

四、强制核算关联

在集团公司层面，对财务信息系统的会计科目进行分级授权管理和强关联机制。企业财务信息系统内"银行存款"明细科目的增加和禁用，同企业的账户开户申请之间建立强关联，用户不能在财务信息系统内自行新增会计科目，必须在系统内经过审批同意后，才能新增"银行存款"对应的明细科目。未审批通过的开户申请，无法在核算系统内新增会计科目。这样就把银行账户的开户申请流程同会计基础数据管理流程有机结合起来，真正起到监督管理的作用。

笔者所供职的集团公司，从 2013 年起全面推行银行账户开、销户的流程审批制度，集团公司所属的数千家公司，银行账户的开、销户业务必须逐级上报，最终由集团总部财务部门审批，同时在财务信息系统内，自上而下配置了完善的管控流程，逐级把关，层层审批，并且在银行账户开、销户审批同新增会计科目之间建立强关联关系。同时每年开展一次银行账户检查工作，清理低效、无效的银行账户，严查未经批准而开设的银行账户。由于集团所属的公司众多，管理层级多达七级，如何提高审批工作效率非常重要，如果一个审批流程在数十天内无法完成审批，将会严重影响公司业务的开展。为此，笔者所供职的集团公司采取了管理制度和系统控制相结合的措施，确保审批工作高效运行。

　　首先是在下属公司提交申请阶段，通过系统自动审查和内部交叉审查等方式，对提交的申请资料进行核查，严格把好申请资料质量第一关，对存在问题的申请不允许提交。其次是在各层级审批阶段，每一个层级都要确实负起责来，认真做好审查工作，对存在问题的申请要及时打回去，哪个层级的问题就在哪个层级解决，不能将问题都推给集团总部来处理；最后就是设定各层级的审批时限，要求在规定的时间内完成审批，同时申请单位也可以实时查看到流程的审批进度。

　　银行账户的检查采取自查和上级检查相结合的方式。首先是各公司自查，并上报自查报告，如实反映公司的实际情况，对有问题而隐瞒不报者，将严肃处理；之后上级公司根据各公司的自查情况，在所属公司中，重点选择 30% 左右的公司进行复查，并向公司出具复查报告。

　　银行账户的开、销户核准和年度检查制度实施 10 多年来，对笔者所供职的集团公司的资金管控提供了有力的支持，夯实了集团公司资金集中管理的基础。

银企直联：资金管理的"高速公路"

　　国资委在《司库建设意见》中要求各央企运用银企直联方式，实现对所属企业的银行账户余额、交易明细和资金流向等自动实时监控，及时掌握资金状况和异常变化。银企直联作为一种全新的金融服务模式，自21世纪初推出以来已有20多年的时间，成功为国内多家大型集团公司提供了"直联"服务。但时至今日，国资委在《司库建设意见》中仍然要求各央企"要努力实现银行账户银企直联全覆盖"，这说明国内企业的银企直联普及率还有待进一步提高。

笔者所供职的公司实施银企直联已经有10多年的时间，按照"应联尽联"的原则，已经完成所属近千个财务组织的3000多个银行账户的银企直联工作，涉及20多家银行。银企直联工作的全面实施应用，为公司提高资金使用效率、降低财务费用、加强资金管理、控制资金风险提供了强有力的技术支撑。

下面笔者将结合实际工作经验，对银企直联的实施推广、应用运维等方面进行多维度讲述，希望能为企业的银企直联建设提供借鉴和参考。

一、银企直联的内容

银企直联是指企业内部的财务系统或业务系统，通过银行开放的数据接口与银行的业务系统实现对接。开通银企直联后，企业可以利用财务系统自主完成对其银行账户包括分（子）公司银行账户的查询、转账、资金归集、信息下载等功能。

银企直联是现代信息技术的产物，是依托互联网技术实现银企双方直接对接，可以说没有信息技术的支撑，就不可能实现银企直联。经过20多年的发展和系统的不断迭代升级，银企直联在安全、功能、技术等方面已经非常成熟和完善，目前国内各大商业银行有完备的银企直联解决方案和较强的实施能力，完全能够满足企业的需求。

　　由于银企直联技术是各商业银行自己研制开发的，虽然在实现方式上各有千秋，但就技术角度而言，基本上是大同小异，不存在颠覆性的差异。银企直联对银行而言是一项业务，并且是能够带来收益的业务，因此，各商业银行为了商务上的需要，在推介银企直联方案时，会采用一些销售技巧，重点突出自己产品的优势，这是很正常的销售行为，对此我们要有一个清晰的认识。为此，企业在实施银企直联之前，要对各个商业银行的解决方案进行充分的了解和分析，最终选择最适合自己的合作银行。

二、银企直联的应用场景

　　银企直联作为一项通用性技术，从银行的角度看适用于所有企业，只要企业具备良好的网络环境和对应的业务系统，就可以开通银企直联。但是站在企业的角度看，并不是所有企业都适合开通银企直联，这是由企业自身的需求决定的。

　　国资委在《司库建设意见》中要求各央企"要努力实现银行账户银企直联全覆盖"，明确了银企直联实施的对象是央企，对其他国有企业没有提出强制性的要求。在各银行的实际应用案例中，几乎都是有一定规模的集团型公司，鲜有单体企业的实施案例。由此我们可以看出，银企直联的应用场景主要集中在规模较大的集团公司。

　　企业实施银企直联是要花钱的，除了前期的投入外，后续的运维管理也需要花钱，并且是持续不断的。对于集团公司而言，所属企业众多，实施运维费用平均下来会比较低。而对中小型企业来说，特别是那些对系统实现成本比较敏感的企业，如果采用传统的方式开通银企直联，肯定不划算，性价比不高。为了满足国内中小企业对银企直联的需要，目前市场上有不少软件厂商推出了"云模式"的银企直联服务方式，实施及运维费用相对较低，因此，对于中小型企业来说，选择"云模式"开通银企直联也是一个不错的选择。

三、银企直联的组织实施

企业开通银企直联，理论上只要具备网络环境和相应的业务系统对接就可以实施了，看起来很简单，实际操作起来却很复杂。因此，对集团公司而言，由谁来牵头办理银企直联并主导后续的运维工作，是一个很关键的问题。目前国内主要有以下三种组织实施模式。

1. 集团总部牵头

对于管理只有两三个层级的集团公司，一般由集团总部统一牵头去办理银企直联，下属控股子公司统一授权给集团总部即可。

2. 各子集团自己牵头

对于一些超大型的集团公司，管理层级多达四级以上，管理的公司有数百上千家，其子公司就是一个集团型的公司，如果采用集团总部牵头来办理银企直联，这将是一项庞大的工程，管理和运维有很大的难度。因此，超大型集团公司一般采用由子集团牵头的方式。另外，对于已经上市的子公司，按照证监会的管理要求，必须独立开通银企直联。

3. 集团总部和子公司联合牵头

集团所属的公司规模大小不同，对于规模较大、管理层级多的子集团公司，可以独立实施银企直联，而规模较小的子公司，由集团总部统一组织实施。

四、企业业务系统的准备

银企直联是银行的交易系统和企业的财务系统或其他业务系统直接连接，目前国内的大部分商业银行都具备直联能力。对于企业而言，必须有对应的系统同银行连接，这是实现银企直联的前提和基础，如果财务系统或业务系统不具备直联的能力，那么就无法开通银企直联业务。

理论上，企业同银行直联的系统可以是任何业务系统，只要有需要都可以实现直联。但由于银行业务基本上属于企业财务管理的范围，所以一般都会选择同财务系统直联。目前国内的主流财务软件厂商都具备同多家银行直联的能力，系统上已经内置了同多家银行的接口，随时可以实现直联。对于那些没有直联接口的地方性中小银行，如果企业有需要，也可以要求软件厂商开通。选择财务系统同银行直联对接是国内银企直联的主流方式。

另外，在目前的国内市场上，有多家软件厂商还推出了专门解决银企直联的产品，它们大多采用云服务模式，技术比较先进，实施运维费用相对较低，对于一些中小型企业或财务系统相对较弱的企业，在确保安全的前提下，也是一个不错的选择。

五、银企直联安全性选择

对于资金管理而言，安全永远是第一位的。因此实施银企直联，首要考虑的就是安全问题。

首先是网络模式的选择。目前的银企直联通常有两种连接方式：公网模式和专网模式。

公网模式是指银企直联系统通过互联网的方式，将银行端系统和企业端系统连接起来。这种模式的特点是成本低、实施快，但网速容易受外部网络环境影响，特别是容易受黑客的攻击。

专线模式是指银企直联系统采用专门的线路，将银行端系统和企业端系统连接起来。这种模式需要企业向网络运营商租用专门线路，成本比较高，但网速稳定，不容易受到外部网络环境的影响。目前，国内集团公司的银企直联系统，大多采用网络专线模式。

无论是公网还是专网，其安全性都是相对的，特别在信息技术高速发展的今天，没有绝对的安全。我们唯有扎紧篱笆，提高安防意识。

其次是前置机和安全证书的选择。前置机是企业购置并部署在企业机房的一种专用服务机，前置机的运行程序由银行提供并安装于前置机服务器上，用于与企业财务系统对接和银行之间通信；银企直联的安全认证除通信协议、客户号等方式外，最主要的就是部署在前置机上由银行提供的安全证书，安全证书主要有硬证书、软证书、加密机三种形式。

目前国内银行在实现银企直联方式上由于采用的技术不同，实现的方式也各有不同，有的银行需要前置机，而有的不需要部署前置机。有的采用硬证书（U 盾）加密，有的采用软证书（文件）加密。至于采用哪种形式更安全高效，可以说是仁者见仁，智者见智，目前还没有定论。

笔者所供职的公司，银企直联采用的是前置机＋硬证书的方式，并通过专线连接。前置机采用每家银行一台主机和一台备份机的配置，数十台服务器集中部署在集团专用的机房，财务软件厂商有专人负责实施和运维。10 多年来，已经同数十家银行实现直联，通过银企直联累计支付和归集资金上千万笔款项，未发生任何安全事故。

六、银企直联的运维管理

开通银企直联只是第一步，后续的运营维护才是关键。由于银企直联的接口相对比较复杂，且银行也会对直联接口进行不定期的升级，同时涉及多家银行，因此直联开通后，必须有专门的技术人员来跟进银行接口的运行情况，及时进行升级更新，保证企业端的银企直联接口是最新的系统。直联的接口如果出了问题，将会使银企直联的业务中断，甚至瘫痪，所以要高度重视。

另外还有一件非常重要的事情，就是"行名行号"库的维护。"行名行号"库是由中国人民银行制定并统一管理的数据，相当于每家银行的身份证，"行名"和"行号"在国内是唯一的，企业通过银企直联方式支付款项时，支付系统会根据付款单上的信息，自动配比收款方对应的"行名"和"行号"。如果没有"行名行号"数据库，企业就无法完成银企直联的支付业务。

"行名行号"库一般是由财务软件厂商负责维护，并在支付系统内设置相应的管理规则。在测试银企直联业务时，企业一定要高度重视"行名行号"库的对应配置情况，如果"行名行号"库出了问题，后果不堪设想，将会出现严重的支付事故。

笔者供职的公司每日有数千笔的银行业务，即便是做足了充分的准备，偶尔还会出现支付失败的情况。主要原因是"行名行号"库更新不及时，支付时对应的"行名行号"错误，致使交易失败。我国金融机构众多，新增、注销和变更"行名行号"是经常的事情，只要我们提高"行名行号"数据的更新频度（如每天晚上更新一次），就会避免交易失败的现象。

银企直联作为企业资金管理的底层技术支撑，已经被众多集团型企业应用，越来越成为企业资金管控中的刚需。虽然现在它还有不足之处，还不够完美，但随着银行以及财务软件厂商技术能力的不断提升和突破，相信未来企业在实施银企直联时，道路将会越来越平坦。

银行电子回单一体化：解放生产力的最佳实践

随着财务数字化建设的不断深入，电子票据已经逐渐取代纸质票据。对于电子发票、电子行程单、电子客票等这些日常报销用到的电子会计凭证，财务系统上已经有成熟的解决方案，但说到银行回单，特别是电子回单的自动化管理，财务人员依旧是困惑重重、一筹莫展。

银行回单是指企业在银行办理收付款业务完结后，由银行出具的办结凭证，主要有付款回单和收款回单。在传统的银行运营模式下，是由银行出具纸质的银行回单，统一放到银行的回单箱，企业的财务人员定期去银行取拿。

随着信息技术的不断发展，特别是网银的广泛应用，企业的财务人员可以通过网银直接查询、下载和打印银行回单，但在企业内部，对银行回单的处理仍旧没有改变手工记账时代的业务流程，银行回单的打印、整理、匹配、装订、存档等工作，仍然主要依赖人工操作。笔者所供职的公司有一家所属企业，每年仅从银行产生的回单就有一百多万笔，回单的打印、匹配、装订等工作，每年需耗费数千人天，费时费力，效率低下。银行回单的应用现状与财务数字化建设完全不匹配，严重影响了会计档案电子化的建设。笔者从2016年起，同多家银行合作，逐步实现银行电子回单管理自动化，极大地提高了工作效率。下面结合实际应用情况，介绍电子回单自动化管理的实施路径。

一、银行提供电子回单能力

这个涉及两个层面：开票能力和提供能力。目前在国内，除少部分规模较小的地方性商业银行外，大部分商业银行已经有开具电子回单的能力，但在采用什么方式提供给客户方面，各银行之间存在一定的差异。一般来讲，所有能开电子回单的银行，用户都可以通过网银查询下载电子回单，但通过银企直联将电子回单自动推送给客户或者由客户主动去获取，这样的能力不是每个银行都具备的。如果合作银行在这方面能力较弱，那企业就要督促银行，尽快完成相关系统功能开发，否则将会影响双方的合作。

二、开通银企直联

银企直联是电子回单自动化管理的基础，没有银企直联，企业就无法自动取得银行数据。也许有人会有疑问，通过网银也可以下载电子回单，然后把数据上传到财务系统，同样可以解决问题，只是一个是自动获取，一个是手动获取。的确，仅从数据的获取渠道上看这是没有问题的，但我们获取银行数据的目的是要解决回单的打印、匹配、归档等问题，实现银行回单的全流程自动化管理，而网银不具备这样的能力。上文已经详细介绍了银企直联的内容，此处就不再重复。

三、电子回单下载管理

由于目前各商业银行电子回单的推送方式和文档格式存在差异，因此企业还必须安装对应的回单管理系统，统一处理电子回单的下载工作，同时建一个银行回单库，存储下载的电子回单数据。

银行电子回单的推送方式有主动推送和请求推送两种。主动推送是银行按照企业的要求，定期将回单数据，通过银企直联通道发送到企业的回单库，请求推送是企业的回单管理系统向银行发出下载回单请求，银行收到请求后按要求将回单数据推送给企业。另外，银行提供的电子回单因格式不同，系统的处理方式也不同，报文格式（如 XML）的回单，可直接下载使用，而文件格式（如 PDF 或 JPG）的回单，必须经过回单系统处理后才能使用。

回单数据库服务器和回单管理系统服务器，一般部署在企业的机房，同银企直联前置机服务器相连。这些工作一般是由财务软件厂商负责实施和维护，企业要负责协调好各商业银行的资源，三方协同才能把事情做好。

四、电子回单匹配及归档

企业下载银行电子回单的目的是满足会计核算，实现与会计凭证的匹配。在手工操作模式下，财务人员可以根据自己的业务判断来完成银行回单的匹配工作，而要在财务系统上实现电子回单的自动配比，就必须有相应的匹配规则。

在各银行提供的电子回单数据中，都有一个交易流水号，这也是识别回单的唯一编号。企业在对外付款时，财务系统会自动生成一个对账码，这个对账码同银行的交易流水号有关联关系，财务人员在进行付款业务的账务处理时，系统会自动按照对账码和银行交易流水号，同回单库中的电子回单建立关联关系，实现双向联查。

收款业务的回单处理相对要复杂些，如果能解决银行交易流水号与应收单之间的关联关系，就可以实现回单的自动配比，否则只能是手工或半手工方式操作。笔者所供职的公司，在2018年同国内的金融机构合作，研发出一套智能收款管理系统，基本解决了应收单同实际收款（银行流水）之间的关联关系。有关这方面的内容，后面的章节会详细介绍。

在财务系统内，银行电子回单的匹配只是在会计凭证和回单库之间建立映射关系，回单的电子文档还是保留在回单库内。企业建立会计电子档案管理系统后，要定期进行会计档案归档，把财务系统的会计资料，以电子文档的形式独立存储到会计电子档案系统，此时，银行电子回单作为会计凭证附近的一部分，一并做归档处理。

笔者供职公司的财务共享中心，每年银行产生的收付款回单有数百万张，按照上述的业务逻辑，对银行电子回单进行全流程一体化管理，回单的下载、配比、归档等实现智能化应用，电子回单的自动配比率达到 97% 以上。

多组织银企自动对账：银行账户集中管理的利器

这里讲的银企对账指的是企业的银行存款明细账同银行的交易流水明细账之间的核对，是企业与银行之间金融交易的一种财务审计活动，主要是检查企业与银行之间的账目是否一致。一般银企对账每月进行一次。

在手工记账时代，财务人员每月月底都要进行银企对账，逐笔核对与银行之间的来往账目，并编制余额调节表，那个时候是纯手工操作。后来财务人员不用手工记账了，银行也开通了网银，财务人员从网银下载银行交易明细，然后再导入财务系统，系统按照一定的规则进行对账，实现了银企对账的半自动化。目前仍然有很多企业采用这种方式进行银企对账。

当下国内很多集团公司都建有财务共享服务中心，在共享模式下，成员单位的银行账户一般都是集中到财务共享中心进行统一管理，账户数量少则几百个，多则数千个，如果仍然采用传统的银企对账模式，其工作量之大是难以想象的，按照一个人一天处理 20 个银行账户的量计算，仅对账这一项工作每天就要数百上千个人来完成，这对财务共享中心来说是难以承受的。

笔者所供职公司的财务共享中心有近千个共享单位，管理的银行账户数量有数千个，每个银行账户每月都要进行银企对账并编制余额调节表，但共享中心资金组还不足 10 个人，如果按照传统的模式进行银企对账，估计整个资金组只做这么一件事就需要一个月的时间。因此，在财务共享中心建设初期，银企对账工作还是由各单位的财务人员自己负责。随着信息技术的不断发展以及业财一体化的深入应用，银企对账自动化问题已经基本解决，从 2018 年开始，银企对账工作统一移交给财务共享中心处理。现在一个人一天可以完成数百个银行账户的对账工作，工作效率是传统模式的 100 多倍。下面重点谈谈银企自动对账的业务逻辑和实现方式。

一、银企自动对账的条件

理论上，如果企业的每一笔收支业务都能及时进行账务处理，且银行提供的交易明细也完整、正确，那么企业和银行的账目余额应该是完全相等的，不会有未达账项，也就不需要银企对账了。这是财务核算的最高境界，是一种理想的状态，希望人工智能等信息技术能帮助我们实现这个愿望。

银企对账的本质就是银行交易明细同企业的银行存款明细账进行核对，银行的每一笔交易都有一个对应的结算号（或交易流水号），如果财务在进行账务处理时，每一笔收支都能对应上银行的结算号，然后在财务系统内设置相应的逻辑关系，就可以实现银企自动对账。

银企对账的基本原则是确定的，但要实现自动对账还需要满足三个条件：一是要开通银企直联，并且能够实时获得银行交易明细，这是银企对账的先决条件，没有银企直联就不可能实现银企自动对账；二是企业的支付业务通过银企直联方式办理，这样系统就会给每一笔付款分配一个对账码，并且将对账码和银行结算号建立关联关系；三是收款业务的应收单同银行交易结算号建立关联关系，使每个应收单都能与银行的交易结算号关联。在这三个条件中，前两个条件比较好实施，财务软件厂商一般都具备这样的能力，第三个条件相对要复杂些，需要专用的智能收款系统支持，这个后面的章节会详细讲述。

二、银企自动对账规则

企业的财务和业务系统满足银企自动对账的条件后，下面就是要在财务系统里面设置相应的对账规则和进行自动对账。

首先是对账码对账。财务系统定期通过银企直联自动获取银行交易明细，一般情况下每天至少获取一次。之后财务系统定期执行按对账码对账后台事务，该后台事务将付款类型为银企直联支付的单据生成的日记账和对账单自动带上对账码，按对账码匹配，进行自动对账。结算方式为银企直联的付款业务，可实现自动对账全流程智能化，无须人工干预。

其次是结算号对账。财务系统首先将结算号相同、汇总金额相等的多条数据进行勾对，再将结算号相同、金额相等单条数据勾对，然后将单边有结算号、金额相等、借贷方向相反的数据勾对，最后将都无结算号、金额相等、方向相反的数据勾对。

经过对账码和银行结算号的两轮银企数据勾对，银企对账工作也基本完成了98%以上，剩余的一些未勾对账项，需要人工干预解决。在财务共享中心模式下，可进行多组织、多账户对账，批量编制银行余额调节表。

资金集中管理：集团公司资金管理的必由之路

通俗点讲，资金集中管理就是将集团内各成员单位的钱，集中存放到集团总部指定的银行账户，由集团总部进行统一管理和运用。国资委在《司库建设意见》中要求各央企："加强集团资金集中管理。要以财务公司、资金中心等作为资金集中管理平台，按照'依法合规、公允定价'的原则，建立跨账户、跨单位、跨层级、跨区域的'资金池'，及时做好子企业资金的定期归集，力争做到按日归集，有条件的企业做到逐笔归集；对上市公司、金融企业和监管账户的资金归集要符合有关监管要求。"

可能有人认为，资金集中管理是大集团公司的事情，是央企的事情，是一项高大上的管理工作，并且资金集中管理还要通过资金池、资金系统等才能实现，一般企业根本用不着。笔者认为这种想法是不全面的。对于单体企业来说，确实没有资金集中管理的需要，只要合理安排好自己银行账户的资金就可以了。但如果企业有两家以上的所属公司，我们就可以进行资金集中管理，通过资金归集、统筹调配，提高资金使用效率和效益。大的集团公司资金集中管理只是归集的企业更多、通过集中管理产生的效益更加明显而已。

因此，资金集中管理没有那么神秘和复杂，它就在我们身边，是我们财务工作的一部分，只要我们明确需求，厘清思路，选择好集中手段、运营平台和运营模式，以及合作的金融机构和软件厂商，就能实现资金的集中管理。

一、资金集中管理的运营平台建设

集团公司所属企业的资金集中到集团总部后，如何用好这部分资金，使其发挥更大的作用、创造更大的价值，是资金集中管理的核心所在。而现有的财务管理平台一般不具备资金集中管理的能力，因此，必须在集团总部搭建一个资金集中管理平台，负责管理和运营集中上来的资金，这是资金集中管理的基础。为此，国资委也在《司库建设意见》中强调："加强集团资金集中管理。要以财务公司、资金中心等作为资金集中管理平台。"

对集团公司而言，资金集中管理平台的建设有两种模式：一是成立财务公司，二是设立结算中心（或资金中心）。

1. 财务公司模式

财务公司是专门从事集团公司内部资金管理、筹集及融资结算业务的非银行金融机构。它可以为集团所属单位提供结算、存贷款、融资租赁、债券承销等综合服务，在资金运用中可以提供同业拆借、对外投资、财务顾问费等业务。财务公司除了不能开展吸收公众存款、开立基本账户、发行银行卡业务外，其余业务与商业银行基本相同。财务公司就是一家银行，只是这家银行是自家开的而已。

从资金归集的角度看，只要集团所属单位在财务公司开立账户，并且将资金存入开立的账户中，就能达到资金集中的目的，资金集中的效率和效益更明显。另外，因财务公司具有商业银行的很多特性，资金归集业务的操作更规范、更便捷，并且支付业务直接从成员单位的财务公司账户支付，有效减少了资金的体外循环。

进行资金集中管理，财务公司模式是一个比较好的选择，但在实际工作中，该模式应用还受到很多因素的制约，很难在集团公司推广，主要原因有以下几个方面。

首先，财务公司是具有法人地位的非银行金融机构，必须经国家银监会批准后才能成立，因此企业申请比较难，申请周期较长。这一点就限制了很多集团公司无法采用财务公司模式进行资金集中管理。

其次，财务公司虽然能够为集团所属企业提供金融服务，但同商业银行相比，在服务手段、金融产品等方面还存在差距，特别是在信息技术的投入上更无法同商业银行相比。这将制约集团财务数字化建设对新技术的应用，用户的满意度也会降低。

最后，财务公司作为集团内的法人单位，集团总部一般都会对其有明确经济效益考核，因此财务公司在坚持服务的同时，要努力实现利益最大化，资金集中管理只是其为所属单位提供多元化金融服务的一项内容而已，往往不是关注的重点，单从资金归集功能来看其便捷性还不如结算中心。很多已成立财务公司的集团在资金归集时都采用"财务公司＋结算中心"模式。

2. 结算中心模式

结算中心是办理集团内部各成员单位资金收付和往来结算业务的专门机构，非法人单位，在行政管理上隶属于集团，只受集团（或财务部门）内部监督管理，是集团的职能部门。因此，只要集团内部批准就可以设立，不受银监会核准的约束。

结算中心的基本运作模式是各成员单位在结算中心开户存款并通过结算中心统一对外办理结算，监控各成员单位的资金运作，同时可以将成员单位暂时闲置的资金调剂给符合条件的其他成员单位使用。

采用结算中心模式，资金归集的方式更加灵活，可根据实际需要灵活调整资金归集模式，包括归集频率、归集方式等。同时，在一个资金管理平台上实现多银行的资金归集处理，资金归集的效率更高，并且可实时查看成员单位资金状况，通过系统控制成员单位的每一笔开支，集团总部的资金管控能力更强。

笔者所供职公司的结算中心成立于1984年4月，是国内企业设立的第一家结算中心，1996年在国内财务软件厂商的协助下，全面实施上线结算中心管理系统，在国内居于领先地位。结算中心系统经过多次的迭代升级，现在已成为公司资金管理的核心系统。近40年的实践证明，结算中心模式是集团型公司资金管理的优秀运营平台，特别是在财务共享中心模式下，是实现资金共享的基础，并为财务数字转型提供了有力的支撑。

有关结算中心系统的功能和实施方案，可以咨询相关的财务软件厂商，笔者在此就不赘述了。

二、资金集中管理的运营模式

集团公司在选择好资金集中管理的运营平台之后，下面最主要的工作就是资金集中运营模式的选择。合适的资金集中运营模式会让资金集中管理工作更加顺畅，资金的使用效率和效益也会更高。集团公司常用的资金集中运营模式主要有备付金模式和统收统支模式两种。

1. 备付金模式

集团总部根据各所属公司的实际业务情况，给每家公司核定一个备付金额度，银行存款超过备付金的部分必须上存总部，在额度范围内所属公司可自由使用该部分资金，当备付金额度不足时申请总部下拨备付金，确保支付后备付金在核定额度内。

采用备付金模式，资金集中管理的工作量相对较小，对所属单位原有的结算及资金管理模式影响较小，各单位的资金支付自主性较强。对于集团公司来讲，采用备付金模式进行资金集中管理，实施起来比较容易，对运营平台的要求也不高。但是，由于所属单位留有较多的备付金在自己的账户上，资金的集中量相对较小，可以说只是部分资金的集中，资金集中管理的效益相对较差，总部对所属单位的资金管控力相对较弱。该模式如果作为临时或过渡方案尚可，不建议作为长期的实施方案。

2. 统收统支模式

统收统支模式就是所属单位的资金全部归集到集团总部，然后由总部根据整体资金安排确定各成员单位的资金支付。该模式下所属单位收到的资金应先归集到集团总部的账户，所有支出必须先从总部下拨，然后再对外支付，不允许坐支资金。一般来讲，集团公司的统收统支都会采用收支两条线的模式。

采用统收统支模式，资金的集中度高，可有效提高资金的流转率、减少资金沉淀，特别是所属单位所有的对外支付必须经集团总部批准后才能执行，集团对所属单位有很强的资金管控能力。统收统支模式是真正意义上的资金集中管理模式，更能体现出资金集中管理的效率和效益，是集团公司资金集中管理的优选模式。

在统收统支模式下，集团内部资金调拨的频率会比较高，这就要求集团总部有较强的资金管理能力，包括资金处理效率、资金计划能力、资金统筹能力等，同时要求运营平台能够对该模式提供强大的信息技术支撑。

在实际工作中，资金集中管理的运营模式会应随着企业资金管理能力和企业实际情况进行动态调整，通常会几种模式混合使用以实现效率、效益的平衡。

三、资金集中管理的归集方式

俗话说，巧妇难为无米之炊。只有将所属单位的资金归集到集团总部，才能进行资金的集中管理。否则，即便有再好的资金运营平台和运营模式也是空谈，钱收到一起才是硬道理。因此，将所属单位的资金快速、便捷地归集到集团总部，是实现资金集中管理非常重要的一环。

目前常见的资金归集方式有手工资金归集、银行"资金池"归集等，下面对手工资金归集和银行"资金池"归集进行介绍。

1. 手工资金归集

手工资金归集是最基本的资金归集方式，所属单位通过手工操作模式把资金转入集团指定的归集账户，然后由集团总部根据资金管理规划进行统一调配使用。所属单位一般会采用网银划转方式上划资金。

手工资金归集是最基础也是最容易实现的资金归集方式，企业几乎不需准备其他外部条件，仅配备好相应人员负责操作即可立即执行。

采用手工资金归集方式，集团对所属单位的控制力相对较弱，资金归集完全依赖所属单位的主动上划，如果所属单位资金上划不及时，将会严重影响集团资金归集的时效性，无法实现总部的主动上划或自动上划。

2. 银行"资金池"归集

为了帮助集团公司快速实现资金归集，很多商业银行在多年前就推出了"资金池"业务，这是商业银行为集团公司量身定做的一款金融产品，目前已经被很多集团公司采用。具体来说，"资金池"模式就是通过设置一组具有上下联动关系的银行账户，在商业银行先进的资金管理系统与集团财务系统连接的基础上，实现下属子公司账户余额自动划拨、账户透支、下属子公司之间委托贷款、资金统一调度等功能。合作银行的引入，实现了跨区域资金高度集中。因此，其适合业务经营区域广的大型集团公司。

借助商业银行强大的信息技术能力，"资金池"集中管理模式为集团公司提供了资金结算、信息集成共享等专业化服务，同时在很大程度上减少了集团公司在资金集中管理方面的投入，提高了集团公司的资金管控能力。但是，由于各银行的"资金池"是相互独立的，集团公司要实现多家银行的资金集中管理，就必须按银行分别搭建多个"资金池"。这样会对资金集中管理的效率有一定的影响，同时也增加了资金管理的难度。虽然"超级网银系统"解决了跨行资金归集的问题，但由于种种原因也只是看起来很美好，实际使用者不多。

笔者供职的是一家集团型的公司，所属成员单位有数百家，每日的资金归集量很大。由于各成员单位在业务经营上存在差异，所以在资金的归集方式上，采取"手工归集＋银行'资金池'归集"混合模式。对于收款业务频繁的业务板块（类似于零售业务），采用银行"资金池"归集模式；对于收款业务相对比较集中（如每月的某几天），且收款量较大的业务板块，采用手工归集模式。

采用银行"资金池"归集模式，所属成员单位的资金可以快捷地上划到集团公司的账户，但手工归集模式就要完全依赖成员单位的主动性。如何让成员单位积极主动地上划资金，是手工资金归集模式的关键。为此笔者供职的公司制定了一套完整的资金归集办法，对资金归集提出了具体的要求，有明确的考核内容，并将资金归集的考核指标列入对成员单位年度考核的经营指标中去，如果资金归集指标不达标，将会对成员单位的年度经营考核产生影响。同时充分利用财务共享中心的资金共享管控平台，严控资金归集不达标单位的资金支付和相关的融资业务。对于手工资金归集模式一手抓考核、一手抓支付，两手抓，两手都要硬，让所属成员单位切实重视起来，在思想上和行动上同集团保持一致。

资金结算全流程管理：资金风险管控的核心抓手

资金是企业的"血液"，其运行质量和使用效益直接关系到企业的生存和发展。资金结算管理是企业资金管理的基础，国资委在《司库建设意见》中要求各央企："要依托财务公司、资金中心等建立集团电子结算平台，统一对外接口，实现业务结算全流程线上审批和电子结算，逐步减少银行网银支付和支票、现金的使用，有条件的企业要结合'资金池'实现统一对外结算。要规范资金结算审批标准和权限，完善前端业务发起、在线流转审批、自动核算校验的结算流程，实现业财信息共享和合规管控。"

企业的资金支付业务是指因企业开展生产经营活动、筹资活动、投资活动等经营行为而导致的资金流出，是资金结算的核心工作。按照支付业务的用途不同来划分，支付业务包括：日常经营费用支出，如办公费、通讯费、交通费、差旅费、业务招待费、水电费、房租、审计费、咨询费等；经营采购支出，主要指为生产、销售而进行的物资采购；职工薪酬支出，包括工资、奖金、津贴、补贴、福利费等；企业上缴的各种税费支出；固定资产、在建工程等长期资产购置支出；对外的长、短期投资支出、非经营性资金往来支出等。如果按支付业务的场景划分，可分为合同类支付、代发类支付和资金管理类的划拨。

在传统的管理模式下，企业的支付业务一般都是手工操作，即申请付款人填写付款申请单并准备合同、发票等相关的支付凭据，然后经过层层审批，交财务办理对外支付。目前国内依然有很多企业采用这种方式来处理支付业务，特别是一些没有实施业务信息系统的企业更是如此。随着现代信息技术的不断发展，现在国内的很多企业已经逐步实现支付业务线上审批。笔者供职的公司从 20 世纪初开始实施支付业务线上审批，经过 20 多年的实践，基本实现支付业务全流程的线上审批。下面笔者结合支付业务的应用场景，分享支付业务全流程线上审批实际的解决方案。

一、合同类支付业务的审批流程

合同类支付是企业生产经营活动中非常重要的业务事项，要实现支付业务全流程线上审批，就必须从业务的源头发起，前端必须有业务系统支撑，这是最基本的条件。有些没有业务系统或业务系统功能不完善的企业，可能会采取一些变通的方式，如在费控系统或财务系统内进行一些二次开发，并以此作为支付业务的入口来发起申请。此方式将企业的生产经营活动和支付业务人为割裂开，严重影响企业的全面预算管理和资金预算管控，作为临时过渡方案尚可，不建议长期应用。

企业业务信息系统的建设或改造，必须按照业财一体化的原则进行，财务部门要有详细的需求，全程参与业务系统的建设工作。有关内容后面的章节会有详细介绍，下面重点介绍资金支付业务的线上流程。

1. 支付申请发起

企业的业务经办人员在业务系统内发起支付申请，注明款项的用途、金额、预算等内容，并上传经济合同、发票等支付凭据的电子文档。发起人提交支付申请后，系统会自动进行相关的校验，首先是检查该支付是否有资金预算，其次是检查提交的单据是否齐全，如果超出资金预算或没有预算，或者付款单据不齐全，系统将禁止该支付申请的提交。

2. 业务财务的审核

这里的业务财务是指集团所属成员单位负责同业务对接的财务人员。业务财务审核的重点是资金预算控制和票据的合规性检查。业务人员在提交支付申请时，系统只是进行总体预算的控制检查，而业务财务要根据月度或每周的资金计划，统筹安排资金的支付，另外，对于已经实施供应链融资的公司，业务财务还要考虑该支付申请是采用哪种方式支付。票据的审核主要是指增值税发票的检查，是将供应商提供的发票信息同国家税务系统内的发票信息进行核验，确定发票的真伪和信息的对错，发票的核验一般都是由系统自动完成的。对于不合规的票据，系统会将该支付申请直接打回到业务发起人。关于发票核验涉及的税务系统，后面的章节有详细介绍。

3. 业务领导审批

这里的业务领导是指业务发起部门的负责人、公司分管业务的负责人、财务总监或总会计师以及公司的负责人等审批人。支付业务按照公司设定的审批流程，审批人根据其职责、权限和相应程序对支付申请进行审批，审核付款业务的真实性、准确性及合法性，严格监督资金支付。对不符合规定的资金支付申请，审批人有权拒绝批准。

业务领导的审批方式有两种：一是直接在业务系统内进行审批，

如果公司有多个业务系统，那么业务领导需要登录多个业务系统，操作起来可能会不太方便；二是将业务系统的审批流程同公司的 OA 系统对接，让业务领导统一在一个系统内进行审批；三是业务系统将审批消息推送到 OA 系统，业务领导在 OA 系统内以一键登录的方式进入业务系统，进行业务审批。这三种审批方式虽然实施的路径不同，但其结果都可以满足管理的需要，具体可根据自身的实际情况选择。

4. 资金复核

这里的资金复核有两方面的含义，对于实施资金集中管理的集团公司，资金复核由集团总部财务部门或财务共享中心进行，如果没有实行资金集中管理，则由企业自身的财务部门进行，这是资金支付业务审核的最后一关。业务系统将审批通过的支付申请，通过业财系统接口实时推送到财务系统，财务部门收到经审批人审批签字的支付申请后，再次复核支付业务的真实性、金额的准确性，以及相关票据的齐备性，相关手续的合法性和完整性，复核无误签字确认后即可办理支付。资金复核一般是在财务系统内完成，并充分利用现代信息技术，实现支付业务的自动复核。

5. 办理电子支付

资金结算部门在收到审核审批通过的支付申请后，直接通过银企直联系统办理支付。

以上支付业务的 5 个步骤只是一个总体的框架，在执行中可以根据公司的实际业务流程进行相应的优化和调整。另外，通过上面的 5 个操作步骤，可以看出实施支付业务全流程线上审批是一个比较复杂的工作，涉及业务系统、OA 系统、税务系统、财务系统、银企支付系统等多个业务系统及多家软件厂商，同时还需要公司内部多个部门的协作。

二、代发类支付业务的审批流程

代发类支付业务是指公司支付给员工个人的款项，如职工薪酬支出、员工费用报销支出等。同合同类支付业务相同，要实现代发类支付业务全流程的线上审批，其前端必须有相应的业务系统支撑。这里面涉及两个主要的业务系统：费控系统（费用报销）和薪酬管理系统。

费控系统一般被归类为财务管理系统，有些财务软件厂商也将其作为财务管理系统的一个子系统进行统一的部署管理。其实，站在企业的整体管理角度看，它同生产经营业务系统一样，是一个独立的业务系统，专门用来处理企业生产经营活动中的有关费用管理问题，涉及预算控制、智能填报、流程审批等内容，需要同 OA 系统、税务系统及银企支付系统等业务系统进行数据集成。

目前国内的集团公司在建设财务共享中心的时候，一般都会先行实施费控系统从而实现费用共享。有人认为只有建设财务共享中心的企业才能实施费控系统，其实这是一个误解。对于费控系统而言，它是一个独立的业务系统，无论企业上不上财务共享中心系统，都可以独立建设。

费控系统支付业务的线上审批流程同合同类支付业务基本相同，只是在审批环节有一些差异，后面的"业务一体化"章节对费控系统有详细的介绍，在此不再赘述。

薪酬管理系统是公司人力资源管理系统的重要组成部分，包括工资的计算发放、养老医疗等保险的计缴等工作事项。一般薪酬管理是公司人事部门的工作，工资以及养老医疗等保险金的计算也应该由人事部门负责，但在实际工作中，特别是一些规模较小的公司，会将工资计算等工作交给财务部门来做。笔者认为这是不妥当的，这并不是说财务部门没有这个能力，而是从公司管理的角度来看，由人事部门负责会更顺畅、更高效。

工资的发放审批流程，相对于合同类支付业务要简单些，人力资源部门在薪酬管理系统内完成工资计算后，即可在薪酬系统内发起审批流程，经过人力资源部门、财务部门审核后，报公司相关领导审批，之后再回到财务部门完成工资的发放。整个审批工作流程全部在薪酬管理系统和财务系统内完成，全面实现线上审批。"五险两金"的计缴审批流程同工资发放基本相同，在此不再重复。

三、资金调拨类业务的审批流程

资金调拨一般是指集团公司总部和其所属成员单位之间的资金调入、调出业务，成员单位之间的资金往来业务不属于资金调拨管理的范畴。资金调拨的业务场景多见于已经实施资金集中管理的集团公司。资金调拨包括集团总部资金的下拨和所属成员单位资金的上划。资金上划业务属于资金归集范畴，在此不再展开。下面重点介绍集团公司总部资金下拨的线上审批流程。

要实现资金调拨业务全流程线上审批，前端必须有相应的业务系统支撑，如资金管理系统（结算中心系统）。现在国内一些规模较大的财务软件厂商，一般都能提供这方面的软件产品，基本能够满足企业资金管理的需要。但由于各公司在资金管理上存在差异，在实际应用时需要进行相应的优化和调整。

集团总部资金下拨业务，一般是由所属成员单位在资金管理系统中填写资金调拨单，向集团总部发起资金调拨申请。软件厂商提供的资金管理系统中的资金调拨单通常相对比较简单，不能完全满足企业资金调拨业务的需求，需要根据企业的实际情况进行相应的调整和优化，同时还涉及相关附件的上传等工作。这项工作一般是由企业提出应用需求，软件厂商按要求实施。

现在国内的资金管理系统一般都有流程引擎管理，企业可根据自身的资金管理需要，配置相应的审批流程。审批流程的配置一般是由集团总部负责管理，明确流程发起单位和集团总部的职责和权限。经审批通过的资金调拨申请，最后经总部资金管理部门复核后，通过银企直联完成资金的下拨工作。

资金调拨业务主要涉及的是集团总部和所属成员单位的财务部门以及分管财务的领导，业务的核心是资金内部划转，不涉及资金对外支付问题，因此，业务的审批流程相较于合同类支付业务要简单些。

综上所述，企业的支付业务无论是哪一类，要实现全流程线上审批，其前端必须有业务系统支撑，必须实现业财一体化，这是最基本的条件。笔者所供职的公司，支付业务已经全部实现线上审批，并通过银企直联支付，线上支付率达到98%以上，累计支付业务有上千万笔，金额有数万亿元，几乎无差错，并且实现了管控和效率的平衡发展。

集中代理支付：资金支付业务的创新应用

集中代理支付，顾名思义就是，将原来分散于集团各成员单位的支付业务集中到集团资金管理中心或财务共享服务中心办理，通过集团公司资金结算账户支付到商品或劳务提供者的银行账户，从而实现全集团资金的统一支付管理。资金集中代理支付业务的应用场景是：已经实行资金集中管理的集团公司，并且采用统收统支（收支两条线）模式。

资金集中代理支付的本质是从集团公司总部的资金账户上，付款给为成员单位提供商品或劳务的供应商，说直白点就是集团总部代替成员单位对外付款。这里面有一个核心问题，就是供应商开具的增值税发票上的单位名称同实际付款单位的名称是不一致的。按照我国有关税法律规定，税务抵扣要遵循"三流一致"或"三流合一"的原则。所谓的"三流一致"，指的是资金流（银行的收付款凭证）、发票流（发票的开票人和收票人）和货物流（商品或劳务流）相互统一，也就是说收款方、开票方和货物销售或劳务提供方必须是同一个法律主体，而且付款方、货物采购或劳务接收方必须是同一个法律主体，如果"三流"不一致，将会影响企业的税务抵扣。

集团公司实施资金集中代理支付业务，必须解决"三流合一"的问题，否则将会给成员单位的业务带来一定的影响。从笔者多年的实践经验来看，解决这个问题主要有下面三种方案。

一、修改购销合同中的支付条款

集团总部在办理对外代理支付业务时，按照常规的操作模式，直接从集团总部的资金账户上付款。因货物采购方和实际付款方不是同一个法律主体，这就需要集团成员单位在同供应商签订商品或劳务购销合同时，在有关支付条款上要增加"购买商品或劳务的款项由集团公司代理支付"的内容，并详细列明具体支付公司的名称和银行账号。这样既能规避可能发生的支付风险，也能满足供应商的报税需求。

这个方案的优点是集团公司的资金管理系统不需要进行优化改造，可以快速部署实施。缺点是成员单位在同供应商谈判时，要让供应商接受集团代理支付的付款方式。一般来讲大部分供应商能接受这样的支付条款，但也有个别供应商会有异议或不接受，特别是一些强势的供应商。遇到这种情况，集团公司和成员单位要有相应的解决方案，最大限度减少因集中支付给企业业务带来的影响。

该方案简单易行，一般适应于集团公司实施资金集中支付的初级阶段，特别是合同类支付业务量相对较少的集团公司。对于业务量较大的集团公司，该方案作为过渡方案尚可，不建议长期应用。

二、银行联动支付方案

为了解决集团公司集中代理支付问题，国内的多家商业银行推出了联动支付业务。所谓的"联动"是指集团总部和成员单位银行账户之间的资金划转。要实现"联动支付"必须具备两个条件：一是开通银企直联；二是上下联动的银行账户必须属于同一家金融机构，也就是说集团公司总部和成员单位必须在同一家银行开立账户。

联动支付的基本业务流程是：成员单位通过业务系统提交付款申请，完成业务及财务审批后，由集团总部资金管理部门通过银企直联发起对外支付，银行根据付款单上的相关内容，先将集团总部资金账户上的资金划转到申请付款的成员单位的银行账户，然后再从成员单位的银行账户上完成对外支付。集团总部资金下拨到成员单位和成员单位的对外付款，是在银行业务系统内自动完成的，不需要企业再填制任何支付单据。供应商收到货款后，其银行回单上付款单位的信息同签订购销合同时的信息是一致的，该方案较好地解决了"三流合一"的问题。银行一般都推荐集团公司使用该方案。

银行联动支付业务可以把它理解为一笔付款申请，两笔转账业务，三笔交易记录。一笔付款申请：成员单位向集团总部发起一笔付款申请，收款方为供应商的银行账户，付款方为成员单位在银行开立的银行账户。两笔转账业务：集团公司总部的银行账户下拨资金到成员单位银行账户，成员单位银行账户付款给供应商。三笔交易记录：集团公司总部账户下拨资金到成员单位银行账户，成员单位银行账户收款，成员单位银行账户付款给供应商。

该方案的优点是集团成员单位的对外支付业务，最终是从其自己的银行账户上完成对外付款的，不存在发票流和资金流不一致的情况，并且银行账户之间的资金划转是银行自动完成的，效率高。但该方案的缺点也很明显，本来一笔支付申请，只要一次转账即可完成对外付款，而采用联动支付方案后却增加了一笔转账支付和一笔业务记录；与此同时相对应地增加了两笔会计凭证和两笔银行对账记录，这无形中增大了会计核算的工作量。另外，由于联动支付业务限定在同一家银行内实现，需为此新增加一些银行账户。

三、结算中心代理支付方案

结算中心代理支付方案是将集团公司总部对外结算的银行账户同结算中心系统中成员单位的内部结算账户关联起来，通过银企直联实现联动支付。该方案的实施要具备三个条件：一是集团公司要建立结算中心系统，且各成员单位必须在结算中心系开设结算账户；二是集团公司需要开通银企直联；三是银行的业务系统要同结算中心系统进行数据集成。在这三个条件中，前两个相对比较容易实现，第三个有一定的难度。

一般来讲，商业银行对客户提供的金融服务都是标准化的产品，基本上不提供个性化的产品服务。而该方案的核心就是通过结算中心账户同银行账户之间的关联关系，实现联动对外支付，银行的支付系统和企业的结算中心系统必须进行相应的优化改造，否则将无法满足代理支付业务的需要。具体的数据集成方案如下。

1. 代理结算账户的设置

代理结算账户是代理支付银行和集团公司总部共同管理的支付账号，是实现代理支付的核心内容，其编码规则一般是"集团支付银行的银行账号 + 成员单位结算中心账号"。如果集团公司开通了多家银行的代理支付业务，那么对应的成员单位就要设置多个代理结算账号。

对于结算中心系统来说，集团成员单位除了开设基本的内部结算账户外，还要按照不同的代理支付银行，设置对应的代理结算账户，这就要求结算中心系统能够支持用户进行多账户管理，在一个成员单位的基本结算账户下，可以对应设置一个或多个代理结算账户。

在结算中心系统完成代理结算账户的设置后，集团公司总部需要将成员单位的名称和代理结算账号报送给代理支付的银行，银行将集团成员单位的代理结算账户同集团总部代理支付的银行账户，在银行的业务系统内建立关联关系。该功能属于企业的个性化需求，需要银行对其业务系统进行优化改造。

2. 代理支付的基本流程

结算中心代理支付的业务流程同银行联动支付的流程大体相同，只是在银行联动环节有些差异。第一步是集团成员单位在其业务系统中发起支付申请，完成业务和财务等环节审批后，流转至集团总部的结算中心（财务共享中心）；第二步是结算中心系统根据成员单位提交的支付申请，自动生成对应的付款单，付款单的内容包括收款单位的信息、集团代理支付银行的银行账号和单位名称，以及成员单位的名称和代理结算账号；第三步是集团总部结算中心通过银企直联提交付款单，银行收到结算中心的付款单后，按照付款单上的信息在集团总部的银行账户上完成对外付款；第四步是代理支付成功后通知结算中心并在结算中心系统内相应减少成员单位的结算中心存款，同时自动生成银行回单。银行回单上支付单位的名称是集团成员单位的名称和对应的代理结算账号。在结算中心代理支付业务中，成员单位的银行账户并没有发生任何的资金流动。

如果某一笔付款业务有问题，收款单位可以按照银行回单上的银行账号将款项原路退回，这一点非常重要。目前国内有些商业银行也有代理支付服务，但大部分是单向的，只有付款功能而没有款项原路退回的功能。在同银行洽谈时，一定要要求银行能够做到付款和退款双向联通。

3. 结算中心代理支付的优缺点

该方案是在上述两个方案基础上的创新应用，它完美地解决了集中代理支付模式下的资金流和发票流不一致的问题，同时也不需要成员单位在集团总部的代理支付银行开立银行账户。该方案是集团公司集中代理支付的优选方案。笔者供职的公司采用该方案处理代理支付业务已经有 5 年多的时间，累计办理代理支付业务有数百万笔，几乎无差错，实践证明该方案是可行的。

但是，由于该方案涉及银行业务系统和结算中心系统的改造，需要银行和财务软件厂商的积极配合。结算中心系统的改造对财务软件厂商来说基本上没有问题，完全可以按照企业的要求进行。但银行业务系统的改造就有一定的难度，有些商业银行甚至不提供这方面的服务，这就需要集团公司与银行进行积极的沟通协商，建议多找几家银行进行洽谈，只要努力总会有解决方案的。

债务融资一体化：资金风险管控的关键举措

国资委在《司库建设意见》中指出："集团要根据债务风险管控要求，对年度融资总额和银行授信资源进行统一管理，合理安排债务融资品种和期限结构，有效控制带息负债规模，防止期限错配、短贷长投。要充分发挥集团整体信用优势，加强银行关系管理，加大统筹融资力度，开展融资利率市场化竞价，多渠道、多品种、多方式降低融资成本，努力实现带息负债综合融资成本率不高于同行业平均水平。"国资委的文件是站在集团公司的角度，提出对债务融资业务的总体管理要求，对集团公司而言，如何将国资委的要求实施落地才是问题的关键。

债务融资业务是企业资金管理的核心工作之一。对于大型集团公司来说，其融资规模大，融资品种多，并且涉及多家金融机构，日常的工作量很大。如果融资业务靠手工来处理，将会严重影响集团资金管理工作的效率和质量，严重影响融资业务的风险管控能力。因此，充分利用数字化工具，加强对融资业务全流程管理，是集团公司资金管理的必选项，也是保障国资委债务融资管理要求实施落地的基础。下面重点介绍企业在资金管理、会计核算以及银企数据集成等一体化管理方面，对银行贷款、授信额度以及融资担保等业务的全流程管控方案。

一、银行贷款一体化管理方案

银行贷款是企业非常重要的融资业务，也是企业资金管理的核心工作之一。企业银行贷款业务的基本流程是：借款方提出贷款申请并提交相关材料，经金融机构审核同意后，借款方和担保方与银行签订借款合同和担保合同，之后银行按照规定程序办理放款手续，将贷款资金划入借款方在银行开设的账户，后续就是企业按期支付银行贷款利息，以及到期归还贷款本息。在传统的资金管理模式下，上述的各项工作基本上是手工操作，虽然有些企业实施了资金管理系统，但也只是进行登记管理，没有配置相应的管理流程。

1. 银行贷款业务全流程一体化管理的条件

银行贷款业务全流程一体化管理包括两个方面的内容：全流程是指贷款业务从申请、审批、放款、计息到还款的全生命周期管理；一体化是指企业的资金管理系统、会计核算系统以及银行的贷款管理系统互联互通，数据共享。企业要实施银行贷款业务全流程一体化管理，就必须有相应的资金管理信息系统支持。目前国内财务软件厂商提供的财务信息系统中，基本上都有资金管理子系统，另外也有一些软件厂商提供独立部署的资金管理系统。无论是独立部署还是财务系统的子模块，这些资金管理系统都能够满足企业资金管理的需要。

2. 贷款业务流程全线上化管理

企业在资金管理系统中发起贷款申请并提交相关材料，经企业内部审核后，通过资金管理系统和银行系统的接口发送到贷款银行，银行审核后将结果告诉企业。如果银行不同意该笔贷款业务，流程结束；如果企业提交的资料不合格或需要补充资料，那么需要打回企业重新提交；如果审核同意，银行将借款合同和担保合同的电子文档发送到企业的资金管理系统。企业内部完成贷款合同审批后，加盖电子签章，之后再提交给银行，银行在完成借款合同和担保合同的确认签章后，按照规定程序办理放款手续，将贷款资金划入借款方在银行开设的账户。

实现贷款业务全流程线上化管理的关键是企业的资金管理系统同银行的贷款系统之间的连接，要将这两个系统的业务流程打通，实现数据双向流动。目前国内大多数银行的贷款系统没有同企业的资金管理系统对接，企业的贷款申请和资料还是线下提供给银行，要实现银企一体化还需要银企双方进一步沟通协商，共同协作来完成数据的集成共享。

3. 贷款业务会计核算和月末结账强制关联

在会计核算系统中，将有关银行贷款的会计科目设置为同业务系统强关联，相关的会计凭证只能通过业务单据生成，禁止手工录入。资金管理系统虽然是企业财务管理系统的一部分，但就其业务性质而言，它也是一个独立的业务系统，在收到银行的放款通知后，资金管理系统将生成一个银行借款单，自动发送到会计核算系统，业务单经复核后自动生成会计凭证。

在会计核算系统中设置同资金管理系统的强制对账方案，在月末结账时，必须完成资金管理系统和会计核算系统的对账，确保两个系统的银行贷款余额完全一致后才能完成结账工作。

设置会计凭证和月末结账的强关联关系，是为了保证资金管理系统和会计核算系统的一体化运行，实现业务数据和财务数据的共享。

4. 月末银企贷款余额对账方案

财务人员一般在月末都会将银行存款日记账同银行的对账单进行核对，编制银行余额调节表，而银行贷款的余额却很少进行核对。这主要有两方面的原因：一是资金管理系统中没有贷款余额对账功能；二是银行一般不会主动提供贷款余额。从资金管理和风险管控的角度看，定期进行贷款余额的核对是非常必要的，对于融资规模较大的集团公司更是如此。

银行贷款余额的对账可以参照银行存款余额调节表的方式来处理，并要求银行提供约定的电子格式账户贷款余额。企业的银行贷款余额同银行的贷款余额应该是完全一致的，不存在任何未达账项。如果中间出现差异，一定要找出原因，及时进行相应的账务调整，确保"账账相符、账实相符"。

5. 贷款利息扣款和贷款到期还款预警机制

企业银行贷款利息的计算和支付，一般是按月或按季度进行，具体要看贷款合同的约定。一般情况下贷款利息的支付方式是银行直接在企业的银行账户上自动扣款，无须企业主动支付。如果企业有很多笔银行贷款，每月将会产生很多笔利息扣款，如果利息金额较大，还要保证扣息账户上有足够的资金。为避免企业银行账户余额不足而导致银行收不到贷款利息的情况，需要在资金管理系统内设置相应的贷款利息支付预警机制。

利息预警机制的设置包括两方面的内容：一是到期支付利息预警，从扣息日的一周前开始滚动提醒企业的财务人员，银行将要扣息了；二是扣息账户余额不足预警，当企业的银行账户余额不足以支付银行利息时，要提前发出预警，提醒企业的财务人员及时补足资金，避免造成利息支付逾期。

银行贷款到期后，企业要按照贷款合同的约定，及时支付银行贷款的本金和利息。企业在资金管理系统内，通过设置贷款到期预警机制，提醒企业及时归还银行贷款，避免出现还款逾期等违约现象。

贷款利息和贷款到期预警机制，还可以通过电子邮件或手机短信的方式，及时通知企业的资金管理人员。

二、银行授信额度管理

所谓的"授信额度"，一般是指银行为客户核定的，银行愿意并能够承受的最高融资限额或风险限额。从企业的角度也可以理解为客户在一段时间内可以从银行获得的最大贷款额度。对于融资业务量较大的集团公司，银行一般会授予综合授信额度，包括各种信用贷款、保函、担保、票据等金融工具的授信额度。

银行的授信额度是企业融资业务的存量管理指标，对企业的财务管理来讲不需要进行账务处理，只是登记台账备查。因此很多企业对银行授信额度的管理比较简单粗放，因没有约束机制，台账的登记也只是流于形式，不能真正反映授信额度的使用情况。其实站在企业资源管理的角度看，银行授信额度也是一种资源，而且是非常重要的融资资源。银行授予企业一定数额的授信额度，企业要结合自身的生产经营需要，合理地做出安排，保证授信额度资源的价值最大化。

1.加强授信额度台账管理

目前国内软件厂商提供的资金管理系统中，一般都有银行授信额度管理模块，功能也比较全，基本上可以满足企业的需要。但由于企业的财务人员对授信额度管理不太重视，这个模块的应用情况不是很理想，经常会发生银行账面上的授信额度已经全部使用，而企业的台账上还有余额的情况，授信额度台账漏登、少登的现象比较普遍。资金管理人员应高度重视授信额度的管理工作，定期编制授信额度使用情况表，准确及时地反映授信额度的使用和结余情况，助力公司的资金管理。

2. 建立银行贷款和授信额度的强关联关系

企业的银行贷款放款后，其对应的授信额度余额就要减少。对于银行而言，由于监管的需要，必须准确及时地记录授信额度的使用情况。如果企业的资金管理系统和银行的业务已经实行了对接，银行可以将授信额度的授予和使用情况实时推送到企业的资金管理系统，实现授信额度管理一体化，这是最理想的解决方案。但是，如果银行和企业的系统没有连接，那就要在资金管理系统内，设置贷款和授信额度的强关联关系，在进行贷款业务的账务处理时，自动减少授信额度的余额。

3. 加强银行和企业的授信额度余额核对

上面提到，银行对授信额度的管理是非常严格的，对企业的每一笔授信额度都有翔实的记录。因此可以让软件厂商在资金管理系统内增加一个授信额度对账功能，每月将银行的授信额度余额和企业资金管理系统中的授信额度余额进行核对，并编制余额核对表。银行和企业的授信额度余额应该是完全一致的，不存在任何未达账项。如果出现差异，要及时查明原因解决。同时将授信额度对账工作作为考核资金管理人员的一项工作内容。

三、融资担保业务管理方案

融资担保是企业的一种或有负债，是过去的交易或者事项形成的现时义务，履行该义务不是很可能导致经济利益流出企业，或该义务的金额不能可靠计量。对于或有负债，会计上只作披露处理。在传统的管理模式下，企业对外提供的融资担保事项，只是进行手工登记管理，但对业务量较大的集团公司，手工操作模式不能满足企业资金管理需求，存在潜在的风险和管理漏洞。为此国资委在《资金管理意见》中要求各中央企业要"加强借款与融资担保管理，要将借款和融资担保纳入信息系统统一管理"。

1. 融资担保业务全流程管理

融资担保业务一般是在集团公司内部，如集团公司和成员单位、成员单位和成员单位之间进行，担保方和被担保方属于关联关系。原则上企业不会对没有关联关系的公司提供融资担保。

融资担保业务属于企业的重大经济活动，有潜在的经济风险。被担保单位提出融资担保申请后，担保单位要对担保事项进行综合评估，经公司分管财务的领导和公司负责人同意后才能提供担保，如果担保事项涉及的金额较大，还要上公司的办公会讨论决定。

融资担保的业务审批流程，可以走公司的 OA 系统，也可以走公司的资金管理系统，建议走资金管理系统，这样后续的台账管理以及预警管理会更顺畅。融资担保事项的流程发起人一般是财务部门的资金管理人员，流程在资金管理系统内相关节点完成审核审批后，最后流转到财务部门，由资金管理人员负责对外发送融资担保文件，同时在资金管理系统内建立融资担保台账。

2. 建立担保和被担保单位之间的关联关系

由于担保单位和被担保单位是集团内的关联公司，原则上应用的是集团统一的资金管理系统。借款单位在完成该笔融资业务并收到银行的放款后，在资金管理系统内将该笔融资业务同担保单位的台账建立强关联关系，否则借款单位无法进行贷款业务的会计核算。对于非集团内单位提供的融资担保，是无法建立关联关系的。该项功能一般由集团总部向财务软件厂商提出需求并负责管理应用。

3. 建立融资担保业务台账

由于融资担保业务不需要进行账务处理，相关的约束和关联也比较弱，因此很大程度依赖于财务人员的工作主动性以及公司的考核管理制度。建立融资担保业务台账是管控融资担保业务的有力手段和工具。

融资担保事项在完成公司内部流程审批并将担保的文档发送给被担保单位后，资金管理系统会自动生成一笔担保记录，经资金管理人员复核后记入融资担保业务台账。借款单位收到银行的贷款后，同该笔台账建立关联关系，并确认担保的生效日期记入台账。借款单位到期支付银行贷款本息后，返回还款日期值记入融资担保台账。如果担保合同约定的还款日借款单位没有按期还款，系统将自动给予警示提醒。

第三章

供应链融资一体化：全链条线上化管理实践

供应链融资是近几年一个比较热门的话题，很多商业银行和保理公司为此也相继推出了一些融资产品。由于目前国内供应链融资业务的普及率还不高，应用面还比较窄，在金融机构提供的融资服务里面还是一个小众化的产品，所以听起来好像很神秘，给人感觉很"高大上"。其实供应链融资业务没有那么复杂，也没有那么神秘，同传统的融资方式相比，只是在管理要求和运作模式上有一些差异，无论是对企业还是对金融机构，其本质都还是一个融资活动。

目前国内的金融机构以及一些专业图书，对供应链融资都有定义，基本上大同小异。总体来说，供应链融资是把供应链上的核心企业及其相关的上下游配套企业作为一个整体，根据供应链中企业的交易关系和行业特点，制定基于货权及现金流控制的整体金融解决方案，是产融结合下的一种融资模式。

为了规范供应链融资业务管理，国资委在《司库建设意见》中要求中央企业："加强供应链金融服务管理，有条件的企业要突出行业链长优势，合理借助上下游业务、资金等信息，发挥数据和服务支撑作用，引入优质金融资源，搭建供应链金融服务平台，精准对接供应链实体企业，特别是中小企业在生产、流通、交易等各环节的金融需求，提供优质高效的供应链金融服务。要基于供应链真实业务背景，灵活运用各类金融产品依法合规盘活存量资金。要严控供应链金融业务范围，严禁提供融资担保，严禁开展融资性贸易业务和虚假贸易业务"。

本章的重点是站在核心企业的角度，讲述核心企业如何借助现代信息技术，依托供应链金融服务平台，实现供应链融资业务的全流程一体化管理。

为什么要推进供应链融资一体化建设

供应链融资业务作为商业银行和保理公司的一个融资产品推出已经有很多年的时间，是一个比较成熟的融资产品。就银行和保理公司而言，其自身一般都有相应的供应链融资管理系统，这也是金融监管的要求。而对核心企业来说，在融资资料的收集、整理、审核以及申请等方面一般还是手工操作。虽然有些商业银行和保理公司针对核心企业和供应商的应用开发了一些前置的客户端系统，这也只是解决了金融机构融资资料入口的问题，金融机构和企业之间还是各自为政，没有从根本上解决核心企业的融资资料规范化、自动化管理问题。

也许有人说，企业没有同金融机构的业务系统连接，采用手工操作的方式也可以做供应链融资业务，这么多年都是这样做的，也可以满足企业的资金需求，就像企业不用网银或银企直联也能办理银行的收付业务一样。这种观点从本质上讲没有错，在信息技术相对落后的年代，大家也基本上是这样做的。在信息技术高速发展的今天，大数据、人工智能、物联网、云计算等新技术已经广泛应用，如果不转变观念，跟上时代前进的步伐，终将被时代抛弃。

就供应链融资业务本身来说，当企业的融资业务量比较小的时候，靠手工操作可以满足资金管理的需要，但是，当企业的融资规模增长到一定量级，如果还是靠手工操作就会带来一系列的问题，如工作效率低、融资周期长等，无法满足企业的业务发展需求，甚至会出现融资风险。要解决这些问题就要依靠现代信息技术，建立企业和金融机构之间的直联通道，实现供应链融资业务一体化管理，这是大势所趋，也是技术赋能业务的必然结果。下面笔者结合供职公司的实际案例，谈谈推进供应链融资一体化的重要性，这样大家会更好理解。

笔者供职的公司在 10 多年前就开始涉足供应链融资方面的业务，起步阶段每年的融资规模比较小，金额从几千万元到几亿元，涉及的供应商也比较少。后来公司的业务规模渐渐大了起来，每年供应链融资金额也增长到了十几亿元的规模。那个时候财务部资金组只有一个人负责供应链融资业务，虽然是手工操作，但就其当时的业务量而言基本上还是能够胜任的。但到 2017 年的时候，供应链融资规模已经达到了数十亿元，每天要处理数十笔融资业务，一个人负责这项工作，其工作量已经是超饱和状态。在这种状态下，工作效率和工作质量受到严重影响，融资业务的管控能力会减弱，并且存在较大资金安全风险和一些管理上的漏洞。随着公司业务规模的快速扩大，对供应链融资的需求也越来越大，如果继续手工操作，那就要增加人手，按照当时的融资规模来计算，至少需要增加 10 多个人，这几乎是不可能的事情。退一步讲，即便是公司同意通过增加人手的方式来解决业务量增长带来的问题，但在手工操作模式下，工作质量、工作效率和风险管控等方面还是会受到影响。后来核查对账时，就发现了很多的问题，如金融机构的账同公司的资金台账对不上，财务核算系统的明细账同资金系统的融资台账对不上，错登漏记现象时有发生，更严重的还发现多笔重复支付款项，这些都是严重的财务问题。

笔者供职的公司基于资金管理需求，从 2018 年开始，按照全业务流程线上化的原则着手推进供应链融资一体化建设工作，经过一年多的努力，供应链金融服务平台在 2019 年正式上线运行。之后金融平台的融资规模每年以数十亿元的速度快速增长，到目前为止，金融平台的供应链融资规模已经达到每年数万笔、金额数百亿元，按照公司的业务发展计划，预计今后的融资规模还会持续增长。在如此大的融资业务量之下，财务部资金组并没有增加人手，仍然是一个人负责该项工作，工作效率质量及风险管控能力都得到了很大的提升。

从上面的应用案例可以看出，如果没有供应链金融服务平台的支撑，笔者供职的公司的供应链融资业务不可能达到现在的融资规模。按照目前供应链金融服务平台的业务处理能力，它完全可以支撑上千亿元的融资规模，融资业务的高度智能化管理，使工作效率和工作质量得到成倍的提升。融资规模的扩大以及工作效率和工作质量的提升是实施供应链融资一体化带来的最直接的效果，但这仅仅是平台实施应用成果的一部分，其核心应用价值是有效改善了公司的资产负债结构，提升了供应链融资业务的风险管控能力和供应商的满意度。

供应链融资一体化建设的基本思路

在供应链融资服务中，供应链的上下游企业是核心，而在供应链业务中核心企业又居于中心地位。因此供应链融资一体化建设的重点是围绕核心企业的融资需求展开的。

一、供应链融资一体化建设思路

基于供应链融资的业务特点，供应链金融服务平台建设的基本思路是：以供应商和核心企业真实、连续的交易业务为基础，将核心企业的供应链管理系统同供应链金融服务平台连接，同时连接核心企业的资金管理系统和财务核算系统（财务共享中心系统），实现供应链融业务资全流程一体化管理。图 3-1 是供应链融资一体化的总体思路。

从图 3-1 可以看出，要实现供应链融资业务全流程一体化运作，核心企业必须有供应链管理系统（以下简称 ERP 系统）、资金管理系统、财务核算系统、税务系统等一系列信息系统支撑，并且这些系统已经按照业财税一体化的原则，实现数据的集成共享。这是实现供应链融资业务全流程一体化管理的基础。

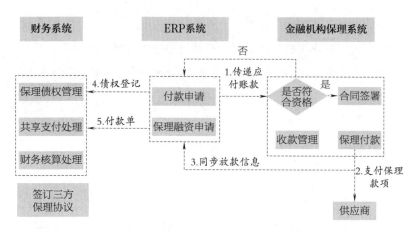

图 3-1　供应链融资一体化总体思路

二、供应链融资一体化建设架构

图 3-2 是供应链融资一体化建设的架构。图中列明了核心企业的 ERP 系统、财务管理系统以及供应链金融服务平台之间的关联关系。

供应链金融服务平台全流程一体化管理，涉及三个方面 10 多个业务系统的数据集成共享。核心企业端涉及的系统有 ERP 系统、资金管理系统、税务管理系统、财务核算系统（财务共享中心）；融资平台端涉及的业务系统有保理业务管理系统、供应商管理系统、电子签章系统；金融端涉及的业务系统有商业银行的保理业务系统、中国人民银行的征信系统和票据登记系统。供应链金融服务平台不是平常大家理解的功能单一的业务系统，它是由多个业务系统集成的综合性的融资解决方案。

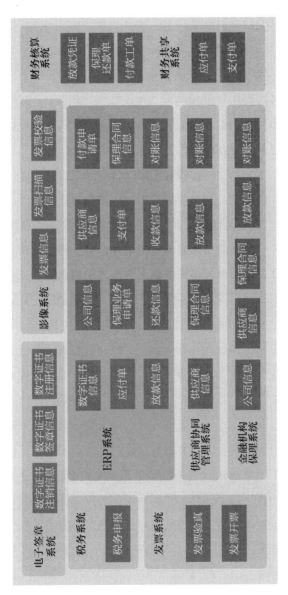

图 3-2　供应链融资一体化建设架构

　　一般不同系统之间的数据对接涉及三五个业务系统就已经很复杂了，而供应链金融服务平台全流程一体化的建设涉及同 10 多个业务系统对接，大部分接口还是双向数据对接，并且是在不同的公司之间进行，其实施难度可想而知。在讨论建设方案时，有些软件开发商的技术人员还对此提出了异议，认为即使在技术上能够实现如此多的系统集成，但在系统运营阶段也可能会存在较大的风险，只要一个接口出现了问题，就会影响整个链条上的数据准确性。

　　软件开发商的担心是可以理解的，毕竟当时在国内还鲜有这样的应用案例。笔者这几年也与国内多家已经实施供应链融资业务的集团公司交流过，这些公司对供应链端和金融端的业务管理比较重视，即便如此，大部分公司提供给金融机构的融资业务资料，仍然还是采用线下手工操作方式，没有将公司的 ERP 系统同金融机构对接。而在企业资金管理、财务核算等数据集成方面就更加薄弱了。

　　笔者从事财务信息化工作有 30 多年的时间，坚持"技术赋能、业务驱动"的原则，围绕业务需求，将业务场景同信息技术深度结合，全面满足管理的需要。在现代先进的信息技术支持下，"只有想不到，没有做不到"，只要敢想、敢干，就会有收获、有突破、有创新。笔者按照全流程一体化的思路建设供应链金融服务平台，在攻克了一个又一个难题之后，系统成功实施上线运行，供应链融资规模从开始时的每年几十亿元，发展到现在的数百亿元，同数十家金融机构的系统实现连接，涉及数千家供应商，达到了核心企业、供应商和金融机构三赢的效果。实践证明，该建设思路的方向是正确的。

供应链融资一体化建设模式

供应链融资一体化的目的是将"供应链端"和"融资端"有机连接在一起，实现融资业务全流程线上运行，所有业务不落地、无纸化。其中核心企业的供应链管理系统与金融机构的融资管理系统对接是核心工作，只有两个系统实现互联互通，才能实现供应链融资一体化管理，这是最基本的前提条件。

在现有信息技术条件下，"供应链端"和"融资端"的对接模式主要有两种：一是核心企业直接同金融机构连接，实现一对一的融资服务；二是核心企业通过一个金融服务平台同多家金融机构连接，实现一对多的融资服务。下面分别谈谈这两种模式的实现方式及其适用范围。

一、核心企业直接对接模式

该模式是一家核心企业和一家金融机构或保理公司合作。目前国内规模较大的商业银行大部分都可以提供供应链融资服务，如建设银行、工商银行、招商银行等金融机构，在多年前就已经开展了供应链融资业务服务，并开发出了对应的融资产品，在供应链融资业务的管理方面有丰富的实际工作经验，拥有众多的客户资源。核心企业可以选择同供应链融资业务经验丰富的商业银行或保理公司合作，借助银行的科技能力，进行一对一的金融服务，快速实施建设银企之间的数据直联通道，实现供应链融资一体化管理。在该模式下，核心企业可以只选择一家金融机构合作，也可以选择与多家金融机构合作。

1. 与一家金融机构连接

选择一家金融机构合作，核心企业的 ERP 系统只需开发一套接口即可，工作量较小，复杂性较低，可以快速实施上线运行。但该模式也有不足之处，当核心企业的融资规模比较大的时候，一家商业银行或保理公司的供应链融资额度可能满足不了核心企业的需要，特别是由于只绑定一家合作银行，核心企业的议价能力相对会减弱，可能会增加企业的融资成本。该模式一般适用于供应链融资规模相对不太大的集团公司，或者作为企业供应链融资一体化管理的一种过渡模式。

2. 与多家金融机构连接

选择与多家金融机构合作，也就是多个一对一对接模式，如核心企业的 ERP 系统同工商银行、建设银行、招商银行等金融机构分别进行一对一的系统对接。该模式拓宽了核心企业的供应链融资渠道，保证了融资额度规模，丰富了融资品种，降低了融资成本。但该模式的缺点也很明显，因各个金融机构有自己的供应链融资管理系统，系统之间对接的要求各不相同，因此，核心企业的 ERP 系统要针对不同的金融机构开发不同的系统接口，复杂性高，开发工作量大，投入和运维成本也相对比较高，同时也是对 ERP 系统软件厂商二次开发能力的考验。该模式一般适用于供应链融资规模比较大的大型集团公司。

二、金融服务平台对接模式

在上面的核心企业直接对接模式中，如果企业的供应链融资合作金融机构只有三五家，开发及运维工作量对核心企业来说基本上还能够承担，但如果合作的金融机构有 10 多家甚至数十家，那将给核心企业的 IT 管理带来很大的压力。如果核心企业发起供应链融资申请有两个或多个业务系统，其开发工作量还要翻倍。这种情况下核心企业直接对接的模式显然是不合适了，如果能在核心企业和金融机构之间建设一个金融服务平台，统一管理企业同金融机构之间的系统对接，这对于核心企业而言是一个比较理想的解决方案。这个模式的核心架构是：核心企业＋供应链金融服务平台＋金融机构。在这个模式中，核心企业只对接供应链金融服务平台（以下简称金融平台），金融平台负责同多家金融机构连接。在这里金融平台担负着承上启下的工作，非常关键和重要，因此，要实施金融平台对接模式，首先要解决金融平台的建设问题。

1. 金融机构建设模式

金融平台是一个为核心企业提供融资服务的平台，理论上，该平台应该由商业银行或保理公司负责建设运营。原因有三：一是金融机构有供应链融资业务的实际操作经验，对融资业务的流程以及功能需求比较熟悉；二是金融机构的科技研发能力较强，完全能够胜任平台的建设工作；三是金融机构之间的业务沟通没有障碍，系统之间的数据的对接比较顺畅。

虽然金融机构在建设金融平台上有较大的优势，但在实际工作中，有很多金融机构不愿承接金融平台的建设工作。其主要原因也有三个：首先，金融机构是为企业提供金融服务的，只对自身的金融产品提供 IT 服务，对于企业的个性化需求，基本上不提供定制开发；其次，对于承建金融平台的金融机构来说，要将多个商业银行连接到平台上来，它们在业务上还有竞争关系，这是一个比较微妙的局面，即使平台运行后可以收取一定的运维费用，但这种竞争关系是改变不了的，这样会影响金融机构的积极性；最后，平台要同多家金融机构连接，还要负责后续的运营，投入比较大，产出比较小，而且出了问题还要承担责任，这种投入与产出不配比的事情，商业银行一般是不会做的。

虽然金融机构建设金融平台的积极性不高，但只要核心企业有足够大的供应链融资需求，金融机构还是愿意合作的。笔者曾设想，如果几家大的金融机构联合起来，同多家央企合作，共同建设供应链金融服务平台，其供应链融资的业务量将是万亿级规模，由此带来的经济效益和社会效益是巨大的。

2. 核心企业与外部金融机构合作建设模式

由于供应链融资业务必须与供应链上真实的业务背景相结合，需要核心企业和供应商积极主动参与，因此，单独依靠金融机构或保理公司无法实现供应链融资一体化管理。国资委也在《资金管理意见》中指出：企业要"引入优质金融资源，搭建供应链金融服务平台，精准对接供应链实体企业特别是中小企业在生产、流通、交易等各环节的金融需求，提供优质高效的供应链金融服务"。从国资委的要求中可以看出，企业要搭建供应链金融服务平台，必须引入优质的金融资源，必须同商业银行或保理公司合作。

上文曾谈到金融机构在建设金融平台方面积极性不高，除了其自身的因素外，最主要是受核心企业的融资需求的影响，如果没有业务场景支持，没有业务需求驱动，金融机构就是把平台建设起来了，也很难实施落地。因此，在与金融机构合作时一定要同实际的融资业务结合起来，最好选择一家有供应链融资合作业务且技术能力较强的金融机构合作。

同外部金融机构合作建设金融平台的方式有两种：一种是双方共同出资建设，金融机构负责运营；二是金融机构以核心企业的供应链融资业务场景为基础独立建设，核心企业积极配合实施落地运行。

3. 核心企业与集团内单位合作建设模式

如果核心企业所属集团内部，有持保理业务金融牌照的机构或财务公司，采用集团内部合作的模式建金融平台，是一个比较好的解决方案。笔者所供职的公司在建设金融平台时，选择的合作单位就是集团内持有保理业务牌照的兄弟公司，目前平台已经完成同国内数十家金融机构的数据对接，融资规模达到数百亿元。

同集团内部单位合作建设金融平台，可以由集团公司牵头分阶段建设。

第一阶段：系统的开发及应用测试。首先在集团内部选择一家供应链融资业务需求比较大的公司作为核心企业，按照"1+1+N"的模式推进供应链融资一体化建设，即一家核心企业、一个金融平台和多个金融机构。这个阶段的主要工作是金融平台的开发建设以及核心企业相关 ERP 系统和财务系统的优化改造。由于金融平台建设涉及与多个系统对接，因此系统的开发建设周期一般在一年左右，这主要取决于软件开发商的研发能力。

第二阶段：实施上线，试点应用。将参与试点应用的核心企业供应链融资业务，逐步从线下手工操作迁移至线上运行，并对应用中系统存在的问题及时进行完善改进。这个阶段的工作重点是核心企业的实际应用以及金融平台运营保障。试点应用成功后，将核心企业的供应链融资业务全部迁移至金融平台运行，融资业务的发起、审核、放款、还款等工作全面线上化、无纸化运行，进一步验证金融平台运行的准确性、及时性和安全稳定性。

对于核心企业而言，到此阶段已经实现了供应链融资业务全流程一体化管理，下面的工作主要是如何充分利用融资平台扩大融资规模，进一步加强资金管控，做好分析统计工作。而对金融平台方来说，供应链融资业务才刚刚开始，这里只是起点，以下两个阶段的工作才是重点，意义重大。

第三阶段：集团内推广应用。虽然金融平台试点应用成功，但平台上只有一家核心企业，覆盖面还远远不够，金融平台运营方要充分利用集团公司各行业板块的业务特点和融资需求，结合金融机构的融资产品，将更多集团内的核心企业拉上金融平台，在集团内建立一个供应链融资生态圈，让更多的企业受益。只有这样才能实现建设金融平台的意义和价值。

在现有技术条件下，多家核心企业和多家金融机构在同一个金融平台上运行的模式是能够实现的，主要问题是系统的运营保障要给力。另外，由于各个核心企业的融资需求存在差异，要联合金融机构，针对不同的企业，实施不同的融资产品，在业务流程和功能需求上需要进一步的优化完善。

集团公司总部要做好供应链融资的组织协调工作，特别要与各个金融机构保持沟通，发挥集团整体资金管理优势，保障融资规模，降低融资成本，使金融平台在市场上更具竞争力，为金融平台走出集团奠定良好的基础。

第四阶段：集团外推广应用。在集团公司内部应用基础上，将金融平台逐步推向全国，同国内的一些大型集团公司合作，汇集更多的核心企业和金融机构，建立更大的供应链融资生态圈，为更多的核心企业和供应商提供优质的融资服务。

目前国内一些业务规模比较大的金融机构，虽然也可以提供同多家核心企业的数据集成，但只是点对点的连接，相互之间是独立的，无法满足企业融资业务多元化、一体化的需求。相比较而言，集团公司的金融平台则具有良好的适用性，具备较强的互联互通能力，比较接地气，更容易被其他核心企业接受。

对于金融平台来说，连接一家核心企业和连接多家核心企业是技术上的事，相对比较容易实现，但在业务层面，将多家没有关联关系的核心企业联合在一起，实现数据集成共享，确实是一件比较困难的事情。这取决于金融平台方的业务推广能力以及集团公司的支持力度，在此不再赘述。

笔者所供职的集团公司，在供应链金融服务平台的建设模式上，是由集团总部牵头，先选择一家有供应链融资需求的企业进行试点，平台运行成熟后再向集团内企业推广。现在金融平台已经安全运行4年多的时间，融资规模每年以30%的速度增长，达到了预期效果，并且开始在集团内其他业务板块推广，等时机成熟后逐步向集团外部扩展，连接更多的核心企业上线，实现"N+1+N"模式。

核心企业端业务系统优化改造方案

目前国内的金融机构针对供应链融资业务推出了多款融资产品，涉及应收类业务、预付类业务、存货类业务、设备租赁类业务、信用类业务等应用场景。可以说金融机构已经做好了充分的准备，完全具备承接供应链融资业务的能力。而对于供应商和核心企业而言，如何充分利用这些金融资源来满足企业的资金需求，是供应链融资的核心问题。下面笔者结合所供职公司的实际经历，以核心企业保理融资业务需求为核心，谈谈供应链融资一体化建设的一些关键举措，供大家参考。

一、核心企业端 ERP 系统的优化改造

在供应链融资业务中，供应链是融资的基础和核心，如果没有基于供应链真实的业务背景，金融机构的供应链融资业务也就不存在了，正所谓"皮之不存，毛将焉附"。因此，供应链融资业务的发起人一定是供应链上的核心企业或供应商，买卖双方必须有真实的交易记录。

对于核心企业而言，一般都会有一个主营业务管理系统，有的企业称之为 ERP 系统，或是采购系统，抑或是项目管理系统。不管叫什么名字，其根本的任务是负责管理企业在生产经营活动中的采购或相关的成本业务，用财务术语就是"应付账款"业务的管理。

一般来讲，企业在建设 ERP 系统的时候，基本上不会考虑供应链融资方面的业务需求，有些早期建设的 ERP 系统甚至在业财一体化方面也很薄弱。因此，作为供应链融资业务的核心系统，为满足融资业务的需要，ERP 系统必须进行适配性的优化改造。核心企业 ERP 系统优化改造主要包括以下几个方面。

1. 完善供应商信息管理

对于企业的 ERP 系统而言，供应商信息是一个非常重要的数据，而在财务系统里面，也有专门的供应商管理模块，供应商信息也是很重要的财务基础数据。另外，在已经实施统一招标的企业里，其招标系统中也有一套供应商信息。由于这些业务分别属于企业的不同部门管理，如果没有一个统一的管理机制，很容易造成各行其是的局面，从而导致供应商的编码不统一、名称不一致等现象。要实现供应链融资一体化，就必须解决供应商信息不一致的问题。完善供应商信息管理主要从以下几方面入手。

（1）统一供应商编码，规范供应商名称，完善相关辅助信息；这项工作由业务部门牵头，财务及相关部门配合。

（2）制定供应商信息管理及应用规则，包括供应商信息的增加、修改、删除等业务规则，供应商信息管理的业务流程等，并在相应的业务系统中将这些流程和规则固化下来。

（3）确定供应商信息的标准和使用流程。如果企业有招标系统，那么以招标系统中的供应商信息为标准，通过系统接口，定时推送和更新财务管理系统与 ERP 系统中的供应商信息，确保供应商的信息在这三个系统中完全一致。如果企业没有招标系统，那么以 ERP

系统中的供应商信息为标准，定期推送到财务管理系统。

2. 推进供应商合同管理电子化

关于合同管理目前有两种模式，即纸质合同模式和电子合同模式。

（1）纸质合同是一种传统的管理模式，也是应用比较普遍的模式，一般是在线上走审批流程，线下签署纸质合同，或者审批、签字、盖章全部在线下完成，如果有需要再将签字盖章后的纸质合同文件扫描成电子文档，上传到相关的业务系统。

（2）电子合同是一种全新的合同管理模式，合同的起草、法务审核、领导审批、电子签章等流程全部在线上进行。实施电子合同管理对提高工作效率、规范合同管理等有积极的意义，同时也是供应链融资无纸化的一个关键节点。

在现有的企业 ERP 系统中，合同管理一般是线上审批、线下签字盖章，合同管理基本上还是纸质模式。要将纸质合同模式升级为电子合同模式，就必须对 ERP 系统进行优化改造，调整业务流程，优化供应商协调管理机制，引入电子签章系统。特别是在与供应商签订的购销合同中，要明确约定有关供应链融资方面的条款，避免法律上的风险。

3. 业财一体化改造

如果企业的 ERP 系统已经具备业财一体化的能力，那就不需要改造，否则要按照采购到应付的业务规则进行改造，最终的效果是业务系统的应付款金额要与财务管理系统中的应付账款金额保持一致。业财一体化改造涉及的内容比较多，也很复杂，后面的章节有详细的介绍。

4. 选择参加保理融资的供应商

对于反向保理融资业务来说，供应商的选择是非常重要的事情，主要由业务部门负责，财务部门配合，审察供应商的规模、实力、资质、信誉、产品质量、交付能力、财务状况以及同核心企业的配合度等，并将选择的信息维护到供应商基本信息中，对于审查没有通过的供应商，不参与保理融资业务。

5. 增加供应链融资业务管理功能

对于核心企业的 ERP 系统来说，供应链融资业务是一个全新的、个性化的功能需求，需要在现有 ERP 业务系统基础上进行定制开发。这部分的需求包括以下两方面的内容。

（1）增加处理供应链融资业务的功能，包括融资业务申请流程和相应的单据处理等。对于不同的融资方式，如代开保理、银行保理或者 ABS（资产支持证券），要配置不同流程及单据。这部分新增功能的使用者主要是财务人员。

（2）建立供应商融资业务合同台账，登记有关金融机构放款和核心企业还款的信息。放款信息来源于金融机构，还款信息来自企业资金管理系统。合同台账的信息是自动登记的，无须人工干预。这个合同台账是以供应商为主要维度建立的，主要作用是供核心企业的财务和业务人员查询放款、还款情况，以及与金融机构和资金管理系统之间的业务数据核对。

上述功能需求对 ERP 业务系统是一个附加功能，在业务部门的需求中，重要性不突出，而对财务部门来讲是非常重要的，因此财务部门要同业务部门加强沟通交流，共同努力把系统建好。另外，还需要软件开发商的积极配合。

6. 开发数据接口

由于ERP业务系统是供应链融资业务的发起点，也是供应链融资业务的基础，涉及的内容比较多，同多个业务系统有关联，所以需要开发多个数据接口。主要的数据接口有以下几个。

（1）融资平台接口：推送融资资料，接收放款信息。

（2）招标系统接口：接收供应商信息。

（3）税务系统接口：查验发票真伪。

（4）电子签章接口：签订电子合同。

（5）财务系统接口：推送融资放款信息以及供应商信息。

7. 供应链融资业务的发起流程

供应链融资业务的申请发起人一般是供应商或核心企业。如果申请人是供应商则是正向保理业务，相关内容后面再单独讲，下面重点谈谈由核心企业发起申请的反向保理业务流程。

在核心企业的ERP业务系统中，申请支付的发起人是业务主办人员，而选择是否采用供应链融资方式的是财务人员（或财务共享中心模式下的业财人员）。

首先业务主办人员在ERP业务系统发起支付申请，并上传相关的业务资料，如合同、发票、验收单（完成业务量），申请提交后系统首先进行合规性检查，包括预算控制检查、发票真伪检查、供应商信息检查等，如发现问题直接打回到发起人，完善相关资料后重新提交，检查合格后正式开始支付审批流程，之后经相关业务领导审批同意后，流转至负责业务的财务人员（业财或项目财务）。

　　财务人员根据业务需求以及资金预算，合理安排资金支付方式。如果选择采用保理融资的支付方式，需要在业务系统的保理业务模块中增加保理业务单据、填写保理机构、还款日期、供应商业务经办人信息、业务经办人信息等，核对收款账户名称、收款开户银行与收款银行账号，引入关联的合同、发票、付款审批表等文件，然后发起保理业务审批流程。

　　保理业务审批一般是由财务部门（资金组）负责，完成审批后再由财务人员将融资项目的信息及相关附件提交至供应链金融服务平台。

　　综上所述，在供应链金融服务平台全流程一体化的建设过程中，ERP 业务系统的优化改造最多，数据接口最多，这些都是关键性的工作，它直接关系到供应链融资业务的质量和效率，必须做好、做扎实。

二、核心企业端财务系统的优化改造

　　供应链融资是企业资金管理的重要组成部分，必须加强管控和规范核算。目前在国内软件厂商提供的财务信息系统中，关于供应链融资业务方面的内容很少，即便有一些功能，也只是简单的记录，无法满足供应链融资业务全流程一体化建设的需要。因此，核心企业资金管理系统的优化改造是供应链融资一体化管理非常重要的环节。

　　1. 供应链融资业务台账管理

　　目前国内的资金管理系统中，对于供应链融资业务的管理大部分只是提供了一个台账管理功能，并且基本上是手工登记，没有任何管控功能，只是一个记事簿。为此必须对现有的台账管理功能进行全面的改造，按照资金管控的要求进行系统重构，主要内容有以下几个方面。

（1）放款信息自动登记台账

通过业务系统的数据接口，实现金融机构放款信息自动登记台账。也就是说金融机构放款给供应商后，实时将放款信息推送到核心企业的业务系统，业务系统完成登记后再推送到资金管理系统中登记台账，确保金融机构、业务系统和资金系统的融资数据完全一致。

（2）放款信息关联生成核算单据

金融机构的放款信息完成台账登记后，资金管理人员选择对应的台账批量关联生成核算单据（业务工单），推送到财务核算系统（财务共享中心），经审核后自动生成会计凭证。同时将会计凭证信息推送至资金管理系统，登记到对应的保理台账上。

（3）还款业务自动登记台账

保理融资业务的到期还款方式有两种：一是企业主动还款，即企业自己发起还款申请，将款项直接支付给金融机构；二是企业被动还款，即金融机构按照协议直接在企业的银行账户上扣款。还款方式不同，对台账的操作方式也不同。

如果是企业主动还款，则在保理台账中选择对应的融资业务，关联生成支付申请单，经审批后提交支付，支付完成后自动登记台账并编制会计凭证，然后返回凭证信息至保理台账。主动还款业务的处理相对简单一些。

如果是企业被动还款，一般是由资金管理人员根据银行的交易流水或银行回单，手工登记台账，然后再关联生成核算单据，发送至核算系统生成会计凭证。但是，如果企业的前端已经部署了智能对账系统，基本可以实现企业被动还款数据的自动化处理，不需要再进行人工登记台账。关于智能对账系统后面的章节有详细介绍。

2. 供应链融资额度管理

金融机构对于核心企业的供应链融资业务，一般都有一定规模的授信额度控制。不同的金融机构对授信额度的管理也有差异，有的针对供应链融资单独授信，有的是与其他融资方式合并在一起，给予综合授信额度。无论是哪种授信方式，企业都可以在设定的时间段和融资额度范围内，开展多次的供应链融资活动。如果融资额度到期或融资规模超出了融资额度，金融机构将会停止办理企业的供应链融资业务。因此企业需要在资金管理系统中建立相应的额度台账，及时掌握额度的结余及到期情况，避免出现供应链融资超额度或逾期现象。

保理融资额度的管理与其他融资额度的管理基本相同，金融机构放款成功后，资金管理系统根据放款信息自动扣减融资额度，还款成功后，自动释放融资额度。同时要定期与金融机构核对额度结余及使用情况。

3. 还款到期预警管理

在资金管理系统的保理业务台账中，每一笔融资业务都对应一个还款日期。在距离还款日还有一个月（30天）或一周的时候（具体提前日期企业可自行设定），资金管理系统自动向资金管理人员发送还款提醒消息。如是企业主动还款方式，则要及时提交还款申请，确保融资业务不会逾期还款；如果是被动还款方式，则要确保银行账户有足够的资金还款，避免金融机构扣款时银行存款余额不足的现象发生。

到期还款提醒消息的推送，可以是邮件、手机短信及在资金管理系统的页面滚动显示等多种方式。

4. 供应链融资业务对账管理

这里的对账管理指的是金融机构和企业的 ERP 业务系统、资金管理系统、财务核算系统之间的数据核对，它是企业供应链融资业务内控管理的一个很重要的手段。

理论上，金融机构的放款和企业的还款都是在系统内完成的，各系统之间有数据接口，数据之间又有关联关系，各系统之间的数据应该是一致的，不应该有差异。这是一个非常理想的应用状态，也是大家最希望收到的效果。但由于网络传输和一些人为因素的影响，系统之间数据不一致的现象时有发生。因此数据完全一致不需要核对调整是理想状态，而数据之间有差异是常态，对账是每个月月末必须要做的工作。

（1）对账的实现方式

供应链融资业务的对账涉及四个系统的数据，相对于银行账户的对账要复杂很多。理想的方式是系统之间实现自动对账，但目前的系统还没有这样的功能，需要进行系统的二次开发来完成。从技术角度讲，只要把对账的数据标准、规则及流程梳理好，实现自动对账是没有问题的。对账工作是由财务人员负责的，属于资金管理的范畴，因此，一般由资金管理系统的供应商负责开发。

在没有实现自动对账前，只能通过手工操作方式进行。由于是手工操作，系统之间没有相互制约关系，对账的质量和效率完全依赖于财务人员的工作能力。因此必须从制度和考核上加强管理，提高财务人员的工作自觉性。

另外，作为过渡措施，也可以应用人工智能机器人方案，实现部分业务的自动对账功能。

（2）对账的规则及流程

供应链融资业务对账的数据标准是各金融机构提供的融资交易流水明细账，可以要求金融机构提供电子格式的数据文档。

融资业务对账分为放款对账、还款对账和余额对账三个部分。

放款对账：首先将金融机构的放款交易明细同 ERP 业务系统台账中的放款记录核对，确保账实相符。然后用 ERP 业务系统的台账数据核对资金管理系统中的台账数据，确保账账相符。

还款对账：根据资金管理系统中融资台账的还款日期，核对实际还款业务。如果是主动还款模式，支付申请单是关联生成的，不需要核对。如果是被动还款模式，则需要人工核对，或利用前端的智能对账系统，实现自动核对。

余额对账：资金管理系统中的融资台账余额同财务核算系统中相关会计的余额核对。可以将余额对账在总账控制中设置为强关联关系，如果两个系统的余额不一致，禁止总账系统结账。

在实际工作中，因对账不及时或不对账造成的融资业务漏登、错登以及重复的现象时有发生，存在一定的资金管理风险。只有通过对账才能及时发现问题、解决问题，提高企业的内控管理水平。对账工作很重要，无论采用哪种方式都一定要做。

5. 供应链融资业务报表管理

供应链金融服务平台按照全流程一体化模式运营，实现了多个业务系统数据的集成共享，同时也为核心企业积累了大量的供应链融资业务数据。这些数据经过加工整理后，以报表的形式输出，满足资金管理的需要，如放款情况统计表、还款情况统计表、融资额度使用情况表等。资金管理系统中，没有针对供应链融资业务类的报表管理模块，需要根据企业的实际需求，由软件开发商进行二次开发。

金融端供应链融资系统的运营管理

对于金融机构和保理公司来说，在办理客户的供应链融资业务时，基本上都有业务系统支撑。在传统的应用模式下，供应商或核心企业通过金融机构提供的客户端系统，提交相关的融资资料，然后金融机构或保理公司在其融资业务管理系统内，对客户的融资资料进行核验，完成内部审核流程后放款给客户。在这种情况下，对于金融机构和保理公司而言，它们内部已经做到了供应链融资业务全流程线上化管理，但站在供应链金融全链条管理的角度看，这只是供应链融资业务中的"融资"部分，只有将核心企业和供应商的"供应链"端和金融机构的"融资"端有机连接在一起，才能实现供应链融资业务全流程一体化管理。

目前国内金融机构和保理公司应用的供应链融资业务管理系统，基本上是各自的技术团队开发的，虽然各有特色，但核心功能基本上相同。关于这方面的内容笔者就不再详细介绍，下面重点论述金融机构的供应链融资业务管理系统，在运营过程中如何同核心企业的 ERP 系统及财务系统进行互联互通，实现融资业务全流程一体化管理。

一、供应链金融服务平台的总体架构

供应链融资业务管理系统在满足金融机构或保理公司的内部业务管理需求方面是没有问题的，但要实现供应链融资业务全流程一体化管理模式，还需要连接多个外部业务系统，增加相应的功能模块，内部的业务流程也需要优化调整。

图 3-3 是笔者供职公司的合作保理公司（集团内部单位）编制的供应链金融服务平台总体架构。

从图 3-3 可以看出，平台总体架构的主要内容包括供应商协同（统一门户）、核心业务管理、智能审单、企业应付等，对外连接的系统包括多家商业银行及保理公司、核心企业的 ERP 系统、央行的征信系统和中登系统等。

二、金融平台的数据接口管理

作为金融平台的融资管理方，实现全流程一体化管理必须要同外部的业务系统连接，包括核心企业的 ERP 系统、各商业银行和保理公司的系统、央行的征信和中登系统、电子签章系统等。

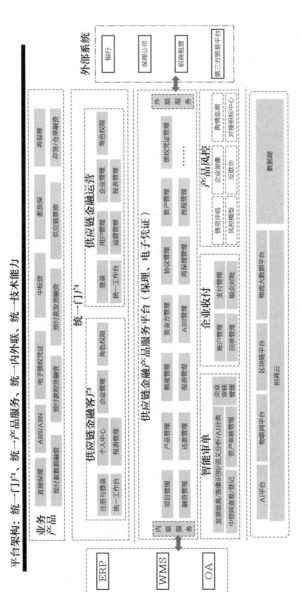

图 3-3　供应链金融服务平台总体架构

1. 核心企业的 ERP 系统接口

上一节中已经介绍过这个接口，它的主要作用是推送融资资料、供应商资料给金融平台，并接收金融平台推送的保理合同、放款信息等数据资料。如果核心企业的供应链融资数据来自不同的业务系统，金融平台就要分别同其对接。

ERP 系统接口是供应链融资业务一体化的核心接口，一般是由核心企业主导，组织 ERP 系统软件开发商和金融平台方的技术部门联合实施，因双方都同核心企业有密切的业务关系，在工作配合和技术研发上会积极主动进行。

2. 对接商业银行和保理公司

金融平台的开发及运营者，一般都具备供应链融资业务资质，也可以为核心企业或供应商提供融资服务。但对于核心企业或供应商来讲，其融资业务原则上不会只绑定一家金融机构，一般会与多家商业银行和保理公司开展供应链融资业务。这就要求金融平台具备连接多家金融机构的能力。

与金融平台连接的融资机构，基本上是和核心企业有融资业务往来或者准备进行业务往来的商业银行与保理公司。因这些金融机构与核心企业之间有业务需求关系，可以由核心企业牵头，组织实施双方的数据对接工作，这样对接起来会更顺畅。因各家金融机构的技术能力以及配合度存在一定的差异，核心企业要做好组织协调工作，督促各方紧密合作，互利共赢。

另外，金融平台方也可以主动与其他的一些金融机构联系，尽可能多地将具备供应链融资能力的融资机构连接起来，实现融资业务资金方的多元化管理，更好地为核心企业和供应商提供优质的金融服务。

在实际工作中，同金融机构的数据对接需要花费较多的时间和精力，有些金融机构的实施可能需要半年多的时间，为了不影响融资工作，可以采取多家金融机构同时实施的办法，加快数据对接的进度。另外，核心企业在与相关金融机构洽谈供应链融资业务时，可以把系统对接作为一个重要的合作条件，对于不同意系统对接的金融机构，原则上建议不与其合作。

3. 其他外部系统的数据对接

央行征信系统：央行征信是指人民银行依法收集、整理、保存、加工自然人、法人及其他组织的信用信息，并对外提供信用报告、信用评估、信用信息咨询等服务，帮助客户判断、控制信用风险，进行信用管理的活动。连通央行的征信系统后，可查询供应商的信用状况，并出具信用报告。金融机构在审批供应链融资业务时，以此来评估融资风险。

中登网：人民银行征信中心建立的动产融资统一登记公示系统（简称中登网），是通过互联网为市场主体提供动产和权利担保统一登记和查询服务的电子系统。主要提供应收账款质押、应收账款转让、融资租赁等动产担保的登记和查询服务。登记的目的是告知其他主体该动产上已存在担保权的事实。金融平台通过对接中登网，实现票据的自动查询及登记工作。

电子签章系统：用于在线签订保理合同等电子文档。目前市面上有很多有资质的电子签章系统，但金融机构一般都会选择中国金融认证中心的签章系统。

三、融资业务前期准备工作

核心企业和供应商在开展供应链融资业务时，有些工作是要提前做的，否则会影响后续融资业务的进行。这些工作主要有以下两个方面。

1. 核心企业的准备工作

核心企业首先要将供应商的基础信息推送到金融平台，如果融资的主体是核心企业所属的项目公司或子公司，还要将它们的基本信息推送至金融平台。这是供应商登录金融平台进行注册登记的基础。

其次是在金融平台上进行核心企业和其所属项目公司电子签章的注册登记。这项工作的主要目的是在线完成有关融资协议的签订。

最后是核心企业融资额度准备，这方面需要与相关的金融机构洽谈，确定融资授信额度的规模和期限，以及融资的利率和放款、还款方式，等等。

2. 供应商的准备工作

无论供应链融资业务是正向保理还是反向保理，对于金融机构来说都需要供应商的参与和配合，这是供应链融资业务合规性检查的重要环节。供应商需首先要登录金融平台的门户网站，按照企业工商管理四要素和经办人个人三要素的要求，进行供应商和个人用户信息的注册登记，保障企业和用户的真实性。其次是供应商信息经金融机构核验通过后，供应商登录金融平台的电子签章系统，完成企业签章的注册登记工作。

四、金融平台的融资业务流程

供应链融资业务的全流程管理由两部分内容组成：核心企业端流程和金融平台端流程。核心企业端的流程包括融资业务发起流程、资金管理及还款流程和财务核算流程，上面的章节已经讲过，图 3-4 是供应链金融平台端的融资放款流程。

1. 项目公司发起保理付款申请

核心企业项目通过 ERP 系统发起供应链融资申请，完成内部审批后推送至供应链金融平台。

2. 供应商确认融资

供应商登录供应链金融平台进行融资确认，核实交易背景材料信息、应收账款信息和收款账户等。

3. 平台初审资产信息

供应链金融平台对应收账款交易背景材料进行资产审核，核查企业工商信息、合同、履约文件、发票验真、中登网查重登记等。

4. 资金方融资审核

资金方接收融资申请后，对融资资料进行复核，审核通过后生成保理融资协议电子文本，推送到供应链金融平台。

5. 核心企业签署确权协议

供应链金融平台向核心企业 ERP 系统推送确权协议，ERP 系统完成协议电子签章后再推送至供应链金融平台。

6. 供应商与资金方签署保理协议

资金方与供应商在供应链金融平台，利用线上电子签章系统完成保理融资合同签署。

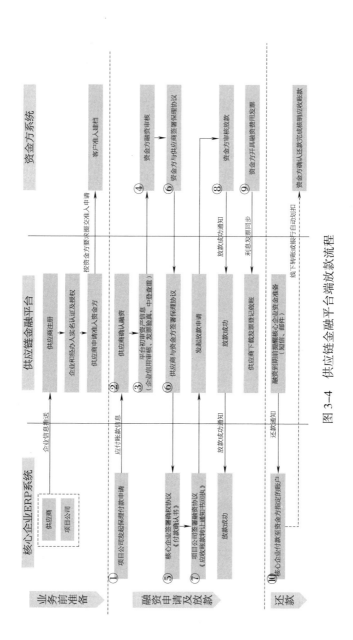

图 3-4　供应链金融平台端放款流程

7. 项目公司签署融资协议

保理融资协议签署完成后，供应链金融平台向核心企业 ERP 系统推送转让通知书，并由 ERP 系统完成回执协议电子签章。

8. 资金方审核放款

资金方支付货款至供应商的银行账户，并同步放款信息至供应链金融平台，供应链金融平台再将放款信息推送至核心企业 ERP 系统。

9. 资金方开具融资费用发票

融资到期日，核心企业线下主动转账至资金方账户（主动还款方式），或存款至资金方指定的内部账户，由资金方自动划扣（被动还款方式）。资金方完成融资业务核销后，同步还款信息至供应链金融平台。

应用案例分析：给产业赋能

下面以笔者供职公司实施供应链融资一体化为案例，介绍项目的建设历程、业务规模以及实现的价值。

一、供应链融资一体化建设历程

1. 2018 年：需求调研和项目立项

关于为什么要进行供应链融资业务一体化建设的问题，本章开头已经讲过，其重要性大家都明白，认为这的确是一件很有意义的事情。但因当时公司的供应链融资规模比较小，且系统的建设还需要一定的资金投入，因此在项目立项时，公司有人对此提出了异议，认为现在就启动项目建设为时尚早，并且性价比不高。财务部门领导经过综合评估后认为，随着公司业务的快速发展，供应链融资业务的规模会越来越大，靠手工操作无法满足公司资金管理的需要，甚至会影响到供应链融资业务的增长。因此财务部门力排众议，全力推进项目立项工作。现在回头看看，当时的决定是完全正确的。

供应链融资一体化建设，除公司自身的财务系统、业务系统需要优化改造外，最主要的是合作伙伴（金融机构）的选择，也就是选择同谁家的供应链金融服务平台合作。当时的融资市场上，有些保理公司已经开发出了相应的供应链融资业务管理系统，并且同公司进行过交流，因此财务部门负责资金管理的人员建议从融资市场上选择一家机构合作，但这些系统的功能还不够完善，在资金管理理念上同公司的实际需求有差异，特别是在一体化建设方面基本需要定制开发。另外，集团公司内部也有一家从事融资租赁业务的兄弟公司，正在进行供应链融资业务系统的建设工作。经过交流沟通，双方对供应链融资业务一体化建设的思路和管理理念基本相同，并且双方的合作也完全符合集团"产融结合"的要求。同时集团总部也计划借助融资租赁公司的平台，在集团公司内部全面推进供应链融资业务。因此，经过全面评估后，最终选择同融资租赁公司合作。

2. 2019 年：系统开发及上线运行

完成项目立项审批后，从 2019 年年初开始全面启动项目建设工作，因涉及财务系统、ERP 系统以及相关的金融机构，为确保系统建设有序进行，公司成立了专门的项目组，采取每周例会制，及时解决建设过程中的各种问题。在系统联调阶段，认真准备测试用例，在近乎真实的应用环境下，对各个系统进行全面的功能验证和数据传输测试。在各方的共同努力下，2019 年 11 月，系统正式上线运行。

3. 2020—2021 年：全面推广应用

系统正式上线运行时，资金方只是同一家金融机构对接，在试点应用成功之后，根据公司供应链融资业务的需要，全面铺开了同资金方的系统对接工作，用两年时间完成了同数十家银行和保理公司的系统对接工作。同时在公司的 ERP 系统方面，逐步实现融资业务场景全覆盖。

4. 2022 年—：系统持续优化升级

为全方位满足企业的供应链融资业务需求，兄弟公司对融资服务平台进行了全面优化升级，打造全新的服务平台。在国务院国资委首届"国企数字场景创新专业赛"中，兄弟公司申报的"基于区块链的产业供应链金融平台建设项目"荣获大赛一等奖。

供应链金融服务平台以平台化方式连接产业和金融机构，在业务模式、内部管理、科技支撑、风控管控等方面全面创新。目前平台已打造数十款供应链金融服务产品，全面覆盖地产、贸易、物流、制造业等行业，并与国内二十余家金融机构实现直连。图 3-5 是平台升级后的总体架构。

二、供应链融资业务规模

截至 2023 年 8 月底，公司通过供应链金融服务平台累计融资600 多亿元，涉及 280 多家项目公司，并同 20 多家资金方实现系统

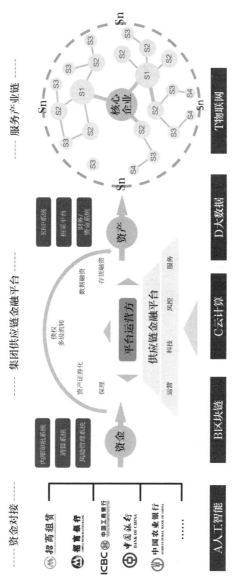

图 3-5　基于区块链模式的供应链金融服务平台架构

对接，服务供应商3500多家。预计今后几年，供应链融资规模将会以20%的速度增长，如图3-6所示。

从图3-6可以看出，公司的供应链融资规模从2020年开始，每年都有较大幅度的增长，除公司业务自身的需求推动外，供应链融资一体化项目的实施应用，也为融资规模的增长提供了有力的技术支撑和运营保障。

三、供应链金融服务涉及的融资产品

公司的供应链融资业务主要是保理业务，其中又以反向保理为主，即面向核心企业（买方）的融资。在目前国内的供应链融资市场上，反向保理的需求量要远远大于一般的正向保理业务，因为债务人对资金的需求要大于债权人。

目前公司供应链融资业务涉及的融资产品主要有：直接保理、ABS/ABN、再保理等产品，由于每个融资产品的融资方式不同，因此在实际办理过程中相应的业务流程会有一定的差异。以下是每个融资产品对应的业务流程以及对应的金融机构或保理公司。

1. 直接保理

直接保理业务，顾名思义就是公司直接同保理公司或银行对接并提供融资服务，即处于整个供应链的卖方将其对于买卖交易中的买方（核心企业）的应收账款转让给保理公司或银行，保理公司或银行据此对卖方进行保理融资。

目前公司直接保理业务对接的资金方主要商业银行包括：招商银行、工商银行、中国银行、上海银行、交通银行、北京银行、华

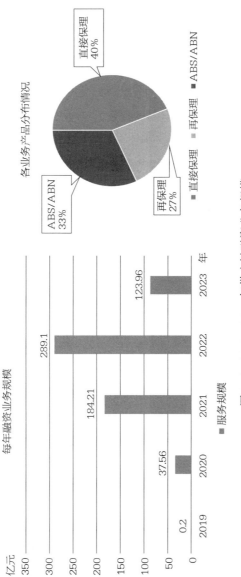

图 3-6 2019—2023 年供应链融资业务规模

润银行、民生银行、农业银行、广州银行、邮储银行、建设银行等。直接保理融资规模占供应链融资总额的 40%，如图 3-7 所示。

2. ABS/ABN

ABS 是一种以项目所拥有的资产为支撑的证券化融资方式，以项目资产可以带来的预期收益为保证，通过在资本市场发行债券来募集资金的一种项目融资方式。ABN（Asset Backed Medium-term Notes）（非公开定向发行）资产支持票据，本质跟 ABS 一样，只不过是非公开定向向投资者募集资金，期限相对较短。

目前公司 ABS/ABN 业务的合作机构主要是保理公司，包括招商租赁、联易融、安路通等保理商，融资规模占比 34%，如图 3-8 所示。

3. 再保理

再保理业务，相当于二次保理业务，是指保理公司 / 银行保理商将其提供保理服务而获得的应收账款及该应收账款项下享有的全部权利转让给银行，由银行为其提供包括应收账款管理、账款收取及坏账担保等在内的综合性金融服务。

目前与公司合作的保理商有联易融、融迅、安路通、银泰等，合作的商业银行有农业银行、邮储银行、浦发银行、民生银行、交通银行、中国银行、北京银行等。再保理融资规模占比 36%，如图 3-9 所示。

四、供应链融资一体化平台建设的价值

（1）全业务流程线上化：实现从保理业务发起、资质审定、合

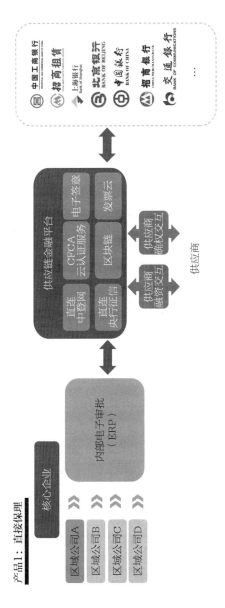

图 3-7 直接保理业务流程

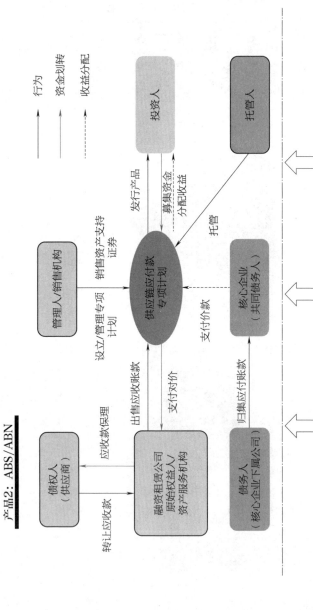

图 3-8　ABS/ABN 业务流程

产品3：再保理

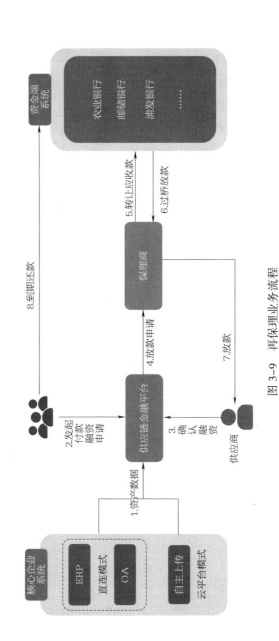

图 3-9　再保理业务流程

同签订、还款登记等全流程线上化，提高效率。

（2）全业务场景覆盖：涵盖并表公司、非并表公司、非 ERP 等全业务场景，实现总部统一管理。

（3）全金融机构覆盖：通过统一金融服务平台，实现所有金融机构的统一对接和规范化业务操作。

（4）全保理品种覆盖：覆盖商业保理、ABS 等主流的供应链保理产品种类，实现更为多样的融资手段。

（5）全过程供应商风险管控：通过集团招标平台、中国征信中心平台、中登网等线上接入，实现人为判定转为线上判定，规避供应商风险。

（6）资金管理精细化：通过实现供应链融资的线上化，可以及时掌握融资状况，合理进行资金安排，同时规避融资到期逾期还款风险。

（7）会计账务处理自动化：基于业务流程线上化，通过与 EAS（一款专业财务管理软件）进行对接，实现手工核算转为全自动线上化。

（8）产融结合：核心企业的"产"+金融机构的"融"，落实产融结合的具体应用，造就产融结合典范。

第四章

销售业务业财一体化：财务数字化转型的基础

销售业务是指企业出售商品或提供劳务及收取款项等相关活动，是企业生产经营活动中非常重要的工作。为了加强对销售业务的管理，企业都会有相应的业务系统支撑，产品销售企业一般称之为营销管理系统，提供劳务服务的企业称之为收费管理系统或计费管理系统等（以下统称为销售系统），总之就是用来管理企业主营业务收入的信息系统。销售系统是一个独立的业务系统，主要是企业的营销部门使用和管理，但是由于种种原因，有很多企业的销售系统和财务系统数据存在差异，两个系统之间没有实现互联互通以及数据集成和共享，给销售系统的管理带来一定的困难。

这些年笔者在同其他公司交流财务信息化建设时，经常会谈到怎样做才能使财务系统的数据和销售系统的数据保持一致。为此笔者也先后了解了很多家公司的实际情况，可以说财务数据和销售数据不一致是一个比较普遍的现象，两个系统的数据能够保持一致的企业鲜有耳闻。因此，公司在进行统计分析和业务考核时，往往会以财务部门的数据为准。财务部门和销售部门因数据不一致的事情，还相互埋怨、推诿，甚至发生冲突。这种现象目前依然还很普遍。

造成销售系统和财务系统数据不一致的原因有很多，如两个系统在处理销售业务时的口径、标准不同，经营周期存在差异，数据传送不及时，甚至业务系统提供的数据是错误的，等等。这些原因只是表面现象，造成数据不一致的根本原因是两个系统的数据集成共享没有做好，业务和财务没有融合，没有实现销售业务全流程一体化管理。

业财一体化的概念已经提出了很多年，笔者供职的公司在10多年前也开始了这方面的建设工作。但时至今日国内仍然有很多企业还没有做到业财一体化管理。笔者曾同多家公司的财务和IT人员交流过这个问题，其中有一个认识上的误区，就是有些业务部门的技术人员和财务人员认为，业财一体化就是做一个系统接口，把业务系统的数据传给财务系统就可以了。按照这个思路去做业财一体化，虽然短期内可以解决一些实际应用问题，但长远来看，它将严重制约后续的全面预算管理、财务共享中心、管理会计等系统的建设。

业财一体化是在互联网模式下，充分利用数据库和管理软件等IT工具，将企业经营活动中的业务流程、财务流程和管理流程有机地融合在一起，使财务数据和业务数据融为一体。在减轻财务人员和业务人员重复劳动的同时，真正发挥财务的管理控制职能，实现从业务到财务的闭环管理，提升业务数据的准确性和及时性，保障业务数据和财务数据完整统一，全面支持管理会计、全面预算和决策支持的需要。因此，要解决销售系统和财务系统数据不一致的问题，就必须解决业财一体化的问题。本章将以房地产物业租赁管理系统的财务需求为案例，详细介绍销售系统业财一体化建设方案，包括系统基础设置、收入及应收管理、智能收款、报表分析管理、累计摊销管理、税务文档管理、业务文档管理等多个方面。

系统基础设置管理是关键

一、销售系统结算周期管理

财务核算中有一个月末结账的概念，是在一定时期内发生的全部经济业务登记入账的基础上，计算并记录本期发生额和期末余额，特别是在年度终了时，要把各账户的余额结转到下一个会计年度，财务人员称之为年终决算。结账是一项非常重要的财务工作，旨在确保公司财务报告的准确性和及时性，通过对公司各项经济活动的核算和分析，总结出本月的财务状况和经营业绩，为管理层提供决策依据。

目前国内所有的财务系统都有期末结账功能，按照会计工作规范化的要求，结账工作是不可逆的，完成结账之后，上期所有核算信息不得进行任何形式的修改，财务核算系统在这方面已经做了强控。然而对于企业的销售系统来说，基本上没有经营周期的概念，更不要说期末结账了。虽然销售业务是按时间先后顺序在销售系统中进行处理，但因没有强制的关联关系，非常容易因时间的差异造成与财务系统的数据不一致，如财务系统已经完成了月末结账，而销售系统还在处理本月的业务。如果不解决销售系统结算周期控制的问题，这种数据不一致的现象就很难杜绝。解决这个问题要根据企业销售系统的实际情况，制定对应的解决方案。

1. 新建销售系统实施策略

对于企业新实施的销售系统，财务人员在系统选型期间就要介入，因为大部分的销售系统没有期末结账功能，此时将财务的需求提出来，就掌握了主动性。对软件开发商而言，增加期末结账功能是一个比较复杂的工作，涉及很多系统底层架构的东西，改动起来有一定的难度，工作量也比较大。所以只有将这个功能需求列入标书，才能保证销售系统实施上线后的应用效果。

10 多年前笔者供职的公司在建设房地产租赁管理系统时，财务部门按照业财一体化的要求，提出了详细的业务需求，从基础资料设置到系统的各个功能模块，有近百项内容。当时的软件厂商很诧异，不理解财务部门为什么有那么多的需求，但在财务部门的坚持下，软件厂商还是努力完成了财务需求功能的开发工作。经过几年的磨合和实践以及系统的不断优化完善，公司的业财一体化能力有了很大的提升，为财务数字化转型奠定了良好的基础。

2. 在用销售系统实施策略

对于企业既有的销售系统，要联合软件开发商进行系统的优化改造，增加结算周期管理功能。但是，由于这个功能实现起来比较复杂，软件开发商一般不愿意做，也有可能因系统架构问题在技术上做不到。这种情况下只能采取变通的方法处理：一是在销售系统内增设有期间选择的报表，定期同财务系统核对；二是通过数据接口将财务结账信息发送到销售系统，控制销售系统本月业务的发生。

在销售系统中增加结算周期功能的主要目的，就是要确保财务系统和销售系统的数据一致。除了完善和改造销售系统之外，还要通过相关的管理制度和操作规范，约束销售业务人员的操作行为，给销售系统创造一个良好的应用环境。

二、销售系统的组织架构管理

为了满足集团公司集中管控的业务需求，国内软件厂商开发的财务系统、销售系统等业务系统，基本上都支持"一套账、多组织"管理模式。所有的业务处理都是在一个数据库内基于多组织架构之上，集团公司能够从财务、采购、销售、库存等角度进行统计分析和集中管控。

财务管理系统中的多组织架构是按照公司的财务核算主体建立的（财务组织），而销售系统的组织架构基本上是按照公司的管理口径建立的（业务组织）。由于两个系统的组织架构口径不同，导致在统计分析等方面的数据存在差异。解决这个问题有以下两个实施方案。

1. 按财务核算口径设置组织架构

销售系统在建立组织架构时，直接按照财务系统的组织架构进行设置，使两个系统的组织架构保持一致。对于单体公司或业务规模较小、管理层级较少的集团公司，可以按照这个方案设置组织架构。但对于业务规模比较大、产品线或物业类型比较多，管理层级比较多，并且股权关系比较复杂的公司，如果按照财务核算的口径设置组织架构，可能会有很多的阻力，特别是销售部门的反对，同时也得不到公司领导支持，毕竟销售系统的主管部门不是财务部。此时就要采用第二种方式。

2. 在销售系统中设置两套组织架构

目前国内软件供应商开发的销售系统虽然是基于"多组织架构"管理模式，但基本上一个系统内只能设置一套组织架构，要设置两套或多套组织架构，必须让软件厂商对销售系统进行二次开发，在现在技术条件下这个问题是能够解决的。

在销售系统中，按业务管理口径设置的组织架构是系统运行的主架构，所有销售业务的处理以及管理流程的配置都以此为基础。按财务核算主体设置的组织架构是辅助架构，通过销售系统内的映射关系同主组织架构连接。

按业务口径设置主组织架构，用于处理日常的销售业务，统计各时段或时点的按业务口径划分的财务数据、业务指标、收入、应收账款、资产状况等，特别是在公司的物业所属权和经营管理权分离的情况下，按业务口径设置组织架构显得尤为重要，对公司销售业务的集中管控提供了很大的支持。对于销售系统的建设，未来可以考虑预留利润中心管理思路，按照管理口径设立（可以是产品线、物业类型等），按照利润中心进行统计和分析。按财务组织设置的组织架构，主要用于核算各时段或时点按会计核算主体口径划分的业务指标、收入、应收账款、资产状况等，是实现业财一体化的基础。

如由于技术或系统自身的原因，不能在销售系统内设置多套组织架构，将会对业财一体化建设有一定的影响。但作为临时或者过渡方案，可以采取手工设置组织架构映射关系的办法，解决销售业务数据传输问题。

三、销售系统的收入分类管理

在财务管理系统中，销售收入的明细科目根据企业的业务特点和收入情况进行设置，反映企业主营业务的收入来源以及主营业务销售额在总销售额中的占比。如房地产租赁行业可以按照物业类型设置为厂房、商铺、写字楼、公寓、住宅等收入明细科目。在销售系统中，收入的管理也是按照企业的实际业务需求设置的，为确保销售系统的收入分类同财务系统保持一致，销售系统收入项目的设置应遵守以下规则。

1. 收入分类一致性

销售系统按照收入类型设置收入项目时，要同财务系统中的销售收入明细科目保持一致，财务系统的明细科目设置到哪一级，销售系统也要对应设置到哪一级。因收入分类管理涉及销售部门和财务部门，需要双方紧密合作，共同制定编码规则，规范收入项目应用。

本节的第一章讲过财务主数据管理问题，企业的销售收入项目分类也是财务和销售部门共有的主数据。如果企业已经完成财务主数据系统建设，在实施销售系统时，按照财务主数据的标准进行规范设置即可。

2. 收入明细互补性

销售系统收入项目的设置，一般都是到最明细，相对于财务系统来说，销售系统的收入数据更完整、更全面。因此，财务系统中销售收入明细科目的设置，原则上到二级科目就能够满足财务核算的需要，不建议再设置三级或四级明细科目，或者在明细科目下辅设多个核算项目，因为这些收入明细在销售系统中都可以查询到。

在实际工作中，有些财务人员往往将销售收入科目设置得非常细，几乎包括了收入的所有信息，结果无形中增加了财务核算的工作量。本来销售系统已经有最明细的数据，完全没有必要再重复做一次，但财务人员对销售系统不太放心，总认为只有自己亲手做的才踏实，这种观念是有问题的。我们上销售系统，搞业财一体化建设，就是要实现业务数据同财务数据的集成共享，从根本上解决销售系统和财务系统两张皮的问题。

销售数据集成共享：业财一体化建设的核心

实现销售业务业财一体化管理，除了上面讲的系统基础设置外，销售系统同财务系统之间通过数据接口互联互通也是非常重要的工作，确保销售系统业务的发生、变更等事项能够实时传输到财务系统中进行账务处理，全面实现业务数据和财务数据的集成共享。销售系统和财务系统的数据对接主要包括以下几个方面。

一、收入确认对接

在销售系统中，对正在执行的租赁服务合同按照合同约定的计费标准每月生成应收账款，并根据应收账款的金额确认销售收入，然后将该收入转换成财务系统所需要的单据传输到财务系统。如果企业已上财务共享系统，则传输记账工单到共享中心，经审核后自动生成凭证，如果没有财务共享系统则直接传输到总账系统生成凭证，或者在销售系统直接生成凭证传输到财务系统（一般不建议采用此方式）。

上文曾讲过销售收入明细科目设置问题，销售系统在确认收入时也应按照设定的销售明细项目列示，与财务系统的明细科目对应，保证销售收入确认的唯一性和准确性。

财务系统中的客户管理，其对应的会计科目是应收账款，因此，理论上，销售系统传输给财务系统的收入确认数据中，对应的应收账款应该包括每一个客户的明细数据，这样便于财务系统的明细核算。如果企业是采用手工操作方式来处理销售业务，那么财务系统的应收账款科目核算到每一个客户是很有必要的，可以从财务的角度加强对应收账款的管理。但如果企业已经实施了销售系统，财务系统再这样做就是重复劳动了，因为在销售系统中已经有每一个客户详细的业务数据。

笔者供职的公司在10多年前实施房地产租赁业务管理系统时，就明确了应收账款的管理原则，财务系统的应收账款只设置一级科目，或按业务类型设置到二级明细科目，不再核算到具体的每一个客户，也就是说财务系统只核算应收账款的总额，客户的明细数据可以在销售系统内查询。按照业务驱动财务的原则，财务系统和销售系统各司其职、相互制约，保证了销售数据的完整性和准确性。

二、收款单对接

按照权责发生制的原则，企业的每一笔销售业务都对应生成一笔应收单，并推送至财务系统生成会计凭证，记录应收账款。在收到客户的款项时，首先在销售系统中通过收款单核销该笔应收单，同时将收款单推送到财务系统，生成会计凭证，冲销应收账款余额。

1. 销售收款核销

收款核销是销售系统中非常重要的日常工作，销售端的业务或财务人员需要根据银行的收款回单或交易明细，准确及时地进行收款单的录入工作，完成对客户应收账款的核销，这是销售系统应收账款金额同财务系统应收账款金额保持一致的基础。如果收款核销不及时或漏记错记，都会导致销售和财务的应收账款金额不一致。

目前国内仍然有很多企业的销售收款核销采用手工或半手工模式，特别是收款业务比较频繁的企业，收款核销的工作量比较大，占用了财务或业务人员的很多工作时间，工作效率低，并且错登、漏登现象时有发生。笔者在2018年联合相关金融机构和软件厂商，开发了一套智能收款对账系统，实现了收款核销自动化和财务对账自动化，极大地提升了工作效率和工作效率。关于智能收款对账系统，后面的章节会有详细介绍。

2. 收款单处理方式

企业在销售活动中收到的款项，按业务性质可分为现金单、预收单和保证金单三种。销售系统针对不同的收款单设置不同的处理方式。

现金单：指企业日常的销售收款，其对应的是企业每月生成的应收单，完成收款核销后推送至财务系统生成会计凭证。

预收单：指客户提前支付的货款或租金（服务费）。收到款项时，在销售系统内进行预收款登记，之后将收款单推送至财务系统，生成预收账款会计凭证。企业每月按合同生成应收账款后，首先用预收账款核销应收账款，并推送预收核销单至财务系统生成会计凭证，分别冲销应收账款和预收账款。

保证金单：企业按合同约定收取客户的保证金或押金。收到款项时先在销售系统内完成客户保证金登记，然后将保证金收款单推送至财务系统生成会计凭证，在其他应付款科目中列示。

如果客户支付的款项中包括预收款、保证金及当月应交的费用等多项内容，必须在收款单上分别列示并完成相应的登记，发送到财务系统后，按照款项的性质生成对应的会计凭证。

3. 不同结算方式的收款核销处理

收款单按照结算方式分为银行转账、在线支付（扫码支付）、刷卡、现金以及银行托收等。针对不同的收款结算方式，需要采取不同的收款核销方式。

采用银行托收方式收款：托收成功后根据托收回盘的明细收款信息，在销售系统内自动完成收款核销，之后将收款明细汇总生成一张收款单，推送至财务系统生成会计凭证。

采用刷卡或在线支付方式收款：传统处理方式是按天汇总生成一张收款单，业务端的财务人员根据实收金额和银行收取的手续费金额，调整相应的应收金额，在销售系统完成收款核销后，将收款单同步到财务系统生成收款凭证。该方式有些工作需要线下手工操作，费时且容易出错。如果采用智能收款对账方案，可完全解决手工操作问题，实现全部业务自动化处理。

三、退款单对接

销售系统能够支持因合同到期、变更、续签、终止等业务事项而引起的客户退款，实现销售系统、财务系统、银企平台及银行系统一体化管理。

业务经办人员在销售系统内，根据相关的合同关联生成退款结算单，完善相关的退款信息，上传相关的附件资料，经业务部门审核后，发送退款单至财务系统，财务人员复核无误后通过银企直联完成款项支付，并根据退款单生成会计凭证。同时将付款状态和会计凭证的编号发送至销售系统，自动完成相关费用的登记核销工作。

智能收款：全面提升客户体验

销售系统业财一体化建设是一个业务和财务深度融合的过程，这个融合是双向融合：业务驱动财务，销售系统通过数据对接满足财务核算要求；财务反映业务，通过对业务数据的统计分析进行风险管控。因此，财务部门要充分利用销售系统这一业务管理工具，深入到公司的销售业务活动中去，将财务管理活动前移到销售业务前端，通过对销售业务数据的统计分析，给业务部门和管理层提供决策支持，使企业的管理决策更加科学高效。为此，销售系统除满足业务部门的管理需求外，还要站在公司管理的角度，满足财务风险管控的需要，对销售系统进行优化完善。

一、智能收款功能

企业提供的产品或服务不同，其面对的客户也不同。对于房地产租赁业务来说，其面对的客户既有企业也有个人，如写字楼、厂房等物业面对的是企业客户，而公寓、住宅等面对的主要是个人客户。因此，企业在收取客户的各类费用时，要充分利用现代信息技术，为客户提供快捷、方便的缴费服务，让客户有一个好的使用体验。这涉及两个方面的内容。

1. 各类收费的快速计算能力

对于每月的固定收费要按照约定的方式及时计算应收金额，并通过手机短信、微信或电子邮件等方式通知客户，如租金按合同约定计算，水电费按实际抄表记录计算等；临时费用由业务人员根据相应的收费标准手工录入销售系统，并由相关人员审核后生成应收金额。所有涉及销售业务的收款，应全部在销售系统内处理，严控线下收款。

2. 多种方式的缴费能力

国内的金融机构以及第三方支付平台，根据市场的需求推出了多款金融产品，为客户提供了便捷和安全的支付服务。因此企业的销售系统要充分借助金融机构的科技能力，为广大用户提供一流的缴费体验。

根据销售业务的实际业务需求，客户的聚合支付业务场景有多种形式，如图 4-1 所示。具体的客户缴费方式主要有以下几种。

（1）POS 支付：销售系统将客户缴费信息推送到银联 POS 机上，客户刷卡缴款后推送收款信息至销售系统，自动完成应收核销。

图 4-1 聚合支付的业务场景

（2）自助缴费：客户通过企业的自助缴费机（销售系统的客户服务前置机），实时查询和缴纳相关费用。自助缴费机支持扫码支付、刷银行卡支付、银联闪付和现金等支付方式，并可以支持水电气卡的充值。

（3）在线缴费：客户通过企业的App（应用程序），在线查询和缴纳相关费用，支持在线刷银行卡、微信、支付宝、云闪付等支付方式。

（4）前台扫码收银：前台收银员使用扫码枪扫描客户出示的付款二维码完成收款。

（5）账单扫码缴费：客户收到账单之后，使用微信或支付宝扫描账单上面的二维码，即可实时查询应缴费用，并且完成付款。

（6）扫公共区域二维码缴费：客户使用微信或支付宝扫描公共区域的二维码，认证身份之后，即可查询应缴费用，并且完成付款。

（7）面对面扫码收银：销售人员通过企业的App，实时查询客户应缴费用，并与客户通过扫码方式完成收款。

上述各种收费方式，对于前端的客户应用来说，系统的部署实施相对比较容易实现，也可以给用户带来较好的缴费体验，但仅仅做到这一点是远远不够的，还必须将销售系统同各种收费方式连接起来，所有的收费金额都是由销售系统推送到收费前端，实现收款和应收核销一体化。

二、客户收款明细信息查询功能

客户管理是销售系统一个非常重要的功能，其中客户的缴费、欠款等信息是客户管理的核心，是评价客户信用的重要依据。因此，销售系统应该能够按照客户代码、客户名称或物业编号，实时查询到每一个客户的所有收款信息，动态掌控客户的合同执行情况。客户收款明细的查询主要包括以下几方面。

（1）欠款信息：含客户代码、客户名称、欠款金额、欠款期间等相关信息。

（2）已收款信息：包括客户代码、客户名称、已收金额等相关信息。

（3）预收单信息：包括客户名称、房间号、计费开始日期、结束日期、收费项目、实收金额等相关信息。

（4）现金收款信息：含客户名称、收款金额、确认金额、收款日期、审核情况、结算方式等相关信息。

（5）银行托收信息：含客户名称、金额、确认期间、开户银行、银行账号等相关信息。

（6）保证金收退信息：含房间号、应收金额、已收金额、退款金额、退款日期及余额等相关信息。

三、多维度收款统计功能

对于客户的缴费收款情况，销售系统应具备按照组织机构、经营期间、收款类型、结算方式等维度统计查询功能，并以报表的形式展现。

1. 现金收款单一览表

主要内容包括客户名称、金额、收款日期等信息。该表对每天现场收款员收取的现金自动进行汇总，方便对账。

2. 预收单一览表

主要内容包括房间代码、客户名称、日期、结算方式、应收金额、已结算金额、计费开始日期、计费结束日期等信息。

3. 银行托收单一览表

主要内容包括客户名称、金额、确认期间、制单人、开户银行、银行账号等信息。

4. 退款单一览表

主要内容包括制单人、客户名称、金额、日期等信息。

5. 保证金一览表

主要内容包括客户名称、房间号、应收金额、已收金额、余额、制单人等相关信息。

6. 保证金退款情况一览表

主要内容包括制单人、客户房间号、客户名称、退款日期、退款金额等信息。

7. 应收费用—常规费用一览表

主要内容包括房间代码、客户名称、应收金额、已收金额、制单人等相关信息。

8. 应收费用—临时费用一览表

主要内容包括房间代码、客户名称、金额、计费开始日期、计费结束日期等信息。每月月底，对收取的临时费用，可以按现金、刷卡和线上支付分别进行汇总。

9. 应收费用—抄表费用一览表

主要内容包括房间代码、客户名称、单价、金额等相关信息。

四、银行托收回盘功能

销售系统可以根据客户提供的银行托收账号等信息，自动提取本月及以前月份的欠款记录，生成银行要求的托收格式文件。系统能通过以下两个表格提供数据以实现系统自动取数报盘和回盘的目的。

1. 银行托收报盘明细表

该表由系统自动生成，统计包括各个客户应收取费用的金额、月份、银行账户等信息。

2. 银行托收回盘明细表

该表由系统自动生成，统计包括各个客户实收费用的金额、月份、银行账户等信息。

报表统计功能：提高应收及预收账款管理能力

关于应收账款的管理，笔者在上文中曾建议，财务系统中应收账款科目只核算到一级科目或分大类的二级明细科目，不再核算每一个明细客户，而且预收账款和保证金这两个科目也参照应收账款科目的管理方式。这样一来，销售系统就要承担起有关明细项目的数据管理工作。但在软件厂商提供的标准销售系统中，这部分功能相对比较薄弱，因此，必须对销售系统中的有关功能模块进行优化改造。销售业务的收入确认、应收账款、预收账款以及保证金等管理内容，上文已经讲过，此处不再重复。下面重点介绍销售系统在业务报表方面的功能需求。

一、收入及应收账款类报表

1. 收入明细表

该表由销售系统根据销售合同中的相关信息自动生成，是财务系统每月确认租金收入及应收账款的重要依据，同时也是销售系统记录销售收入的主要载体，相当于财务系统中的明细分类账，此表的数据应该同财务系统中的销售收入科目保持一致。该表可以按照产品线、业务类型或客户类型等维度查询编制，包括客户名称、应收租金、房间号、应收日期等业务信息。

2. 收款明细表

该表反映的是销售业务的实际收款，收入明细表的总额减本表的总额，应该等于财务系统中应收账款的余额。该表可以按照产品线、业务类型、客户类型及收款方式（现金、支票、转账、托收、刷卡、扫码）等多个维度编制，包括客户名称、收款金额、房间号、收款日期等信息。

二、保证金类报表

1. 保证金收退明细表

该表反映客户租赁保证金的收取、退还及余额情况。该表的余额应该等于财务系统中保证金科目的余额。

2. 保证金超额预警统计表

该报表用于统计客户欠款金额大于预交的租赁保证金金额的情况。通过此表，可以及时提醒业务部门加大催收力度，减少产生坏账的风险，起到预警效果。同时也可以以此表的数据为基础，设置相应的预警方案，通过手机短信、微信或电子邮件的方式发送给企业的业务人员或者客户。

三、预收账款类报表

1. 预收账款明细报表

该表主要反映每个客户日常预收账款的收取情况。应包括客户名称、预收金额、房间号、预收款时间段、收款日期等信息。

2. 预收转收入明细表

该表反映每个客户每月核销预收账款情况以及预收账款余额情况，包括组织机构、管理区、客户名称、收款日期、核销金额等信息。

四、应收账款账龄分析表

关于应收账款账龄分析表的编制问题，目前国内有两种方式：一是由财务部门编制，二是由业务部门编制。如果企业没有实施销售系统，由财务人员来编制可以理解，但如果有销售系统，则完全可以由业务部门的人员负责编制。对于财务系统来说，如果要编制账龄分析表，就要对应设置很多的明细核算科目，还要详细记录每一笔业务的发生时间和结束时间，无形中增加了很大的工作量，而且是重复劳动，因为这些业务信息在销售系统中是完整存在的。因此建议应收账款账龄分析表由业务部门负责编制，财务部门负责核对检查，如果销售系统没有计算账龄分析表的功能或满足不了需要，要督促软件厂商优化改造。

应收账款账龄分析表是年度末计提应收账款坏账准备的重要依据，有关客户的账龄信息，可以通过销售系统内的应收、实收等业务数据自动生成，包括组织机构、管理区、客户名称、各个欠款时间段的欠款金额等相关信息。账龄划分标准一般分为：1~3 个月、4~6 个月、6~12 个月、1~2 年、2~3 年、3 年以上等阶段，具体账龄可根据实际业务需求灵活设置。

五、客户滞纳金的自动生成与收取

销售系统按客户的欠款明细，自动计算应收滞纳金金额，同时根据滞纳金的收取和减免情况，编制滞纳金收款明细表，反映滞纳金的应收、实收以及减免情况。该表包括应收取滞纳金客户的名称、应收取的期间、应收取的金额以及实际收取情况等内容。

投资性房地产累计摊销（折旧）功能需求

以上主要介绍了收款、应收、预收等同销售收入相关的业务功能需求，但对于房地产租赁业务的企业来说，成本管理也是非常重要的工作，也是房地产租赁业务管理系统的主要功能模块。

在《企业会计准则第 3 号——投资性房地产》中，对"投资性房地产"的定义是：为赚取租金或资本增值，或两者兼有而持有的房地产。投资性房地产应当能够单独计量和出售。投资性房地产的计量有成本模式和公允模式两种。如果以成本模式计量，与固定资产一样按期计提折旧；如果采用公允价值模式计量，不计提折旧和摊销，公允价值变动直接计入当期损益，影响当期利润。一般来说，大多数房地产租赁企业都是采用成本模式对投资性房地产进行计量。本书介绍的是在成本模式下投资性房地产累计摊销（折旧）的功能需求。

一、在财务系统利用固定资产模块管理投资性房地产

按照《企业会计准则》的规定，采用成本模式计量的建筑物的后续计量，适用《企业会计准则第 4 号——固定资产》，也就是说，投资性房地产完全可以按照固定资产的管理模式进行累计摊销（折旧）。

财务系统中有比较完善的固定资产管理模块，其功能基本上能够满足投资性房地产管理的需要，无须进行优化改造或二次开发，并且可以通过数据接口把数据推送到房地产租赁业务管理系统。理论上，这是解决投资性房地产管理比较好的方案。但是，由于投资性房地产在管理上的一些特性，实际应用中会存在一些问题。首先，在固定资产管理中，房屋一般是按栋办理产权证明，一栋楼宇可以建一个固定资产卡片。而投资性房地产是以每一个房间为单位办理产权证，这样就需要按照房间来建立卡片。如果数量不大还好处理，如果量大了就会对固定资产的管理有一定的影响。其次，为了满足客户多方面的需求，需要对房屋配备一些家具电器等设施设备，并加于管理，而固定资产模块在这方面功能比较弱。最后，投资性房地产和固定资产毕竟是两个不同的东西，只是计提折旧的方式相同而已，利用固定资产系统来管理投资性房地产只是权宜之计，长久来看，还必须有专门的投资性房地产管理系统。

二、在销售业务系统中建立投资性房地产管理模块

房地产租赁业务管理系统，一般都是以收入管理为中心，费用和成本管理的功能相对比较薄弱，基本上满足不了投资性房地产管理的需要，需要对系统进行二次开发。虽然前期会有投入，并且开发周期长，但长远来看这样做还是很有必要的，特别是对后续的预算管理、成本精细化管理及经营活动分析会有很大的支持。投资性房地产功能模块主要包括以下几方面。

（1）建立房产卡片，按每间房建立卡片，录入资产原值、使用年限等信息。系统能自动计提每期摊销（折旧），并提供能对卡片原值、累计摊销（折旧）在各种特殊情况下进行适时修改的各项功能，包括资产处置、拆除、置换、报废等。

（2）增加业务系统与财务系统对账功能并进行强控，每月末将原值、净值与累计折旧全部进行核对，确保业务系统数据与财务系统数据的一致性。

（3）涉及房产的购置、变更、报废等业务，全部在业务系统内走审批流程，根据相应的单据自动生成房产卡片，然后再推送至财务系统进行会计处理。对于房产购置的付款申请同样来源于业务系统，经过相应审批后推送至财务系统支付。

（4）业务系统计提的每期摊销（折旧）能自动传输到财务系统，并提供核对功能。核对功能的具体需求是：因投资性物业的卡片是按各个物业每个房间进行编制，每期的摊销（折旧）是按房间计提。因资产庞大，按房间核对摊销（折旧）计提的正确性比较困难，故要求业务系统中提供每期将同一个物业计提的摊销（折旧）进行汇

总的功能，以便我们核对业务系统计提的摊销（折旧）与传输到财务系统后各个物业计提折旧的正确性，同时方便及时了解各个物业摊销（折旧）的计提情况。

（5）业务系统能够按期间查询到房产摊销（折旧）清单。清单的内容包括资产名称、资产编号、资产原值、累计摊销（折旧）、本期摊销（折旧）、净值情况等，并且自动将同一个物业的房间进行汇总。

税务管理功能需求：为业财税一体化奠定基础

税务管理作为企业管理的重要组成部分，在规范企业行为、规避税务风险、提高企业税务管理水平等方面有积极的作用。国家从1994年开始实施"金税工程"，经历了一期、二期、三期到现在的四期建设，实现了从"经验管税"到"以票控税"再到当下的"以数治税"的转变，国家的税务管理已经进入"智慧税务"的时代。但是，目前国内仍然有很多企业的税务管理还是处于手工操作或半自动化状态，税务管理的信息化水平相对比较低，税务信息倒挂的现象依然比较普遍。因此，企业的税务管理信息化建设依然任重而道远。

笔者从2016年开始推进企业的税务管理信息化工作，并建成了基于业财税一体化的数字化税务管理系统，这方面的内容在后面的章节将单独介绍。对于房地产租赁业务管理系统，涉及的税务事项主要有增值税、房产税、印花税等，下面重点介绍业务系统满足税务管理的功能需求。

一、印花税管理需求

按照税法规定，印花税是以经济活动中签立的各种合同、产权转移书据、营业账簿、权利许可证照等应税凭证文件为对象所征的税。印花税由纳税人按规定应税的比例和定额自行购买并粘贴印花税票，即完成纳税义务。

对于房地产租赁企业来说，同客户、供应商签订的合同是主要的印花税应税凭证。因此，业务系统应具备对各类合同的统计分析及计税等功能，具体需求有以下几方面。

1. 按印花税税目分类统计

在房地产租赁业务管理系统中，除了租赁合同外，还有采购合同、维修合同等，因这些合同在印花税中属于不同的税目，税率也不同，所以在进行合同统计时，业务系统应具有按税目分类统计的功能。

2. 按印花税计征期间统计

按照税法规定，印花税可以按季、按年或者按次计征。因此，业务系统应能够按照不同的计征期间，对新增的应税合同进行统计。

3. 印花税应税金额统计

按照税法规定，应税合同的计税依据，为合同所列的金额，不包括列明的增值税税款。因此在统计应税合同的计税金额时，应扣除合同中列明的增值税税款。

4. 数据传输功能

通过数据接口，按照印花税计征期间，将印花税的有关数据按应税税目传输至企业的税务管理系统或财务系统，完成税金缴纳后，再将缴税信息推送至业务系统。

5. 建立印花税台账

作为计算印花税的重要文档，业务系统能够按照印花税的计征期间和应税税目，建立印花税台账，包括合同名称、合同编号、应计税金额、税率、应纳税额等内容。印花税台账根据应税合同自动登记，按征税期间将汇总数据传输至财务系统或税务系统，同时根据财务系统的实际缴税凭证，对台账中的应税合同进行完税登记。印花税台账是进行税务检查和税务统计的重要工具。

二、增值税功能需求

1. 基础资料设置管理

（1）因出租物业在取得年份、方式等方面存在差异，所对应的税率也不同。在进行项目初始化时，要设置对应税率。

（2）对客户进行纳税人类型设置，确定是小规模纳税人或一般纳税人，同时进行开票名称、纳税人识别号、地址电话、开户银行账号及资格认证书等开票信息的维护。

（3）在定价单、租赁合同以及相关的业务单据上，要包括税率、税金、不含税金额、含税金额等信息，实现价税分离。

（4）在业务系统的收付管理、核算管理中，所有的业务单据及报表都要进行税分离。

2. 增值税销项税开票功能

业务系统与税务系统对接，并具备开票、发票回退、红冲、作废等功能，实现增值税发票的统一管理，业务系统与税务系统一体化运作。

增值税销项税发票全部在业务系统内发起开票流程，经业务审核后发送至税务系统完成开票（纸质发票或电子发票）。支持客户通过微信公众号或 App 自助获取电子发票。

3. 增值税销项税计算功能

按照税法规定，以当期业务系统确认的销售收入计算增值税销项税额，如果预收账款已开具增值税发票，也要按规定计算销项税额。

4. 增值税进项税发票管理功能

对于业务涉及的进项税发票管理事务，业务系统需要连通税务系统，在收票、审核等环节进行发票信息采集、验重、验真及发票异常状态的检查。同时，在税务系统完成进项税发票的登记工作，为进项税管理和后续纳税申报提供支持。

三、房产税管理功能需求

房产税是以房屋为征税对象，按房屋的计税余值或租金收入为计税依据，向产权所有人征收的一种财产税。房产税的计征有两种：从价计征和从租计征。因此，为了满足业财税一体化税务管理的需要，业务系统应具备计算统计应税房产应计税额、台账管理以及数据对接等方面的功能。

1. 应税房产的应计税额计算统计功能

如果企业是按照从价计征模式计算房产税，则是以应税房产的原值为计税依据计征。在业务系统的投资性房地产管理模块里面，对每一项房产的原值、累计摊销等数据有详细的记录。业务系统能够按照计税的要求，对相关的基础数据进行计算汇总，输出符合计税标准的数据。

如果企业是按照从租计征模式计算房产税，则是以房产租金收入为计税依据计征。财务人员每月都会确认销售收入，业务系统应具备对房产租赁收入的统计功能，输出符合计税标准的应收房产租赁业务收入数据。

2. 建立房产税台账

根据《中华人民共和国房产税暂行条例》规定："房产税按年征收、分期缴纳。"因而，房产税需要每年缴纳，但纳税期限由各省市政府自行设定。为了年度内均衡反映企业的税务成本，财务人员一般会按月或季度计提房产税，除了财务系统的税务明细核算外，业务系统也应该设置房产税管理台账，详细记录房产税的计提、缴纳情况。房产税台账的余额应同财务系统中有关税务核算科目的余额保持一致。

文档管理电子化需求：为电子会计档案管理奠定基础

随着时代的发展，电子会计档案逐渐取代了传统的纸质会计档案。国家财政部和档案局在 2015 年公布的《会计档案管理办法》中指出，单位可以利用计算机、网络通信等信息技术手段管理会计档案。对于单位内部形成的属于归档范围的电子会计资料，如果满足《会计档案管理办法》中规定的条件，可仅以电子形式保存，形成电子会计档案。

按照业务驱动财务的原则，企业业务系统中的销售、成本等数据是财务核算的基础，相关的文档资料是编制会计凭证的主要依据。因此，推进业务系统文档管理电子化，对电子会计档案管理一体化有积极的意义。

一、合同文档电子化管理

合同管理是企业业务系统的核心功能模块。传统的管理模式是在线下完成纸质合同的签订，然后再将合同的主要条款录入系统，并以扫描或拍照的形式上传合同附件。这种模式基本上是手工操作，形成的相关电子文档也满足不了财务的需求。合同电子化管理，应该是从合同拟稿、审批、电子签署、变更、履约、归档、台账等全流程无纸化管理。

1. 合同文本处理（拟稿）

标准合同拟稿：企业业务经办人员，根据业务系统中预设的合同模板录入合同的必要信息，包括合同甲乙方信息、合同金额、付款形式等。如有合同关联信息以附件形式上传。完成合同文本拟稿后，形成规定格式的电子文档。

非标准合同拟稿：对于由甲乙双方共同拟订的合同文本，在线下完成拟稿后，按照规定的格式上传至业务系统，然后再转换成规定格式的电子文档。

2. 合同审签流程（审批）

按照业务系统配置的合同审批流程，对电子格式的合同文本发起流程审批。完成审批后将合同电子文档发送给客户或供应商。

3. 电子签章生效（签章）

客户和供应商对合同确认后，双方以电子签章的形式完成合同的签署。电子签章是合同电子化管理的核心，有电子签名和电子印章两种签章形式。目前国内有多家具备电子签章资质的第三方平台，基本上能够满足企业电子签章的业务需求。

二、业务结算类文档电子化管理

业务结算类文档是指在业务系统内产生的作为财务确认收入、成本等科目核算依据的业务资料，包括收入确认明细表、收款核销单、预收核销单、保证金收款单、工作量确认单、完工结算单、验收入库单、支付申请单、流程审批单等。

传统的应用模式是，业务系统将有关业务数据传输到财务系统后，财务人员在业务系统将对应的业务表单打印出来，作为编制会计凭证的依据和附件，归档时再将纸质的文档手工扫描为电子文档保存。从结果来看，最终是完成了电子会计档案的归档工作，但过程是手工来操作，并且业务系统的文档和财务系统是割裂的。目前国内大部分企业是采用这种模式进行电子会计档案的归档工作。要实现业务结算类文档同财务系统一体化管理，就必须对业务文档进行电子化改造，输出符合要求的电子文档。

1. 业务系统的优化改造

对于业务系统来讲，基本上可以通过查询、打印、引出等方式取得业务结算类文档，但这些文档的标准不统一，数据格式不符合电子文档的管理要求，因此需要对业务系统进行优化改造。系统优化改造主要包括两个方面：一是将业务结算类文档按照国家标准转换成符合归档格式的电子文档；二是在向财务系统传输业务数据时，将相应的业务电子文档一并发送。

2. 业务系统输出电子文档需要满足的条件

（1）业务系统形成的电子文档必须有真实的业务背景，数据由计算机等电子设备形成和传输，来源有据可查。目前大部分业务系统只具备部分功能，需要进一步完善。

（2）使用的会计核算系统能够准确、完整、有效接收和读取电子会计资料，能够输出符合国家标准归档格式的会计凭证、会计账簿、财务会计报表等会计资料，设定了经办、审核、审批等必要的审签程序。财务系统一般都具备上述功能。

（3）使用的电子档案管理系统能够有效接收、管理、利用电子会计档案，符合电子档案的长期保管要求，并建立电子会计档案与相关联的其他纸质会计档案的检索关系。现在的会计电子文档管理系统基本上具备这样的能力。

（4）业务系统和财务系统要采取有效措施，防止电子文档被篡改。

第五章

智能收款对账：财务共享中心建设的助力"神器"

随着数字化和互联网技术的快速发展，以移动支付为代表的新一代支付手段得到了广泛的应用，支付宝、微信、云闪付等成为中国老百姓在购物消费时最喜爱的支付平台。购物消费、外出公干、旅游基本上不用带现金，可以"一机在手，走遍神州"，科技的发展给我们的生活方式带来了天翻地覆的变化。

对于提供商品和服务的企业来说，客户的支付行为只是企业营销活动的一部分，是整个销售链条上的一个重要环节。客户在前端完成支付以后，企业在后端还需要进行对账、核销、核算以及统计分析等一系列的工作，这些工作对财务部门来说是非常重要的，是销售核算的核心工作。现在国内绝大部分企业的客户前端已经实现了智能化支付管理，但后端的收款对账、核销核算等工作还是手工操作，还没有实现智能收款管理。笔者在同多家企业交流时经常能听到财务人员抱怨：客户前端支付很开心，后端财务对账核销很闹心。在互联网信息技术快速发展的今天，这种前后端应用失衡的状态是不正常的，长此以往会对财务人员的工作积极性以及工作效率、工作质量产生较大的影响，特别是收款业务管理上还存在较大的安全风险。笔者在多年前就关注这个问题，并在 2018 年开始着手解决这个问题，经过几年的实践，取得了较好的应用效果。下面以物业收费的业务场景为例，介绍智能收款对账的解决方案，包括收款业务的痛点及智能收款解决方案、思路、主动收款解决方案、被动收款解决方案、智能化对账及实际应用案例等内容。

收款业务痛点：国内企业普遍存在的问题

笔者从事财务工作有 30 多年的时间，虽然经历了很多事情，但有一种现象至今仍然记忆犹新，那就是每到月底和月初的那几天，财务人员都会拿着银行的对账单去找业务部门，逐笔核对业务收款，即便如此，仍然有很多笔收款对不上账，无法进行账务处理，因此造成银行余额调节表中有很多笔未达账项。每次财务检查都会提这个问题，并要求落实整改。后来企业逐渐都实施了销售业务系统，收款对不上账的情况虽然有所好转，但仍然需要大量的手工操作，及时性和准确性有待提高。天长日久，财务人员也很无奈，只能被动接受，并渐渐习惯了这样的工作状态。笔者从 20 世纪初开始专职从事财务信息化建设工作，期间曾尝试过很多办法来解决收款对账的问题，但因受技术条件不成熟以及业务环境限制等因素的影响，终未能实现，直到 2018 年笔者所供职的公司全面推进财务共享中心建设，这个问题才得到了根本性的解决。

一、销售系统收款核销痛点

企业的销售或服务行为，一般都有销售系统或收费系统支撑，收款业务有对应的功能模块来管理，上一章介绍销售业务业财一体化建设时已经介绍过相关内容。一般情况下，销售或提供服务的活动发生后，系统都会对应自动生成一笔应收单，当收到客户支付的款项后在销售系统内对应收款进行核销冲账。目前大部分收款核销工作是手工操作，如果业务量不大还可以接受，但如果每天有数百或上千笔收款，其核销的业务量就很大，完全靠手工操作会占用大量的工作时间，并且还容易出错。下面以物业收费为例来谈谈收款核销业务的痛点。

物业管理公司一般都有很多个物业管理处，各个管理处基本上都配备有收款员。物业公司财务部门的财务人员通过网银或银企直联，每天将收款的银行流水明细单下载或打印出来，发送到每个收款员手上，收款员进入收费系统，根据银行流水单上的收款记录，逐笔录入收款单，完成应收单的收款核销工作。

收款核销工作的流程和操作都不复杂，基本上没有什么技术含量，是一个简单而重复性的工作，但对于财务的销售及应收管理来说这是一项非常重要的工作，必须每天及时、准确地完成。笔者供职公司所属的物业管理公司，每年有上百万笔收款，应收核销的工作量巨大，财务人员经常需要加班加点才能完成。一线的财务人员天天面对大量简单而重复性的工作，久而久之会感到枯燥无味，每天还要加班加点工作，业务提升也无望，渐渐会对工作产生厌烦心理，造成一线财务队伍不稳定，人员流失率很高，这给财务管理工作带来了不良的影响。

在手工操作模式下，收款核算工作包括金额核对、业务确认、填单录入等具体的操作，每一个环节都要认真核对落实，这样一笔笔的手工处理非常耗费时间，一天下来就是加班加点干，处理能力也是有限的，工作效率靠手工操作很难提升。另外在手工操作模式下，人为干扰的因素比较多，时常会发生数据录入或核对错误的现象，这对后续的财务核算有较大的影响，特别是后续发现错误再返回检查时，需要耗费更多的时间。

由于收款业务量大，手工操作又耗时费力，为了满足财务核算的需要，只能通过增加人手的方式来解决问题，这样一来又增加了公司的人工成本。

二、财务共享中心收款工单认领痛点

收入共享是财务共享中心的重要组成部分，财务共享中心系统中一般都会有一个收款任务池模块，专门用来处理收款业务。收款池应用的基本业务流程是：财务系统通过银企直联，即时将银行收款流水明细推送至共享中心的收款池，同时业务系统将收款工单推送至共享中心收款池，财务共享中心人员按照业务规则进行认领配比，然后推送至总账系统自动编制会计凭证。在收款池中，收款单的认领配比是由财务共享中心的人员手工操作完成的。

2017年笔者所供职的公司在推进物业公司收入共享时，笔者曾建议先解决前端的收款核销问题，等自动对账核销功能实现后再实施收入共享，但因当时财务共享中心建设时间紧、任务重，实施团队就没有考虑太多，直接按计划推进。系统上线以后，从物业收费系统发送到财务共享中心收款池的收款工单数量非常大，收款工单认领配比的工作量突然间增长了数倍，远远超过了财务共享中心的处理能力，因此只能暂缓物业收入共享，同时积极寻找解决方案。这几年笔者在与一些集团公司交流时，大家对于共享中心收款池中收款单认领的痛点深有同感，但一直没有找到一个根本性的解决方案。如果这个问题不解决，将会严重影响财务共享中心的工作效率。为此笔者以推进物业收入共享为契机，找准痛点，抓住需求，开始了智能收款对账系统的建设工作。

三、银企对账及电子回单匹配痛点

按照财务管理的相关规定，财务人员每月月底必须进行银企对账，即将银行的交易流水明细同企业的银行存款明细账核对，并编制银行余额调节表。目前国内软件厂商提供的财务系统基本上都有银企对账模块，可以设置不同的对账方案进行自动对账，上文的资金管理章节中曾做过介绍。实现银企自动对账不仅仅是财务系统的事情，如果业财融合做得不好，会直接影响到财务的数字化管理，特别是企业的销售收款（收费），如果没有实现业务、财务、银行一体化管理，银企对账也只能靠手工操作完成。

已经实施财务共享的集团公司，其成员单位的银行账户基本上已经上收至财务共享中心管理，账户的数量少则数百，多则上千个，如果靠手工操作或部分自动化操作进行银企对账，需要耗费大量的人力和时间，这几乎是不可能的事情。就银企对账而言，支付部分是由企业发起的，实现自动对账相对比较容易些，比较难做的是收款部分的对账，这是目前众多企业面临的问题，也是银企自动对账的一个比较大的痛点。这个问题不解决，银企对账的自动化率就上不去，严重影响财务共享中心的工作效率。

现在很多企业已经实现了银行回单电子化，电子回单将渐渐取代纸质的银行回单。从技术的角度看，银行电子回单同现在的电子发票一样，企业实施起来基本上没有什么难度，只要开通银企直联，银行的业务系统支持就可以实现。但问题的关键是如何将这些电子回单，通过一定的业务规则自动配比到对应的会计凭证上。前文曾讲过银企自动对账的问题，其实电子回单自动配比同银企自动对账是一个道理，其难点依然是在收款业务方面，本质还是在前端的收款业务同财务系统和银行业务系统之间的数据集成方面，这是目前国内很多财务共享中心所面临的困惑，是电子回单管理的难点和痛点。如果不能实现电子回单自动配比，那么下载下来的电子回单就是一堆无用的电子文档。

四、无信息系统支持的收款管理痛点

目前，国内的企业大部分已经实现了财务管理工作信息化，无论财务系统是单机版还是网络版，实际应用都比较普及。相较之下，业务系统的应用相对滞后些，特别是一些规模较小的企业，基本上是基于手工操作，即便前端有业务系统，功能也比较简单，仅仅是为了满足自身的业务需要，业财基本上没有融合。在这样的状态下，企业的收入管理、应收核销等财务核算工作基本靠手工操作完成。

上面讲的收款业务痛点是基于企业的销售（收费）系统或者财务共享中心系统，如果没有这些业务系统的支撑，收入业务的管理痛点会更多，财务人员会更痛苦。笔者曾接触过一些前端没有业务系统或系统功能比较弱的企业财务人员，他们为此非常苦恼，整天对账、查账，与业务部门争来吵去，工作效率低下，并且还会经常出差错，财务人员为此还经常背锅。

智能收款对账系统建设思路

根据收款业务痛点分析，可以看出收款对账是所有收款业务痛点的核心，这个问题解决了，收款业务的痛点也就解决了。这里的收款对账涉及三方：销售业务、银行收款和财务核算，根源在销售业务和银行收款，反映在财务核算。厘清了收款对账各方之间的关联关系，就能够从源头抓起，从根本上解决收款对账问题。

企业的销售（收费）收款在业务系统中基本都有一个对应的应收单，每一笔应收单都有一个对应的编号。在银行的交易流水明细中，每一笔收款也都对应有一个交易流水号。如果在客户支付环节和企业收款环节能够将应收单同银行的交易流水号关联起来，基本上可以解决后续的收款对账问题，这也是建设"智能收款对账系统"的核心。

一、智能收款对账系统建设的基本思路

基于收款业务的痛点分析和实际业务需求，智能收款对账系统

建设的基本思路是：以企业的销售（收费）业务管理系统为基础，充分利用现代信息技术，连通前端业务、中间交易渠道、后端银行支付以及财务共享核算，实现收款、对账、核销、核算一体化管理。

从图 5-1 可以看出，智能收款对账系统不是传统意义上的可以独立运行的系统，它涉及五个系统之间的数据集成共享。企业的销售（收费）系统是收款业务的源头，支付渠道为前端客户提供支付方式，银行直联通道负责收款和提供交易流水，财务共享负责处理销售业务核算，对账系统连通上面四个系统并完成收款自动对账工作。这五个系统相辅相成，缺少其中任何一个系统的支持，智能收款对账系统都无法完成收款对账工作。

1. 销售（收费）系统管理

企业的销售（收费）系统既是收款业务的源头，也是收款、核销等销售业务处理的中心，应该具备以下两方面的能力。第一，具备对接所有渠道收款的能力，包括刷卡支付、扫码支付、线上支付等，同时将应收金额推送至收款渠道前端完成销售收款。第二，根据对账系统提供的银行交易数据，自动生成收款单，完成应收核销工作，同时生成收款工单推送至财务共享中心。

2. 支付渠道管理

支付渠道指的是由金融机构与第三方支付机构组成的渠道系统，为企业提供收款能力，同时也是沟通企业销售系统和银行收款的桥梁，是收款对账非常关键的环节。一般来说，第三方支付机构或金融机构提供的支付通道服务是标准化的产品，原则上不提供个性化的系统开发服务。但是标准化的产品基本满足不了智能收款对账的

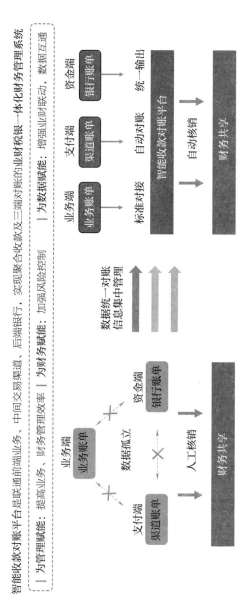

图 5-1　智能收款对账系统设计思路

需要，必须进行个性化的需求开发，这需要企业同第三方支付机构进行深度的交流和协商。支付渠道的个性化需求主要有两点：一是同企业的销售系统对接，并按照销售系统推送的金额进行收款；二是将企业的应收单同客户支付单相关联，为后续的收款对账提供支持。

支付渠道的选择非常重要，特别是对于跨区域经营的企业，要充分考虑第三方支付机构的技术和服务能力，能够满足企业多元化的收款管理需要。

3. 银企直联通道管理

企业前端的支付渠道将收款资金清结算到相应的银行，银行系统记录对应的结算流水数据。银行系统作为最终结算数据的提供方，通过银企直联与智能收款对账系统进行数据对接，是自动对账的数据来源之一。

有关银企直联的内容前面的章节已经有过详细介绍。要实现智能收款自动对账，企业必须开通银企直联，并且定时将银行的交易明细推送至智能收款对账系统。如果企业的收款业务涉及的银行只有一两家，可以直接将智能收款对账系统同银行直联，如果收款业务涉及的银行比较多，建议使用财务部门的银企直联系统。

4. 财务共享核算管理

企业的销售（收费）系统在完成收款对账和应收核销之后，将收款工单推送至财务共享中心系统，完成后续的财务核算工作。财务共享中心系统要具备两方面的能力。第一，业务系统推送过来的收款工单，已经完成了银行对账工作，并且在收款工单上已载明银行的交易流水号。因此对于已经完成对账的收款工单不需要再进入共享中心的收款池进行收款认领，而是直接进入总账系统，按业务规则自动生成会计凭证。这个功能从根本上解决了共享中心收款池的收款单认领配比问题，最大限度地减少了共享收款池的业务量，极大地提升了工作效率。第二，财务共享中心根据收款工单上的银行交易流水号，完成收款业务的自动银企对账和银行电子回单的自动配比工作。

5. 智能收款对账系统建设

智能收款对账系统是本章重点介绍的内容，主要包含智能收款和自动对账两个部分，如图 5-2 所示。

智能收款：主要涉及与支付渠道的聚合对接、封装接口能力，统一下发接口到企业的业务系统，业务系统调用接口完成收款流程。

自动对账：涉及支付渠道、银行系统以及业务系统三方数据的对接获取，将完成对账的数据传输到业务系统和财务共享中心系统，进行自动核销匹配和财务核算，实现收款业务全流程线上化。

二、智能收款对账系统建设模式

企业收款业务是销售业务业财一体化管理的一部分，其面临的诸多管理痛点，根本原因还是业财融合的问题。上文已经详细介绍了收款业务一体化管理的思路，在现有技术条件下，这些痛点难点是能够解决的。按照上文的建设思路，要实现收款业务一体化管理，目前有两种方式：一是以现有的销售系统为基础，按照企业的业务需求进行二次开发；二是建设独立的智能收款对账系统。这两种模

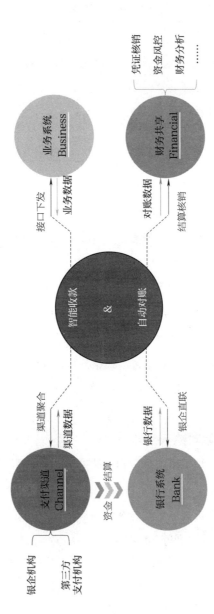

图 5-2 智能收款对账系统关联关系

式各有优缺点。

1. 业务系统二次开发模式

通过对企业收款业务的痛点进行分析，可以看出这些问题基本上是围绕销售（收费）业务系统展开的，理论上，销售系统应该有解决收款业务痛点的能力。但是，目前国内软件厂商开发的销售业务系统，这方面的功能比较弱，或者基本上没有。因此要实现收款业务自动对账核销功能，需要对业务系统进行二次开发。

采用二次开发模式的优点是：业财一体化程度高，更贴近实际业务的应用场景，开发投入相对比较小，可以快速实施应用。但此模式的缺点也很明显：业务系统的架构及软件厂商的研发能力如果不能支持系统的二次开发，或者软件厂商不愿意做，此模式将无法实施落地；采用紧耦合模式对系统后续的优化升级带来一定的影响，特别是当企业更换销售系统时，原来的优化开发将同时废止，后续还需对新系统再做一次开发；当企业有多个不同销售系统时，需要逐个进行二次开发，业务量和投入都比较大。

基于上述的优缺点分析，该模式可以作为解决收款对账业务的备选项或过渡方案，在企业暂时无法采用独立模式进行系统建设时采用，一般情况下不建议采用。但是站在软件厂商的角度看，如果将这部分功能作为销售系统的标准功能来统一开发管理，这样既可以满足企业的需要，又可以提高软件厂商的市场竞争力，是一件一举两得的事情，希望软件厂商能够认识到这一点。

2. 独立建设智能收款对账系统模式

智能收款对账系统虽然是销售业务业财一体化的一部分，但因其业务场景涉及多个系统，各个系统之间需要数据集成共享，因此采取独立建设部署是比较理想的模式。

笔者当初在设计收款对账核销业务系统方案时，也曾考虑在现有业务系统基础上进行二次开发，但经过综合评估，最终选定独立建设模式。集团公司一般都有多个业务板块，每一个板块都有自己独立的销售系统，因此，智能收款对账系统可以由集团总部牵头统一建设，各业务板块实施应用。

企业建设智能收款对账系统，除系统自身的功能模块外，选择第三方支付机构是系统建设的核心问题，它关系到系统建设的成败。在系统建设初期，可以选择一家或两家作为合作机构，确保系统可以快速实施上线。系统上线运行后，可以再引进几家有实力的金融机构或第三方支付机构，防止一家独大现象，进一步提高前端收款业务的服务质量和客户满意度，降低收款业务的交易成本，提升企业的竞争力。

智能收款对账系统基本功能

从业务逻辑上看，建设智能收款对账系统并不复杂，基本上是围绕"收款"和"对账"这两个功能展开，但要实现智能收款和自动对账核销功能，则是一个相对复杂的过程，需要多个系统的协同和数据集成共享。

图 5-3 是智能收款对账系统的功能结构图。

从图 5-3 可以看出，智能收款对账系统是企业销售业务的前端

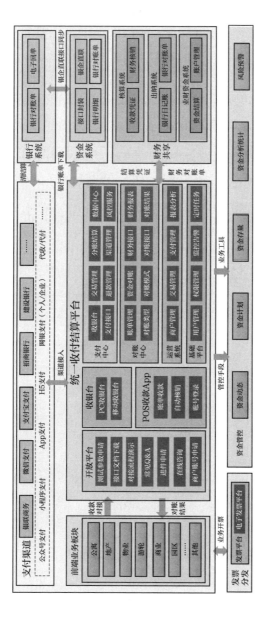

图 5-3　智能收款对账系统功能结构

系统，核心功能包括支付管理、对账管理、运营管理和基础资料管理四个部分，其外围涉及的系统有第三方支付机构、企业销售业务系统、银企直联系统、财务共享核算系统等。下面重点介绍收款、对账、进件以及运维等方面的系统功能建设。

一、智能收款整合能力

系统要实现智能收款，就需要一套完整的收款体系，包含从支付渠道提供的原始支付接口，到根据业务系统的需求有针对性配置的不同渠道的支付产品。这就需要系统具有灵活可配置、渠道可组合搭配的强大的收款能力。

1. 渠道整合能力

企业收款能力的建立，其前提是必须建立收款渠道。从客户的角度看，收款渠道也就是支付渠道。

支付渠道，顾名思义就是客户完成支付的通道，也就是钱从客户账户转移到企业账户所走的路，如银联、微信、支付宝、云闪付等。这些支付渠道帮助客户完成交易金额的支付，并且支持与银行之间进行资金流转、对账和清分。

目前国内的第三方支付机构和金融机构，可以提供多种支付渠道，基本上可以满足企业前端收款业务的需求。但这些收款渠道在实现方式和支付接口等方面存在一定的差异，因此，作为智能收款对账系统的建设方，我们需要充分考虑收款渠道之间的差异性，系统自身要具备渠道整合能力，如图5-4所示。

收款渠道整合的基本思路是"多渠道，统一输出"。对接支付渠

图 5-4　支付渠道整合能力

道时，尽量保证完整渠道能力的接入，以系统去兼容渠道，整合不同渠道的接口，给企业各个业态提供一套整合后的统一支付接口。这样的好处在于，不管支付渠道如何调整，业务系统与智能收款对账系统的接口都不会受太多的影响，将支付渠道对接的工作量集中在智能收款对账系统进行，减少系统对接成本。系统聚合支付接口在配置给业务系统使用时，业务系统需按照系统的接口规范进行对接。智能收款对账系统接口一般不随着业务系统的定制化场景而做过多的个性适配，要确保系统接口的通用性和普遍适用性。

2. 统一收银台能力

按照智能收款对账系统的自动对账业务逻辑，企业销售收款业务在统一收款渠道的基础上，还必须对原有的收款方式进行整合，建设统一的前端收银台，将企业的收款业务集中到智能收款对账系统的统一收银台上，这是进行自动对账的基础。

统一收银台的建设是智能收款对账系统的前端核心功能，同销售系统原有的收款方式相比有一定的优势。首先，收款流程全权由智能收款对账系统负责，业务系统专责销售业务的处理工作，收款业务接入更加便捷，系统之间的职责更清晰，问题排查效率更高；其次，按业务系统所需进行收银台配置，收银台的拓展性更强，能发挥的聚合分流作用更强；最后，集中统一的收银台可以提升企业的议价能力，降低交易成本。

目前国内商业银行和第三方支付机构提供的收银台主要有三大类：移动端收银台、PC（计算机）端收银台、智能 POS 收款 App。其中移动端收银台与 PC 端收银台可以满足大部分的线上收款场景，智能 POS 收款 App 主要应用于线下的 POS 收银。

统一收银台应该具备收款业务场景全覆盖和业务便捷接入功能，但要平衡好两者之间的关系，在满足业务收款场景所需时，要最大限度降低业务系统接入收银台的成本，这样在企业内部各个业态推广时才能顺利进行，不能一味为了提高产品能力，使得收银台的接入门槛越来越高，那就反而本末倒置，失去了系统本身的意义，为了做产品而做产品，万不可取。

二、自动对账能力

要实现银行收款数据同企业业务数据的自动对账功能，必须清楚自动对账需要哪些数据，这些数据如何获取，对账逻辑如何自动化实现。把这三个问题搞明白了，自动对账的事情基本上就成功了一半。下面重点谈谈银行账单的获取和自动对账的逻辑关系。

1. 自动获取银行账单

这里所指的对账包括三方账单的核对：业务账单、渠道账单与银行账单。其中业务账单属于完全可控的范围，因为业务系统由企业内部运营管理，内部系统之间的数据集成一般不会存在问题，业务系统只需要按智能收款对账系统所提供的数据标准接口，进行数据传输即可。渠道账单在支付渠道整合中已经对接完成，支付渠道方会提供对账单下载接口，由系统在渠道结算后进行调用下载，主要包含渠道手续费扣除的明细信息。银行账单的获取有多种方式，比如直接直联方式、间接方式、网银下载上传方式等。

（1）直接直联获取账单能力。所谓的直接直联方式就是将智能收款对账系统直接与银行系统直联。对于银企直联，人们习惯性地认为是企业的财务系统同银行直联，并且大多企业也是这样做的。但站在银行的角度看，企业的所有业务系统只要能够满足银行直联要求，都可以进行银企直联，并不仅限于财务系统。因此，如果条件允许，采用直接直联的方式获取银行账单数据，是一个比较好的选择方案。该方案的最大优点是，智能收款对账系统完全可以按照自身的对账需求，设置银企直联的账单数据获取方式，包括获取数据的频率、内容等。如果企业的收款涉及多家银行，那么就要同多家银行直联。

目前国内的商业银行基本上都具备银企直联的能力，这就要求智能收款对账系统也要具备同多家银行直联的能力，能够输出不同的解决方案。

（2）间接获取账单能力。间接获取指的是通过与企业其他有银企直联能力的业务系统对接，获取银行账单数据。目前国内大多数企业都是采用财务系统同银行系统进行直联，智能收款对账系统只需与财务系统对接即可获取全量的银行账单数据。该方案的优点是实施难度低，系统对接效率高，只需要一个数据接口就可以快速获取所需银行的账单数据。缺点是受制于财务系统的银企直联能力，缺乏灵活性，特别是当银行账单数据出现问题时，系统之间的联查会受到一定的限制。总体来看，此方案优势明显，特别适用于业态较多、收款银行较多的集团型公司。

（3）网银下载银行账单。如果企业没有开通银企直联，银行账单数据的获取只能通过企业的网银系统下载，之后按照智能收款对账系统要求的数据格式上传。此方案是一种极端情况下的应用模式。一般情况下，如果企业没有开通银企直联系统，估计财务的相关对账业务也是手工操作，在这样的应用状态下，就是实施智能收款对账系统，实际应用效果也不会好。因此，建议企业先行开通银企直联系统，然后再考虑实施智能收款对账系统。

2. 自动对账逻辑关系

自动对账逻辑是智能收款对账系统的核心能力。前文中曾介绍了自动对账涉及的三方账单对账（业务账单、渠道账单、银行账单），这里我们需要厘清这三种账单之间的关联才能确定自动对账的逻辑关系。

收款渠道的结算规则是：收款渠道按商户号在一个清算周期内所产生的交易，在完成清算扣除渠道手续费后，结算为一笔银行流水支付到企业的银行账户上。如银联商务是按 T+1 模式进行结算

（第二个工作日）、微信是按 D+1（第二个自然日）。因此，业务账单
与渠道账单是一一对应的关系。业务系统每发起一笔收款申请，收
款渠道便记录一笔，而银行账单与业务及渠道账单是一对多的关系，
即一笔银行收款会对应于业务应收单。业务应收单与渠道账单之间
通过订单号即可实现一一对应关系，而自动对账的关键在于匹配银
行流水与收款明细之间的关系，这是实现自动对账的核心所在。

　　商户号是由企业向收款渠道厂商申请的唯一编码，用于识别收
款商家与入账银行的关系，即渠道通过分配商户号，将不同商户收
款的资金清分到其对应的收款账户。如果企业有不同支付机构的收
款渠道，则会对应有不同的商户号，商户号是实现自动对账的重要
标识。

　　根据收款渠道的业务规则以及对账的逻辑关系，目前常见的对
账业务场景有以下三种，如图 5-5 所示。

　　（1）附言对账。附言是指通过金融机构进行收付款业务交易时，
可以在收付款单上附带一些文本信息作为附加说明的功能。这些附
言通常可以在银行交易明细记录中看到，可以用来记录收付款业务
的目的、内容或者其他重要信息。本书所指的附言是指通过收款渠
道设置而自动生成的收付款附加说明。

　　收款渠道在做清算结算时，可以设置结算附言，银行流水便会
带着附言格式一起被智能收款对账系统所获取。而附言内容根据不
同渠道的设定，可以解析出不同的内容，通常有商户号信息、清算
日期信息和手续费信息等。通过附言识别出企业商家信息，通过到
账日期反推明细数据，再通过金额比对完成对账。这是附言对账的

附言对账

适用于支付渠道可配置提现附言，通过解析银行账单附言格式，将银行账单与渠道账单完成匹配，进而完成对账。

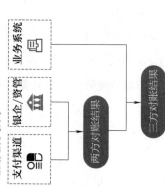

金额对账

适用于所有支付渠道，通过银行渠道的比对，真实到账金额完成匹配，将银行账单与渠道账单完成匹配，进而完成对账。

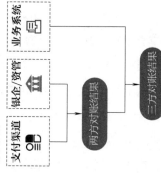

转账对账

适用于线下银行转账，银行代扣场景，依赖业务系统提供的业务账单，将银行账单与业务账单完成匹配，进而完成对账。

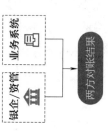

图 5-5　智能收款对账场景

基本逻辑关系。

附言对账依赖于收款渠道的附言配置，从收款渠道结算到银行收款，再通过银企直联通道到企业的业务系统，经过多个系统的多次数据对接才能传输到智能收款对账系统，因"附言"字段是文本格式，在多次的系统对接过程中，附言的内容经常会出现遗漏或残缺的现象，这样就会影响自动对账的成功率。因此，需要企业加强同收款渠道方和银行方的沟通交流，对系统的集成不断优化完善，确保附言字段的内容完整准确。

附言对账的逻辑关系比较简单，容易实施，在收款渠道支持配置固定附言格式的情况下，是企业首选的对账模式。

（2）金额对账。金额对账是通过金额、付款单位、到账时间等限制条件，经过层层数据过滤，逐渐缩小对账范围，直至数据唯一确认的过程。金额对账适用于所有收款渠道和所有收款场景，是一种最原始的对账模式。由于金额对账模式的精准度没有附言对账高，一般情况下是先按附言格式进行对账，之后再进行金额对账，两种对账模式结合使用，基本上可以快速解决收款对账问题。

（3）转账对账。转账对账严格意义上也属于金额对账的一种，但因其是客户直接通过银行转账付款，不通过企业的收款渠道，因此只存在业务账单与银行流水的两方对账。关于转账对账方式后面章节有详细介绍。

三、商户进件管理能力

商户进件也就是商户报备，商户想使用某支付机构的收款渠道进行线上线下收款，就需要将商户、法人等信息报送给支付机构，支付机构审核通过后给商户开立一个收单账户（商户号），商户才能使用此支付机构的通道进行线上线下收款。

这里的商户可以是企业自身，也可以是企业具体的收款业务场景。如物业管理公司有多个收费管理处，每个管理处就是一个商户，可以单独进件申请商户号。另外，商户还有个人商户和个体工商户商户，这两种商户不属于本书介绍范围。

企业商户进件管理包括线下的商户进件申请和线上的商户信息配置管理两部分内容。

1. 商户进件申请

（1）商户进件申请的经办人。商户的进件申请工作一般是由企业的业务部门负责办理，如企业需要在收款前端安装 POS 机，则需要向银商递交进件申请，银商审批通过后，提供商户号以及 POS 机器具，并派人到现场安装。对于智能收款对账系统来说，前端的收款渠道可能会有几个，不同的收款渠道需要单独进件申请，并分配不同的商户号。因此为方便管理，商户的进件申请工作一般由软件厂商协助完成，这样更方便后续与收款渠道方系统的对接。

（2）商户进件需要提供的资料。不同的收款渠道可能要求的进件资料有所不同，但基本上大同小异。一般情况下商户进件需要准备以下资料：企业营业执照副本、法人身份证正反面复印件、经办人身份证正反面复印件、银行开户许可证复印件、税务登记证复印件、商户结算账户开户行卡号、经营场所租赁合同复印件和其他特定行业需要提供的资质证明等。

（3）进件方式及流程。商户进件资料的提交一般是在收款渠道方指定的网站上进行，企业在线提交相关资料的电子文档。

具体的经办流程是：企业按照渠道方的要求准备进件资料并将相关资料转换成电子文档，登录渠道方指定网站填写进件申请并上传资料，渠道方对企业的进件资料进行审核，审核通过后通知企业并分配商户号。如果企业提供的进件资料不符合渠道方的要求，渠道方将进件申请退回企业，企业补充资料后重新提交。一般情况下商户的进件申请需要5~10个工作日，但每个收款渠道方会有一些差异。

2. 商户信息配置管理

企业完成商户进件后，渠道方或软件厂商要根据分配的商户号在相关的系统配置收款信息。首先进行前端收款渠道的配置，将商户信息关联在相匹配的 POS 机和线上收款网关上；其次是在智能收款对账系统内进行有关商户的设置和匹配；最后在企业的业务系统内进行有关商户信息的配置。完成这些配置后企业就可以开展线上与线下的收款业务。

四、日常运维管理能力

在配置好收款和对账规则的情况下，智能收款对账系统的收款对账业务基本上不需要人工干预，每天会定时将处理好的业务自动传输到相关的财务系统业务系统，智能收款对账系统的运行基本上是在无人值守的状态下自主运行，平时只有系统运维人员登录系统，检查系统的运行情况。对于大部分财务人员来说，只是知道这个系统的存在，基本上不操作该系统。因此，系统的运行维护显得尤为重要。

1. 商户基础资料管理

以企业的组织架构为基础，管理商户的基础资料，包括企业名称、商户名称、商户号、收款银行及账户以及对应的收款渠道等。商户的基础资料管理是企业销售业务管理的重要组成部分，其信息的增加、修改等应用，一般由财务人员负责办理。

2. 系统异常情况处理机制

智能收款对账系统的运行需要对接多个业务系统，因此，当网络或相关业务系统出现异常，会导致系统之间的数据对接也出现异常，从而造成数据遗漏或错误。为此系统要设置对应的报警机制，当系统运行出现异常现象时及时通知系统运维管理人员，并采取应有的补救措施，确保数据的完整性和准确性。

3. 商户年检管理

对于已经申请了商户号的商户，如果长时间没有实际业务交易，渠道方会进行冻结或撤销处理。如银联商务有对商户的年检机制，对 3 个月没有交易的商户冻结商户号，12 个月没有交易的商户撤销商户号。智能收款对账系统要根据各个支付机构的管理要求，设置对应的预警机制，对长期没有交易的商户号，经企业确认后反馈给支付机构做相应处理。

4. 统计分析功能

智能收款对账系统除上述核心功能外，系统的统计分析功能也很重要。通过对运营数据的统计分析，可以及时掌握系统的运行状况，为系统的优化完善提供数据支持。统计分析的展示方式包括统计报表、可视化图形等。

统计功能的使用者一般是系统的运营人员、财务和业务部门人员及相关的业务领导。统计分析的具体内容可按照企业的实际管理需求设置，定期编制。同时，负责系统运营维护的软件厂商，要定期编制系统运营报告。

主动收款模式对账解决方案

上面已经对收款对账业务的痛点、解决思路以及系统建设的主要功能做了介绍，下面笔者将结合实际的应用案例，以"方案 + 应用"的形式，深入智能收款对账系统的实施过程，探讨实施过程中遇到的问题以及解决方案。根据收款的途径和方式不同，我们将企业的收款业务分为主动收款和被动收款两种模式，由于收款模式不同，其对应的解决方案也不同。下面笔者以这两种收款模式为主线，以实际业务场景为案例，介绍智能收款对账系统的解决方案。

主动收款指企业收款到账可预知的收款场景，一般是由企业商户主动发起收款请求，付款方按商户引导进行付款。主动收款依赖于收款渠道的清结算能力，资金按渠道的结算周期结算到账，常见结算周期为 T+1（第二个工作日）或 D+1（第二个自然日）。

一、主动收款模式常见的支付场景

1. 移动支付

移动支付由收单渠道提供渠道收款能力，如微信、支付宝或银行机构等提供的各种支付场景解决方案。其大量应用在我们生活的方方面面，如 App 支付、H5 支付、微信公众号支付、微信小程序支付、支付宝生活号支付、支付宝小程序支付等。当企业的业务系统有与 C 端（个人用户端）客户直接接触的载体时，线上支付是一种更为便捷高效，且能够实现自动核销的收款方案。

移动支付属于由业务系统实现的扫码缴费，使用的支付方式取决于应收账单页面的运营环境，如付款用户使用微信扫码，在微信内系统应收账单 H5 页面，此时的支付方式为微信公众号支付。常见于车场缴费、物业收款单等用户扫码后确认收款费项，再进行付款的场景。

2. 扫码支付

扫码支付的场景有多种实现路径，关键的区分点在于用户扫码后是先打开业务系统的应收账单页面，由应收账单唤醒支付，还是扫码后直接跳转至收单渠道的收银台进行支付。

扫码支付是用户扫码后直接唤醒支付，业务系统提前完成金额计算，用户只需要扫码即可直接调起支付。使用的支付方式取决于用户使用什么支付 App 进行扫码，如使用微信进行扫码，此时使用的支付方式为微信 C 扫 B 支付。这种场景常见于 PC 端网页、大型终端机器等具备显示屏的收款场景。

3. POS 机收款

POS 机是线下常见的收款方式，由具备线下收单牌照的支付机构提供实体机具，主要具备 B 扫 C 与刷卡两种支付方式。POS 机由于其自身搭载应用系统，支持与业务系统做深度对接，可实现账单收款、自动核销等功能，可拓展性较强。但也由于实体机器的原因，需要投入更多的维护成本，一般常用于大型商超、房地产、物业等规模较大，具备线下收款条件的场景。

4. 其他支付方式

其他支付方式具体如表 5-1 所示。

表 5-1 其他支付方式

支付方式	说明	场景举例
网银支付	一般分为个人网银和企业网银，替代传统的转账场景，具备线上化的特点，根据转账发起方与接收方的主体确认使用哪种，多用于大额交易场景	经销商采购、线上票务销售、大型物流等
代收	代收与托收同类，指通过协议签署，将付款账户与收款方达成自动扣款的协议，通常应用于金额相对固定、扣款周期相对固定的场景	物业缴费代扣、政府服务税费缴纳、保险费用缴纳、资金归集等
代付	代付与代收相反，是进行自动付款，可批量进行，也可单笔进行。通常用于需要重复进行操作的转账场景	工资发放、授信放款、保险理赔、企业之间打款等众多转账场景
其他硬件产品	扫码枪、扫码盒子等其他收款硬件，也都是应用支付渠道的收款接口进行赋能，都可以按固定结算规则进行收款结算	超市、餐厅、便利店等实体门店收银

二、主动收款应用现状及实施思路

主动收款的实现方式技术门槛不高，以上列示的各种支付工具基本上可以满足企业前端收款业务的需要。目前以移动支付为代表的新一代支付工具，在国内已经得到广泛的应用，取得了非常好的社会效益和经济效益。但站在企业财务管理的角度看，特别是对于集团型的公司而言，所属各公司的前端收款渠道可以说是五花八门、各行其是。我们的财务数字化管理已经从单一账套管理模式发展到现在的集中统一管理模式，而收款业务还处在各自为政的状态，这与集团公司的财务数字化建设是不匹配的，会严重影响企业的业财一体化建设。因此，建设集中统一的前端收款业务管理系统，不仅仅是满足企业收款对账的需求，更是财务数字化转型的需要。

1. 企业的应用需求分析

在智能收款对账的过程中，我们主要考量收款通道的集中管理以及业务收款的标准化对接，这两点贯穿了整个主动收款解决方案的全流程。特别是当企业在面临以下业务场景时，就需要考虑是否需要应用一套完整的智能收款解决方案来解决所面临的问题。

（1）在企业的收款业务前端有多个独立的收款渠道，有多台POS 机，将原本简单的收款业务搞得很复杂、很烦琐。

（2）各个企业的前端收款渠道不统一，收费标准不统一，费率不透明，交易成本高，影响企业的议价能力。

（3）前端的收款业务没有和财务系统对接，业务和财务各管各的账，财务和业务两张皮。

（4）企业的业务端虽然具备应收账单的管理能力，但因和财务系统的数据没有集成共享，对账、核算等工作自动化率比较低。

（5）集团公司对前端收款业务疏于管理，相关的管理制度缺失，存在一定的资金安全风险。

2. 主动收款模式对账解决思路

虽然智能收款对账系统具有解决主动收款对账的功能，但这些功能必须同实际业务需求结合起来，才能达到预期的效果。因此在系统实施前要进行充分的需求调研，摸清楚企业的现状，充分了解每一个业务场景，有一个系统实施的基本思路，并制定详细的实施方案。

了解主动收款业务场景需要结合实际的业务情况、按照业财一体化的原则进行，对每个业务板块所涵盖的收款场景要有一个基本的研判。要有敢于突破的创新思维，为业务提供合理高效的收款方式。比如在遇到现金缴费较多的场景时，我们要考量在此场景下是否具备线上化收款的可行性，如何利用科技的能力改变用户的习惯，给用户提供一流的支付体验，等等。

基于企业上述的应用状况，结合新一代支付工具的业务能力，主动收款的解决思路是由集团公司总部统一管理，建设智能高效的收款渠道，打造集中统一的收银台，聚合收款能力，为各个业务系统赋能。

三、主动收款模式对账实施步骤

基于主动收款模式下自动对账业务的需求以及实施方案，主动收款解决方案的实施步骤可分成两部分：搭建聚合收款体系和实现自动对账功能。

1. 聚合收款体系建设

聚合收款是指由企业或集团公司统一搭建的具备聚合多方收款

通道的标准化收银台，如图 5-6 所示。这套体系需要满足以下几点：

（1）收银台的对外接口必须是标准的，方便各个板块的业务系统按收银台接口统一接入，确保业务单位快速对接，可以由集团总部进行统一推广。

（2）支持多个支付渠道的接入。收款通道并非使用得越少越好，每个渠道都有自己的优势，我们的主旨是"聚合"，集众家之长，为业务提供最优质的收款服务。

（3）收款产品可配置化。既然我们集成了多个收款通道，那就需要按业务系统的收款场景配置对应的收款产品。

（4）统一收银台，提供标准收银台，按业务所需，可以包含移动端收银台、PC 端收银台、POS 收款 App，均按照通用型、标准化的思路进行设计，所有业务方的支付均采用跳转收银台的方式完成。

在统一收款渠道过程中，费率是一个比较敏感的问题。在没有统一收款渠道之前，可能有些企业已经与支付机构合作开通了收款渠道，为了吸引用户和提高自身的竞争力，有些支付机构会以非常低的费率甚至零费率为企业开通收款渠道。

企业同支付机构合作建设智能收款对账系统，支付机构的收款渠道也要进行相应的优化完善来满足企业的需要，为此双方会签订一揽子合作协议，其中的核心问题就是交易费率。企业统一签订的费率一般是在支付机构标准报价基础上有一定的折扣和优惠，即便如此也可能会比企业自己原来的费率略高一些，这是正常的商业行为，是为了保证双方的合作能够持续良性发展。而那种以极低费率或零费率来招揽用户的做法是恶性竞争，是不能长久的。天上不会线上聚合支付解决方案具备聚合市场主流的支付通道的能力，从业务系统角度能降低对接难度，为各个业务场景提供收款能力；从用户的角度能为用户简化支付流程，具备更多支付渠道的选择性。

聚合支付通道

集成支付宝、微信、银商等主流支付通道，具备多场景的支付能力，满足不同的业务需求。

前端统一收银

集成支付接口服务，业务系统一对接一套支付收银台，支付通知、上下单、线上退款、实时支付状态查询等能力。

后台智能管理

可配置化支付路由，定制化收银台，提供报表管理、订单查询、商户基础资料维护、数据概览等功能模块。

特殊支付场景能力

分账场景，支持实时分账与账期分账，平台不涉及二清，安全可靠；担保支付授权场景；B2B网银等

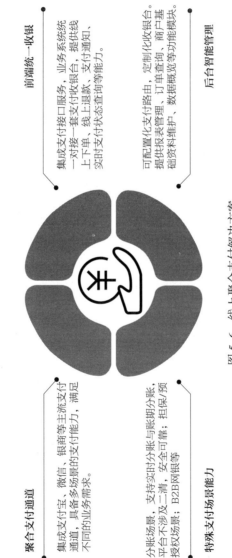

图 5-6　线上聚合支付解决方案

掉馅饼,更没有免费的午餐,大家对此要有一个清醒的认识。

2. 自动对账功能的实施

自动对账在主动收款场景中涉及三方对账,三方分别指业务账单、渠道账单与银行账单。

(1)业务账单和渠道账单的核对

由于主动收款场景下,收款的发起均通过统一收银台发起,因此每笔业务交易流水在智能收款对账平台上都有记录,而通过统一收银台和支付通道的调用关系,智能收款对账平台也能记录到由渠道返回的每笔支付结果数据,由此构建了业务到渠道的对应关系。

收款渠道在做清结算时,会扣除每笔交易的手续费,智能收款对账系统与收款渠道需要做渠道账单获取对接。由收款通道提供对账单明细,对账单记录每一笔账单扣除的手续费以及唯一订单号等信息。智能收款对账系统按商户号进行数据汇总,与业务账单按唯一订单号一一匹配,完成业务账单与渠道账单的核对。

(2)业务账单和银行账单的核对

收款渠道在清结算后,会按商户号将清算周期内产生的交易结算至企业的对公账户上,形成一笔或多笔银行流水,不同的渠道结算规则各不相同,因此在银行账单参与对账的环节,我们需要根据渠道设置对应的对账逻辑,一般包含附言对账与金额对账。

当渠道可设置结算附言,且附言格式的内容支持我们识别出来自哪个商户号在哪个周期内的交易时,我们可以通过附言格式的解析,识别出这笔银行流水所对应的清算范围,根据范围圈定渠道账单与业务账单的范围,对比金额及银行流水对方单位等信息,完成银行流水的匹配。

当渠道不支持设置附言，或特殊场景下，附言的内容不足以支持对账时，我们采用金额对账。根据系统配置的结算周期以及商户号配置的收款账户，由渠道账单明细汇总，反查银行流水，对比金额及银行流水对方单位等信息，匹配符合的银行流水，完成对账。

四、实施案例分析

下面以国内某大型物业管理公司为案例，介绍在主动收款模式下自动对账的实施路径。

1. 业务背景及收款业务场景

该公司的年营业额超百亿元人民币，物业管理业务覆盖全国近百个城市，管理项目超千个，管理面积 3 亿多平方米，是国内物业管理行业的头部企业。

公司建有统一的收费管理系统，收费项目基本涵盖物业管理的全部收入。各管理处（项目）建有自己的收银台，住宅类业务的用户通过 POS 刷卡、移动支付等方式交费，部分城市采用银行托收方式扣费。商业类业务的用户基本通过银行转账（网银）方式支付。

2. 物业收款类业务需求

物业管理公司的收费每单的金额比较小，从几百元的物业管理费到几元钱的停车费，每年有五百多万笔的收款。公司在收到款项后将收款明细分发到各管理处，管理处的收款员根据收费系统的应收单，核对每一笔收款，完成对账后手工录入收费系统进行应收单的核销。由于收款笔数量大，前端的手工对账核销工作占据了大量的工作时间，并且还经常出现录入错误的现象。物业公司迫切需要解决这个问题。

上级集团公司实施财务共享中心系统后，有关物业公司的收款工单高达每年500多万笔，如此大的工作量靠手工认领配比的方式无法完成。此问题不解决，物业公司的收入共享也难以实施上线。

3. 实施对账核销的关键举措

基于上面的两个核心业务需求，结合收款对账系统的功能，决定采取先统一收款渠道，然后再进行对账核销以及财务共享核算。

（1）收款渠道选择：该公司的业务项目遍布国内多个城市，因此收款渠道的选择必须能够满足国内各地的业务需求，具有服务全国的能力。经过多方调研和综合评估，决定同银联商务合作，建设统一的收款渠道。银联商务是中国银联所属的国内最大的银行卡收单机构，市场网络覆盖全国所有地级以上城市，涵盖了银行卡收单、互联网支付、预付卡受理等支付业务类型，完全能够满足公司建设统一收银台的需要。

（2）收款渠道的聚合包括两方面的内容。一是智能收款对账系统统一收银台与银联商务进行对接，配置微信或支付宝小程序支付的调用逻辑。二是搭建POS收款App，与企业的业务系统对接，实现在POS机上通过智能POS App进行查账与收款，完成前端收款的统一化管理。这两项工作都需要银联商务的密切配合。

（3）商户号申请：为各个管理处（项目）申请收款商户号及POS机具，收集项目开通材料，提交渠道办理。渠道核准商户号后进行统一配置，并以实际应用场景为例进行收款流程测试，做好收款前的准备工作。

（4）按区域分步实施：由于实施的项目众多、分布的区域广，采取按区域分步实施，逐步推进，如先实施华南区域，同时华东区域准备进件材料，申请商户号，以此类推，逐步向全国推广。同时做好上线前的应用培训工作，以及上线后的系统运维工作。

4. 自动对账及应收自动核销

在主动收款模式下，通过银联商务配置收款附言格式，包括商户号、业务类型、交易日期等标准信息。通过银联直联获取银行交易流水，解析银行结算附言的信息，智能收款对账系统自动进行渠道账单和银行流水的匹配，进而完成业务账单和银行交易流水的对账。

智能收款对账系统完成收款对账后，将核对结果推送至业务系统，业务系统自动生成收款单，完成应收单的核销工作。之后经物业公司的财务人员复核后，生成收款工单推送到财务共享中心系统。由于收款工单已经完成了同银行交易流水的对账工作，因此不需要再进入财务共享中心的收款池进行人工认领，直接到财务核算系统进行账务处理。

在主动收款模式下，除网络或系统异常造成数据传输失败的因素外，通过智能收款对账系统，收款业务的对账成功率几乎可以达到100%，圆满解决了业务前端的应收自动核算和财务共享中心物业收入共享问题，并且为财务共享中心的银企对账和电子回单管理奠定了良好的基础。

关于物业公司商业类项目的收款业务对账问题，将在下一节中介绍。

被动收款模式对账解决方案

所谓被动收款是指由客户发起的支付行为，企业无法预知应收款项的到账时间、实收金额、收款笔数等信息，只能被动地通过银行交易流水来确认收款。由于客户的支付行为是一个相对独立的业务事项，无法同企业的业务系统产生关联，因此在企业被动收到款项时，难以追踪到此笔银行交易流水所对应的应收明细，在传统的管理模式下，基本上是靠手工来完成收款业务的对账核销工作，给企业财务的日常管理工作带来诸多不便。

一、被动收款模式下的支付场景及业务痛点

1. 转账支付业务场景

被动收款的业务场景主要是转账支付，客户依据自己的业务场景进行转账，支付的手段可以是网银转账、银企直联转账，也可以是手工填单到银行柜台办理转账或者是同城之间的支票支付等。无论客户采取哪种方式转账，收付款业务都是直接发生在两个银行账户之间的资金往来，不依赖于收款渠道的清结算能力，无法对转账过程进行有效控制。

2. 转账支付业务痛点

由于转账支付业务的特性，企业在收到业务款项后，经常会出现多笔账单合并转账、一笔账单分多次转账、部分转账、逾期转账、提前转账等无规律的现象。对于这种收款业务场景的账务处理，基本上依赖于财务人员的人工核对，将银行交易流水上的支付单位名

称、摘要、金额等有效信息，与客户所对应的应收明细进行核对，若金额不符则需要拆分或合并账单再进行配比，最终将核对结果手工录入业务系统，完成应收账款的核销。当企业的收款有多笔相同金额且银行交易流水信息不完整的情况下，很难保证收款和业务的一一对应关系，如果此时出现未达账项，就有可能是错误的信息。特别是当客户的应付款项由他人代为支付，且转账金额也同应收账单不符时，财务人员只能同业务部门进行反复的核查，并在有关凭据的支持下确认收款。

上述转账支付的种种异常现象在实际应用场景中还有很多，为处理这些异常情况，需要耗费财务人员大量的工作时间，影响工作效率和工作质量，特别会影响应收账款管理的及时性和准确性。如果此时企业的财务人员认真负责，积极同业务部门交流沟通，及时处理收款对账过程中出现的异常现象，基本上还是能够满足财务管理的需要，只是财务人员工作强度大、经常需要加班加点工作。如果此时财务人员采取"粗线条"管理，同业务部门的沟通又不畅，那么应收账款就是一本糊涂账，这会给企业的收款管理带来漏洞，影响企业的资金安全。

在现代信息技术快速发展的今天，互联网大数据等科技手段为我们解决企业转账支付业务的种种痛点提供了有力的技术支撑。下面重点谈谈如何利用金融科技的能力解决这些业务上的痛点和难点。

二、被动收款模式的对账思路

被动收款的解决思路同主动收款有很大的差异，主动收款的核心是依托收款渠道的清结算能力实现 100% 自动对账核销，而被动收款由于客户的转账行为存在诸多的不确定性和异常情况，作为收款方的企业是无法掌控的，只能被动接受。因此，单独依靠企业自身的能力不能从根本上解决这个问题。

转账收款业务难点的核心是转账信息的不确定性，包括金额不确定、支付单位不确定、摘要信息不确定等。这些不确定因素虽然可以通过协商的方式要求客户完善，但不具备强制性。客户关注的是怎么样把钱安全付出，企业业务部门关注的是怎么样及时收到款项，钱安全到账才是硬道理，至于财务部门的诉求他们可能认为是次要的。因此依靠客户的配合来解决转账支付问题是不现实的，不能从根本上解决问题。

被动收款业务虽然比较复杂，但也并非无迹可寻，既然转账业务发生在银行账户之间，那我们更多要寻求银行的支持，通过银行的能力来管控资金的走向，创建转账的规则。近几年国内的商业银行为了提高自身的竞争力和对客的服务能力，借助科技力量相继推出了一些对客金融服务产品，提升了客户的满意度和应用体验。特别是在对公转账业务方面，如工商银行的虚拟账户管理、招商银行的长账号模式等金融产品，为转账收款业务的信息管控提供了有力的技术支撑。

结合上文中资金集中代理支付的账号管理方案和企业转账收款业务的财务核算需求，被动收款模式下的收款对账思路是：依托商业银行的科技服务能力，加强同银行的深度合作，以银行长账号或虚拟账户等金融产品为基础，拓展银行账号信息的管理功能，通过同智能收款对账系统的对接，解析银行账号中的业务信息，完成业务账单同银行交易流水的匹配，实现转账收款业务自动对账功能。

三、被动收款模式下的对账实施步骤

在被动收款模式下，由于转账收款过程中脱离了收单机构，因此不存在渠道账单，对账的规则由原本的三方对账转换为两方对账，即业务账单与银行交易流水的对账。因此，相较于主动收款，实施的内容和步骤会少，主要包括长账号设置管理和对账实施两部分内容。

1. 银行长账号设置管理

所谓的银行长账号，指的是在企业传统的银行账号基础上，通过增加后缀编码的方式来加长银行账号的编码长度，从而解决企业转账收款识别核对的一种银行账号管理模式。

传统模式下的银行账号是相对固定不变的，不同的客户可以使用同一个银行账号进行转账支付。而银行长账号不是固定不变的，它是银行账号管理功能的拓展，是银行为企业提供的银行账号定制化管理能力，其后缀编码企业可以根据业务管理需要自行设置，不同的客户或不同的业务可以配置不同的后缀编码，使用不同的银行长账号进行转账支付。通过对收款银行账号的定制化管理，即使客户在转账支付时不携带任何信息，企业方也能通过银行长账号的后缀编码识别出此笔收款的业务属性以及对应的业务账单。

目前国内已经有多家商业银行推出了类似银行长账号的金融产品，我们在实施被动收款对账方案过程中，也要是以"聚合"为手段，对接多家银行的长账号产品，根据实际收款主体所使用的银行，配置对应银行的长账号产品。主要的实施步骤如下：

（1）选择合作的银行：虽然目前国内有多家商业银行能够提供长账号管理能力，但因采用的技术和实现方式不同，产品的功能和实施应用会存在差异，如长账号的创建层级、长账号位数和自定义规则、长账号分配规则等。因此在选择合作银行时，要对其产品进行深入全面的了解，选择与企业需求契合度比较高的产品，最大限度满足企业的实际业务需求，同时合作的银行要有较强的运维能力，为企业后续的发展提供支持。

（2）长账号配置规则：银行长账号是由"企业收款账户＋后缀编码"两组编码合并组成，企业的收款账户是固定的，对于后缀编码，银行只是限定编码的位数，具体的编码规则由企业自己设定。定义后缀编码规则一定要同实际业务需求结合，它可以是单一属性的编码，如按照项目或商户配置编码，一个项目固定一个后缀编码，抑或是按订单配置，一笔订单即对应一个随机生成的后缀编码等；也可以是复合性的编码，如项目＋业务属性、客户＋订单等。无论采用哪种编码规则，其核心都是能够满足财务对账核销的需要。因此，智能收款对账系统在做功能设计时需足够灵活，方便长账号的配置管理，以适应不同业务场景的需求。

（3）长账号的支付管理：对于银行来说，长账号管理的核心依然是企业的实际收款账户，也就是长账号中的企业收款账户部分。但对于客户而言，长账号就是一个完整的银行账号，在办理转账支付业务时，收款单位的银行账号就是这个长账号。因此企业在签订销售合同或通知客户付款时，必须提供企业的银行长账号。除此之外，还需配合运营推广，从多方面进行积极宣导，引导客户接受我们所设定的转账规则，这样才能逐步提高对账的成功率。总之，被动收款解决方案需要结合产品和运营一起实施，需要业务部门高度配合。

2. 实施自动对账

企业虽然可以配置多个银行长账号用于客户的收款，但对于银行的收款业务来说，这些长账号的收款业务最终还是要集中到一个实体收款账户中。智能收款对账系统通过银企直联，从企业的实体账户获取银行交易明细，如果客户已经按长账号模式进行转账支付，则对应的收款明细中就会有长账号的信息。

智能收款对账系统通过对收款信息中的长账号后缀编码的解析，对收款进行精准定位，并同业务账单进行匹配。因为转账收款场景的不可控因素较多，建议采用"长账号＋金额"的复合对账模式，多一个对账条件就会多一点自动对账的成功率。一般情况下，采用长账号模式转账收款，对账的成功率几乎可以达到100%。因此，在现有技术条件下，银行长账号模式是解决转账收款业务对账核销比较理想的方案。

四、实施案例分析

下面以一家商业管理公司为例，介绍被动收款解决方案的实施路径。

1. 案例业务背景

该公司的主营业务是商铺租赁，在国内拥有多个商业综合体项目，年营业收入 10 多亿元人民币，收费项目以租赁收款为主，部分采用销售分成方式。公司建有统一的租赁业务收费管理系统，应收账款的管理比较规范，财务部门按照权责发生制原则，每月按合同计提营业收入和应收账款，收到客户的租金后在业务系统中录入收款单，完成对应收账款的核销。

商铺租赁者（客户）按月或按季度给商管主体企业支付租金，支付方式基本上是通过银行对公转账，只有少部分采用刷卡或扫码支付。因此，除少数主动收款可以实现自动对账核销外，大部分的收款业务需要人工操作，手工填制收款单完成对账核销工作。

经过对企业的需求分析以及收款业务场景的调研，该公司各个项目的收款银行主要集中在招商银行，经过综合评估后决定同招商银行合作，采用招行长账号模式来解决转账收款的对账核销问题，如图 5-7 所示。

2. 具体的实施内容

因该公司具有良好的信息化管理基础，业财一体化程度比较高，业务需求明确，因此可以在 3~6 个月的时间内，完成国内多个项目的自动对账核销实施工作。如果企业的信息化基础较薄弱，则项目实施的时间会相对比较长，甚至达不到预期的效果。

（1）招商银行长账号产品对接：智能收款对账系统同招行的系统对接，获取招行长账号的产品能力，主要通过数据接口，获取银行长账号的生成权限。

（2）长账号配置规则：按"收费类型＋商铺"的组合方式进行长账号配置，每一个支付实体对应一个银行长账号，每个商铺以此

■ 招商银行长账号解决方案

招行长账号解决方案：在传统招行的15位收款账号的基础上，新增后缀记账子单元，记录与业务收款账单的关联性，来达到转账账场景下的来源区分。对于转入单元结算账户内的资金来源按照收款人单位结算账号来识别入账。招商银行长账号可通过企业网银查询付款人的记账子单元编码。

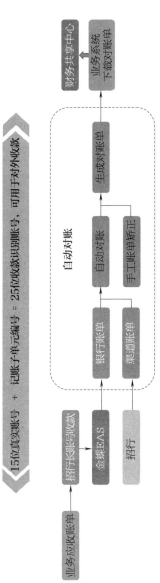

15位真实交易账号 + 记账子单元编号 = 25位收款识别账号，可用于对外收款

➤ 收款人可为每个付款人指定记账子单元编号。

➤ 每个付款人拥有专用收款识别账号（活期结算客户账号+记账子单元编号）。

➤ 付款人付款时使用收款识别账号作为收款入账号。

➤ 招商银行系统将收款资金计入活期结算户。

➤ 通过网银或招行直联将交易对应记账子单元编号提供给客户。

图 5-7　银行长账号解决方案流程

长账号为准，每月进行转账支付业务。

（3）自动对账规则：通过智能收款对账系统，对银行交易流水中的转账收款进行账号解析，定位支付商户以及收费类型，与企业业务系统中的应收账单进行匹配，最终完成对账核销工作。

总体来说，被动收款解决方案可以解决绝大部分的转账收款问题，很大程度上缓解了人工对账的压力。但是，由于转账收款的业务场景太复杂，很难做到业务场景全覆盖，对账成功率从局部看有些可以达到100%，但从收费业务全场景的角度看，能做到90%的成功率已经是比较好的结果了。

转账收款场景下的对账关键点不在于对账业务本身，而是在不降低用户操作体验的前提下，创建一套支持自动对账的转账规则以及各系统之间的业务逻辑关系，这个是核心也是难点。但是随着科学技术的不断发展，笔者始终相信"办法总比困难多"，只要我们抓住重点，抓住核心，思想上不松懈，困难总是会解决的。

被动付款模式自动对账解决方案

本章前面的内容主要讲的是企业收款业务的对账核销工作，由于企业的收款业务场景比较复杂，对应的解决方案也不同，所以用了较多的篇幅来讲。但是，站在企业管理的角度看，支付业务的管理也是财务部门主要的日常管理工作，同收款管理一样重要。本节主要谈谈运用智能收款对账系统实现付款自动对账的解决方案。

一、企业的对外付款需要对账吗

企业的对外付款是财务部门每天都要处理的工作，那么它同收款业务一样，也需要进行对账核销吗？在回答这个问题之前我们先了解一下企业的支付情况。

1. 企业对外支付行为的分类

企业的收款可以分为主动收款和被动收款两种模式，而企业的对外支付，如果按支付发起人不同也可以分为主动付款和被动付款。

主动付款指的是由企业主动发起的支付行为，银行按照企业的付款指令完成款项支付。如对外支付采购款、工程款以及员工的费用报销等。企业大部分的对外支付是主动付款模式。

被动付款指的是由供应商、金融机构、税务部门等组织发起的、按照相关的协议直接在企业的银行账户上扣款支付的行为。如支付银行利息、缴纳的各种税、银行托收的水电费等。

2. 付款业务需要对账吗

本书所指的对账是银行交易明细同业务账单的核对，属于业务对账。企业银行存款日记账的核对属于财务对账，不属于本节要讲的内容。

理论上，企业的付款业务是需要进行业务对账的，但是由于支付行为不同，有些付款不需要对账，或者是企业的信息化水平达不到要求，无法进行对账。

（1）前端有业务系统支持的付款。付款业务对账的前提是企业的支付前端要有业务系统，如采购系统、成本管理系统、项目管理系统等，并且这些业务系统要有应付账款管理的功能模块。

此类业务的付款申请来源于业务系统，经过业务审核后推送至财务系统办理支付，财务部门在完成付款后，将有关支付信息推送到业务系统，自动完成应付账款的核销。因是企业主动付款，应付账款核销的过程中已经包括了对账。因此在这种情况下，业务对账是自动完成的，不需要人工干预。到月末时，财务账上应付账款余额要同业务系统上的应付账款余额进行核对，如果有差异要查明原因及时处理。

通过上面的分析可以看出，如果前端有业务系统支持，此类付款业务不需要进行业务对账。

（2）前端没有业务系统支持的付款。如果企业的前端没有实施业务系统，付款业务的发起人虽然来自业务部门，但基本上是手工操作，线下审批。因没有应付账单，此类付款业务无法进行业务对账和应付核销。另外，如果企业前端的业务系统没有应付账款的管理功能，也无法进行业务对账核销工作。

由企业内部员工发起的费用报销业务，如差旅费、通讯费、办公费等，基本上前端没有业务系统支持，一般情况下也不需要进行付款业务对账。企业的费用报销系统负责流程审批和费用预算控制，不属于前端的业务系统。因此，企业有没有实施费用报销系统同付款业务对账没有关系。

（3）被动付款模式下的支付业务。理论上，企业的被动支付业务需要进行付款业务对账，以确保付款的准确性。但因该类业务比较少，每月也就发生几笔，如银行是按季度扣息，税费是按月或季度扣缴等，所以财务人员一般都是采用手工核对管理。在这种情况下确实没有必要再实施一套业务系统来管理这些支付业务，性价比不高。因此对于业务量比较少的被动付款业务，不需要进行付款业务对账。

但是，当企业有大量被动支付业务，并且前端有相应的业务系统支持，此时就要考虑启用付款业务对账。如前文提到的供应链融资业务，融资到期还款方式大部分是采用金融机构直接在企业的银行账户扣款，当企业的供应链融资规模比较大时，其对应的融资业务笔数也会有很多，财务人员的核对工作量也会很多，特别是集团公司为加强供应链融资管理而采取的一系列管控措施，增加了集团总部和各子公司之间的资金往来，相应也加大了财务人员核对的复杂度。

下面以供应链融资还款业务为例，介绍如何利用智能收款对账系统，实现融资还款业务的自动对账核销。因涉及此类业务的企业相对比较少，所以只是简单谈谈实现自动对账的主要业务流程。

二、被动付款模式对账痛点分析

以下以笔者供职公司的供应链融资还款业务为例，分析还款对账核销业务的痛点，如图 5-8 所示。

笔者所供职的公司每年的供应链融资规模有数百亿元，涉及数百家成员单位，每笔融资金额从几十万元到几百万元不等，年融资业务量有一万多笔，相对应的每年也有一万多笔还款。还款方式除少部分采用主动付款划转外，绝大部分是金融机构到期之后直接从企业指定的银行扣款。由于还款的业务量比较大，且各个银行的扣

供应链融资还款付款场景

在当前的保理还款对账中，总部向资金方付款，以及下属单位还款两种流程中存在多笔付款或合并付款等异常情况，导致在实际的对账过程中无法保证流水与保理台账的一一对应关系，造成了财务共享中心财务人员在对账时需要依靠手工将三方账单进行匹配，自动化程度低，人力成本大。

保理还款业务主要异常场景如下：

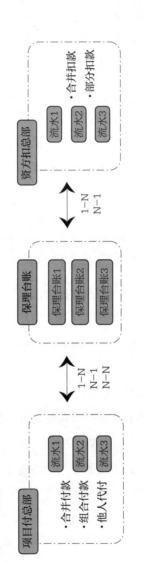

图 5-8 保理还款业务痛点

款方式又不同，导致财务人员在核对每一笔还款业务时，需要耗费大量的工作时间，主要的痛点有以下几方面。

（1）供应链融资业务是各子公司通过公司的 ERP 系统和统一的融资平台办理，融资到期后银行在公司总部的账户上统一扣款。总部的一笔还款会对应所属成员单位几十笔到上百笔的融资业务。总部完成融资还款后，成员单位要分别将融资款项划转给总部。主要痛点是成员单位上单划款不及时，有的甚至会跨月，财务人员核对每一笔还款需要持续多日，只有等到成员单位全部完成上单划款后才能确认该笔还款。如果有成员单位未能在当月完成上单划款，该笔还款就要作为未达账项，流转到下个月继续核对。财务人员希望能够通过系统实现还款分单，以还款单形式通知成员单位及时划款。

（2）同一家银行一天内可能有多笔供应链融资放款，每一笔放款包括多笔成员单位的融资业务。同样融资到期还款时也会分多笔扣款，每一笔扣款也应该对应多笔融资业务。但是有些银行在到期扣款时没有遵循放款时的对应原则，虽然也是分多笔扣款，但是按总额来对应，无法拆分到对应的每一家成员单位，给付款对账带来很大的困难。另外，有些银行不能及时提供扣款明细。

（3）为提高工作效率，财务共享中心在进行还款业务的账务处理时，一般都会提前设置好规则以及对应的会计科目，如对应的银行存款科目。但有些自主还款的成员单位，在实际还款时更换了扣款银行，又没有通知财务共享中心调整相应的账务处理规则，从而导致总账系统自动生成的会计凭证出现银行串户现象，这种错误在月末财务对账时才会发现，影响了对账工作效率和准确性。

（4）个别成员单位在划转公司总部代付的融资款项时，没有按要求进行逐笔办理支付，而是采取多笔汇总的方式支付，导致融资业务无法对应还款，给对账带来困难。另外，如果成员单位是一家合资企业，融资款项到期后因资金紧张而无法按时还款，此时需要找股东方代为付款，股东方在办理支付时基本上不会分单，而是按总额支付，这样就无法一一对应到还款明细，影响对账工作效率。

上述业务痛点，第一和第二个问题可以通过信息系统来解决，第三和第四个问题基本上属于内部管理问题，可以通过完善内部管理制度的方式解决，同时进一步完善优化业务系统，为管理提供抓手和工具。

三、被动付款自动对账实施方案

1. 实施方案总体思路

通过对供应链融资还款对账业务的痛点分析可以看出，要解决这个问题不仅仅是财务部门的事情，需要多方的协调和数据集成共享，实现方式、系统之间的逻辑关系以及业务流程等方面要比收款对账复杂。图 5-9 是根据实际业务场景梳理出来的被动付款对账方案总体思路图。

从图 5-9 可以看出，供应链融资还款对账业务涉及资金方、融资平台方和核心企业三方的五个业务系统对接，环环相扣，缺一不可。智能对账系统作为解决方案中的重要一环，承担着承上启下、互联互通的关键作用。

供应链融资还款对账的基本思路是：以智能收款系统为核心，

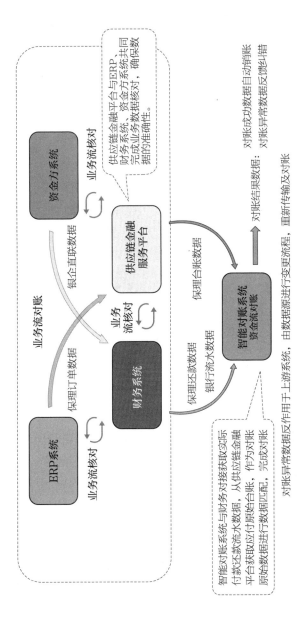

图 5-9　被动付款对账方案总体思路

通过多个业务系统之间的数据对接，完成融资业务还款对账。其中通过银企直联获取银行交易明细，通过供应链融资服务平台获取还款明细，通过 ERP 系统获取业务账单，通过财务系统获取还款台账明细。同时根据还款明细生成付款通知单，经财务系统发送到各成员单位。

2. 还款对账流程

还款财务对账流程如图 5-10 所示。

在供应链融资还款对账流程中，融资还款分单、送单和成员单位还款三个环节非常关键，如果处理不好将会严重影响还款对账的准确率。

（1）融资还款业务分单。金融机构在融资到期扣款时，一对一进行扣款的现象很少，基本是一对多，即将多笔融资业务合并在一起，汇总为一个合计金额扣款，银行交易明细中的一笔还款，会对应多笔融资业务。因此，智能对账系统必须根据供应链融资服务平台提供的扣款明细进行业务分单，同时将银行交易明细同融资还款明细关联。

由于融资业务有多家资金方，各家提供的还款明细在格式内容等方面存在差异，要求智能对账系统按照业务管理的需要统一还款明细格式。另外，对于个别资金方按照多对多的方式进行扣款，系统要有灵活的配置能力，保证对账结果的准确性。

（2）还款明细单的推送。供应链融资业务还款以后，对于公司总部来说，智能对账系统还需要完成以下三项工作：一是将还款明细推送至公司的 ERP 系统，完成还款登记工作，该笔融资业务完结；

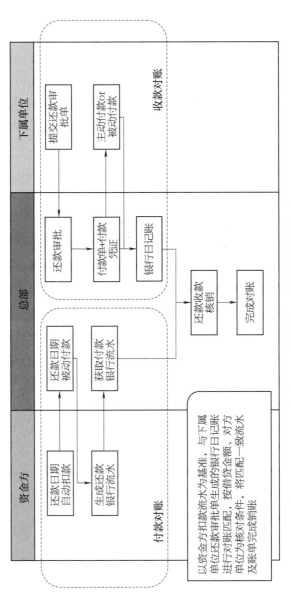

图 5-10 被动付款对账方案业务流程

二是将还款明细推送至财务系统，进行资金管理模块的融资台账登记，相当于融资业务的核销；三是将还款明细转换为还款通知单推送至对应的成员单位。

（3）成员单位还款管理。各成员单位按照还款通知单的要求，将融资款项划转至公司指定的银行账户，同时将付款信息推送至智能对账系统。对账系统将收款信息同还款明细进行核对，完成对账后生成还款工单，推送至财务共享中心，经财务人员复核后自动生成会计凭证。

应用案例分析：用数据说话

下面以招商蛇口实施智能收款对账系统为案例，谈谈系统建设取得的成效。

招商蛇口 2022 年营业规模为 1830 亿元，有三大核心业务板块和多个相关联业务，成员单位近千家，业务覆盖近 110 多个城市和地区。公司的财务信息化水平比较好，业财一体化也有一定的基础，前端有 30 多个销售或收费管理系统。公司整体的信息化水平在国内位居前列。

一、智能收款对账系统建设过程

2018 年公司开始全面推进财务共享中心系统建设，但在实施收入共享时遇到了瓶颈，严重影响了财务共享中心的实施进度。基于财务共享的迫切需求，经过充分的业务调研和综合评估后，在公司总部财务部门的主导下，从 2018 年下半年开始建设智能收款对账系统。

系统建设的思路是首先在国内的软件市场上寻找类似的软件产品，为此与国内多家财务系统厂商、业务系统厂商以及一些主要金融机构进行了多次的交流沟通。但各软件厂商提供的解决方案，基本上是在其自己产品的基础上进行优化改造或二次开发，很多关键环节还需要手工操作或人工干预，不能从根本上解决问题，甚至有的软件厂商认为这是一个实现不了的方案。

面对软件市场上没有相对成熟的产品而财务共享中心又迫切需要的局面，走市场采购的路是行不通了。经过慎重考虑后，计划选择一家有能力的软件厂商，按照公司提供的业务需求进行定制化开发。另外，由于该解决方案必须同金融机构或第三方支付机构合作才能完成，考虑到公司业务分布在国内各地，为保证后续系统的实施和运维，最终选择同银联商务合作。

在各方的共同努力下，经过半年多的开发测试，智能收款对账系统 1.0 版在 2019 年下半年正式上线运行，后续经过不断的优化完善，系统又升级到 2.0 版、3.0 版。当初系统上线时只是同一家公司业务系统对接，后面根据收款业务的需要又同多家公司的业务系统进行对接，截至 2022 年年底，已经同公司 10 多个业态的 30 多个销售或收费业务系统实现了对接，申请注册商户号 2500 多个，同时银联商务的聚合支付能力已经涵盖了国内主要的支付产品。智能收款对账系统涉及的业务板块，如图 5-11 所示。

智能收款对账系统的建设，从规划设计、系统开发，到试点应

■ 智能收款对账系统应用案例

智能收款对账系统是统一集团收款通道，赋能财务自动对账，实现收款业务财务一体化，提升财务共享中心效率，提高客户体验的平台级产品。

聚合支付渠道：

支付场景应用

房地产板块

线上：业主通过房地产营销小程序参加线上活动
线下：项目通过智能POS机收取诚意金、购房金等

物业板块

线上：业主通过App、公众号等入口缴纳物业费、停车费
线下：物业通过智能POS机收取物业费

酒店公寓板块

线上：用户通过公众号、小程序等前端入口预定客房
线下：客房线下预定、餐饮消费、商品消费等

园区板块

线上：以App或公众号等前端载体、收取租金、推广费等
线下：线下固定卡牌、POS机收取租金、推广费等

图 5-11 智能收款对账系统实施业务板块

用、全面推广，只用了两年多的时间，实际应用效果比较好，得到了财务共享中心的高度认可，同时也较好地解决了业务系统应收账款核销问题，极大地提高了工作效率。

二、智能收款对账系统运营规模

2022 年度智能收款对账系统运营规模如下：收款金额 400 亿元人民币，收款笔数 1200 万笔，对账单笔数 36 万笔。

对于智能收款对账系统，收款金额只是反映企业经营规模的大小，而收款笔数和对账单笔数才能真正反映系统的处理能力和应用成效。对财务来说，一笔 1000 万元的业务收款和一笔 100 元的业务收款，在对账核销和财务核算方面没有什么区别，处理工作量是一样的。例如房地产板块，收款金额占了系统总收款金额的 80%，但因每笔的收款金额比较大，收款笔数只占总收款笔数的 10% 左右；而物业项目正好相反，收款金额占比不足 20%，因每笔收款金额较小，收款笔数占 80%。

智能收款对账系统的收款笔数，指的是客户的每一笔付款，如支付的购房款、物业租金、物业管理费、停车费等，支付方式可以是刷卡或移动支付等。客户的每一笔支付都有对应的应收账单。

对账单笔数指的是按银行交易流水统计的实际收款笔数。客户的支付是一笔笔进行，而收款渠道（银联商务）是按天进行清结算，并且按照不同的收款方式，分别合并生成收款单，于次日结算至公司的收款账户。如某物业管理处当日客户线下刷卡支付 10 笔，移动支付 100 笔，银联商务分别将其汇总成为两笔收款支付给公司。因此每一笔对账收款单对应的收款笔数,可能是一笔,也可能是数十笔甚至上百笔。

如图 5-12 所示,智能收款对账系统目前已经覆盖公司的四大业务板块的 12 个业态,2023 年度公司全年收款笔数达到 1600 万笔,对账单 45 万笔。

三、实际应用效果分析

1. 效率提升带来人力成本的节约

下面以招商蛇口所属的物业管理公司招商积余为例,介绍实施智能收款对账系统后取得的成效。

案例公司简介:招商局积余产业运营服务股份有限公司(以下简称"招商积余",股票代码 00914),是招商局集团招商蛇口旗下从事物业资产管理与服务的平台企业,是 A 股物业管理龙头企业。公司积极推进"大物业"战略布局,截至 2022 年年末,已进入全国 127 个城市,管理面积达到 3.12 亿平方米,实现营业收入 130.24 亿元。公司服务业态多元,覆盖住宅物业,以及办公、商业、园区、政府、学校、公共、城市空间等非住宅物业。

表 5-2 是招商积余 2023 年 1—6 月收款笔数统计。

从表 5-2 的统计数据可以看出,物业公司的收款业务量是巨大的。在没有实施智能收款对账系统之前,除少部分银行托收方式收款可以实现应收账款自动核销外,其他方式的收款要通过手工操作录入收费系统。按全年 1000 万笔收款、每天每人录入收款单 200 笔计算,公司至少需要 200 多个专职数据录入员才能完成收款业务的

序号	业务板块	业务系统	序号	业务板块	业务系统
1	物业管理	物业管理系统	16	邮轮	MXP系统
2		商城系统	17		销售系统
3		仲哪儿系统	18		会展停车系统
4		招哪π系统	19	会展（大空港）	会展充电桩系统
5	物业、商业、园区	停车场收费系统	20		统一协同平台
6	物业、商业、园区	停车系统	21	外运	运易通平台
7		猫酷	22		康养管理软件
8	房地产	ERP系统	23	健康	康巢
9		好房小程序	24		资产业务系统
10	公寓	公寓管理系统	25		旅游平台
11	酒店	酒店通商城	26	航运	1票务系统二代
12		租通商城	27		邮轮运营管理系统
13	园区	INPark	28	文化公司	票务系统
14	商业	商管系统	29	其他	电视台BOSS系统
15			30		邮轮小程序

全板块覆盖规模

➤已对接业态数量：12个
房地产、物业、公寓、商业、园区、酒店、文化产业、健康、空港、邮轮、航运等

➤已对接业务系统数量：30个
见右侧表格

交易情况

➤通过智能收款对账系统收款金额
全年：400亿+元
月均：33亿+元

➤通过智能收款对账系统收款笔数
全年：1200万+笔
月均：100万+笔

智能收款对账系统
全年：36万+笔
月均：3万+笔

图5-12 智能收款对账系统运营规模

核销工作。

表 5-2 招商积余 2023 年 1—6 月收款笔数统计

物业板块交易笔数统计			
时间	线上交易笔数（笔）	线下交易笔数（笔）	总交易笔数（笔）
1 月	75.3 万	14.3 万	89.7 万
2 月	83.1 万	13.9 万	97.1 万
3 月	95.5 万	16.8 万	112.4 万
4 月	94.8 万	15.1 万	109.9 万
5 月	100.5 万	14.5 万	114.9 万
6 月	104.3 万	18.0 万	122.3 万

公司实施智能收款对账系统后，物业公司的大部分业务收款已经实现自动对账核销。按现有业务规模计算，可节省 280 多人，每年节约综合人力成本约 3000 万元。

按照节省业务量的口径计算的智能收款对账系统实施带来的效果是比较客观的，但曾有人对此提出异议，认为这几年公司的财务人员并没有因此而有明显的减少。

结果是这样吗？我们换个角度来分析一下。公司从 2017 年至 2022 年，营业收入从数十亿元到超百亿元，经营规模扩张了近两倍。在传统管理模式下，随着业务的扩张财务人员相对也会增加，但实际情况是业务的快速增长并没有带来财务人员对应的增加。如原来一个收款员只是负责一个管理处，现在可以同时管理几个项目；还有一些收款员原来只是负责收款工作，现在腾出时间可以兼任其他相关的工作。这种人力成本的节约是渐进式的，是隐性的，但也是真实可计量的。

2. 智能对账——财务共享"神器"

在财务共享中心建设过程中，收入共享是很重要的组成部分。一般处理收入共享的业务流程是，业务系统推送过来的收款工单，首先进入收款共享任务池，然后采用手工操作方式同银行交易流水进行核对认领，之后再推送至总账系统进行账务处理。由于物业公司每天有上千笔收款工单推送到财务共享中心，靠手工方式根本无法解决问题，这是收入共享的最大瓶颈。

如果单纯为了解决这个问题，可以要求前端的业务系统在收款工单上录入银行交易流水号，然后在收款共享任务池中进行批量核对认领，这样可以部分提高工作效率。但这样做是在回避问题、转移困难，结果是加大了一线财务人员的工作量，没有从根本上解决问题。

收款共享任务池业务处理的核心是收款工单和银行流水的核对。如果我们在前端就将账目核对好，那么从业务系统推送到财务共享中心的收款工单，就没有必要再进入收款共享任务池进行核对认领，可以直接进入总账系统，经过审核后进行账务处理。

智能收款对账系统就是按照上述思路来处理收款工单，从工作流程上彻底改变了原有的共享模式，其结果是极大地缓解了收款共享任务池的压力，工作效率提高了 10 多倍。如果我们没有实施收款对账系统，依然靠手工操作方式来处理收款共享，财务共享中心至少需要增加 20 多个人才能完成收款核对工作，另外与其相关的业务工作量也会成倍增加。

智能收款对账系统实施应用四年多来，财务共享中心给予了高度的认可，称其为"财务共享神器"，财务数字化建设的最佳实践。笔者近几年在同其他集团公司交流时，大家也对智能收款对账系统给予了很高的评价，认为这是财务数字化创新应用成果，是技术赋能业务、助力管理的优秀案例。同时有些公司也开始参照此应用模式来建设完善自己的业务系统，智能收款对账系统的成功案例，产生了较强的外溢效应。

3. 提升银企对账的自动化率

下面以财务共享中心为例，谈谈实施智能收款对账系统以后带来的变化。

本文第二章在介绍资金管理数字化的时候，曾提及企业的银行存款日记账同银行交易明细账自动对账和银行电子回单自动匹配的问题，目前公司银企对账自动化率和电子回单自动匹配率已经双双达到 98% 的水平，这样的自动化率在国内可以超越 98% 的企业。能够取得这样的成绩，智能收款对账系统在其中也发挥了很大的作用，其综合贡献率至少在 30% 以上，特别是像物业管理这样收款业务量比较大的公司，其贡献率可高达 70% 以上。由此可见智能收款对账系统的重要性。

对于银企对账和电子回单的配比，银行交易流水号是一个非常关键的信息，是实现自动对账和回单配比的核心。业务系统推送到财务共享中心的收款工单，每一笔收款业务已经对应有一个银行交易流水号，在总账系统生成会计凭证时，银行交易流水号已经与对应的银行存款科目关联，理论上已经完成了银企对账。因此在现金管理模块进行银企对账时，基本上可以实现自动化。在银行提供的电子回单中，银行交易流水号也是唯一的识别信息，在进行电子回单配比时，可以按照流水号自动匹配到对应的会计凭证，完成电子回单的归档。

第六章

构建业财一体化智能费用报销系统

企业费用报销业务往往存在手工操作烦琐、审批流程复杂、成本核算及预算控制难以实时准确、合规风险控制缺失、数据整理和分析困难等常见痛点。建设业财一体的费用报销系统，对于企业费用报销业务效率提升、成本核算和预算控制准确、审批流程透明、合规风险管控、统计分析数据高效以及用户体验提升等方面具有重要的作用，可有效提高企业的管理水平和经营决策效率。

智能费用报销系统建设业务背景

　　随着企业的不断发展，各种与经营活动相关的费用也会不断增加，费用报销活动也会频繁发生。如何规范高效地管理这些费用，成为企业管理者面临的一个重要课题。科学技术的快速发展，互联网技术的广泛应用，为费用报销管理自动化、智能化提供了广阔的发展平台。10 多年来，在国内外软件厂商的支持下，很多大中型公司已经实现费用报销线上化、网络化，并将费用报销业务纳入共享服务范畴，实现集团范围内的统一管理。但由于种种原因，目前国内仍然有很多企业的费用报销业务还是采用手工操作模式，线下流程审批，手工填单报销。这与财务数字化建设是不匹配的，严重影响和制约财务数字化转型。

一、费用报销，不只是财务部门的事情

费用报销是指在企业的经营活动中，员工为了完成工作任务或商务活动所产生的费用支出并向企业申请支付相应费用的过程，是企业采取的一种财务处理方式和重要的财务日常管理活动。

人们的印象中，一般都会认为费用报销是财务部门的事情，绝大部分财务人员也都认同这个观点，因此有关费用报销的管理制度、办法等都是由财务部门牵头编制。的确，从费用报销业务的最终结果来看，这确实是财务部门的事情，完成费用支付，费用报销也就结束了。但如果我们把费用报销这件事的全部过程梳理一下，就会发现财务只是其中的一部分，更重要的是在前端业务。

1. 费用报销要有真实的业务背景

企业的费用报销事项必须要有真实的业务背景。要证明费用报销业务的真实性，就需要有实质性的要件来支持，比如会议费需要会议通知、会议安排、会议签到表等；办公费需要办公费明细清单；差旅费需要出差审批单以及相应的交通工具证明等，这些都是实质性的证明要件，是企业内控管理的重要组成部分。如果没有这些实质性要件的支持，费用报销就存在很大的漏洞，甚至会出现弄虚作假的现象，严重违反财经纪律。

2. 费用报销必须取得合规的发票

这些真实的业务要有实际的费用发生，并且必须能够取得合规的发票。发票作为证明业务真实性的材料非常重要，是不可或缺的。对于企业来说，每一笔费用支出必须要取得合规的发票，这既是税务管理的要求，也是财务核算的要求。如果不能提供发票以白条或不合规的票据入账，就算有其他证据证明业务的真实性，在财务上也是合规的，财务部门也有权拒绝该笔费用的支付，同时这种行为还涉嫌协助销售方偷逃税收。

3. 费用报销事项必须按流程审批

真实的业务背景和合规的票据是费用报销业务的基本要件，如果没有这两个要件，费用报销业务也就不存在了。但是仅凭这两个要件是不够的，还需要按公司的规定对费用报销事项进行审批。对于费用报销业务，企业一般都有相应的管理制度，不同的费用项目有不同的审批流程，只有按规定完成各个业务环节的审批，费用报销事项才能流转至财务部门处理。

4. 财务审核及支付

财务部门对业务经办人员提交的费用报销申请进行审核，审核的内容包括单据是否齐全、发票是否合规、审批流程是否完整及是不是预算内的费用等。可以说，财务部门是费用报销业务处理的最后一个部门，财务审核通过后就可以办理支付手续，费用报销事项办理完结。

综上所述，在整个费用报销业务事项的处理过程中，财务部门只是其中的一环，虽然很重要，但费用报销业务自身的完整性和合规性才是问题的核心。道理如此，但在实际工作中人们的认知往往会出现偏差。例如财务部门在进行费用报销事项审核的过程中，经常会遇到业务单据不全、发票不合规等情况，一般情况下财务部门都会将报销申请退回给业务经办人员，或者要求业务人员补充相关的凭据或提供合规的票据。这样反反复复的审核提交，业务人员颇有微词。长期以来，费用报销问题一直都是业务端和财务端的"矛盾"之一，来报销的业务人员不懂报销制度规定，认为财务规则"死板"，觉得报销流程烦琐，甚至认为财务部门不配合业务部门的工作等，将矛盾全部集中到财务部门，最终财务部门不明不白地背起了这个"黑锅"。其实这些问题根本上并不是财务部门的问题，财务部门只是按照规定处理，只要业务部门遵守公司的规章制度，照章办事，很多问题是可以避免的。

二、手工管理模式下费用报销业务的痛点

企业只要正常生产经营每天就都会有费用发生，这些费用的支付方式无论是员工个人垫付还是企业账户支付，最终都需要进行报销处理。因此，费用报销是企业最普遍的一项业务。对于财务部门来说，费用报销是财务管理的一项重要内容，做好费用报销管理工作，规范报销手续，严格审核流程，能够保障企业的经济效益，提高财务管理效率。然而，目前国内仍然有很多企业在费用报销方面存在诸多问题，如报销流程烦琐、审核工作不到位、管理机制不健全等，这些都会影响到费用报销业务的正常开展。

1. 审批流程复杂，报销手续烦琐

费用报销的流程通常涉及多个环节，包括报销申请、审核、审批、财务确认等。由于流程烦琐、环节多，容易出现信息传递不畅、审批延误等问题。在传统的费用报销模式下，报销审批的各个环节基本都是人工参与，单据的流转是人工传递，审批耗时长，容易造成整个流程的拖延和延误。如果审批人出差不在公司，审批工作将会停止。

以差旅费报销为例，员工需将出差期间发生的各类票据收集、整理并粘贴，手工填写差旅费报销单。各类发票还需经过业务部门负责人、费用会计、财务经理等审批人员层层审批，尤其是金额较大的发票，审批链长，各部门负责人工作繁忙，报账签字尤为麻烦。而且员工出差一般都是个人垫付差旅费，只有当报销流程完全结束才能收到回款。报销等待时间过长，使得员工对费用报销业务的满意度越来越差。另外，从财务的角度看，会计人员需要对每张纸质发票进行核对，核对内容包括：大小写金额、起止时间、到达地点、天数、车次、出差事项等，然后核算各项差旅费补助、发票真伪、填写是否符合规范，各级部门审批人员审核签字是否符合公司管理规定等。这样的业务处理流程审核程序复杂，会计核对工作量大，审核效率低，容易出错。

另外，在手工操作模式下，业务审批流程信息无法做到及时公开透明，员工对费用报销的进度和状态不清楚，容易产生疑虑和不满。

2. 全流程手工操作，预算管控能力弱

在传统费用报销模式下，费用预算主要是通过手工控制来完成

的，财务人员需要手工记录报销台账，并结合财务系统的相关数据，手工统计各类报表，核对费用报销是否超预算，不仅耗费了大量的工作时间，而且很难确保费用预算目标的落实。同时，各项费用分析数据也是手工录入加工，大量的数据信息无法进行有效提前和充分利用，无法及时掌握费用预算的执行情况并提供给管理层。另外，企业业务人员都是拿着完成审批的报销单到财务部门报销，财务部门审核时如果发现业务部门的费用已经超预算一般会做退单处理，这种因财务部门和业务部门信息不对称造成的费用报销退单，既浪费了大家的工作时间，业务部门也不满意。

3. 财务和业务相分离，财务管控力度弱

传统模式下的费用报销业务，基本上是在业务事项完结之后，属于会计的事后处理业务，财务人员只能通过各类发票对业务进行了解和判断，通过单据生成会计凭证。这种方式使财务人员不能深入地了解业务，导致财务工作和业务工作不协调甚至脱节，不利于企业对业务实施过程的及时管控，容易造成财务部门对费用的错误判断。

三、国家新政策出台，倒逼企业费用报销系统建设

1. 国家政策相继出台，电子票据应用全面提速

2020 年 4 月 3 日，财政部和国家档案局联合发布《关于规范电子会计凭证报销入账归档的通知》，要求"单位以电子会计凭证的纸质打印件作为报销入账归档依据的，必须同时保存打印该纸质件的电子会计凭证。符合档案管理要求的电子会计档案与纸质档案具有

同等法律效力"。

2023年3月29日，国家档案局办公室、财政部办公厅、商务部办公厅、国家税务总局办公厅，联合印发《电子发票全流程电子化管理指南》，明确表述了电子发票中增值税电子发票和全面数字化的电子发票（以下简称全电发票）等相关术语定义及管理依据，对增值税电子发票和全电发票的全流程管理进行了详细梳理，包括开具、接收、报销、用途确认、入账、收集、整理、归档、档案保管，以及档案利用、鉴定、处置，为在全国范围内推广电子发票奠定了基础。

2023年5月15日，财政部会计司发布了《关于公布电子凭证会计数据标准（试行版）的通知》，为做好电子凭证会计数据标准深化试点工作，研究制定了9类电子凭证的会计数据标准，在通知的《电子凭证会计数据标准——全面数字化的电子发票（试行版）》指南中，对开具端和接收端工作做了具体要求和说明。

国家层面的政策组合拳，使得财务管理的电子化、数字化、无纸化成为大势所趋，特别是随着全电发票试点进程的推进，企业将会越来越多地收到全电发票，全国范围内的全电发票时代即将来临。

2. 新的管理模式对传统模式的颠覆

发票是费用报销业务的核心凭据，过去几十年来我们面对的都是纸质的发票，费用报销的相关业务流程也是以此为基础进行设置管理，而电子发票和全电发票的全面实施应用，颠覆了传统的费用报销管理模式，相关的管理制度和业务流程需要优化调整或者重新制定。

在手工费用报销模式下，业务人员在收到电子发票或全电发票后要下载打印出来，财务部门审核时需要登录国家指定的税务网站进行识别和验证真伪。因电子发票可以多次打印，为防止重复报销，财务部门还需要对已报销的发票进行逐笔登记，报销审核时逐步核查。由于发票的核验工作是手工操作，工作量大、效率低，且容易出现错票重票等问题。财务人员对此颇有怨言。

国家推广电子发票其目的之一就是要提高企业的工作效率，但因企业的工作手段落后、信息化程度低，反而加大了财务人员的工作量，影响了工作效率。这种局面如果得不到改变，影响工作效率是次要的，严重的是管理上存在漏洞，造成企业内部管理失控，甚至企业财产的损失。

国家的政策已经发布实施，对于企业来说必须适应新的形势变化。改变这种局面的唯一办法就是提升企业的信息化管理水平，按照业财一体化的原则建设费用报销管理系统，加强同财务系统的数据集成共享，同时优化完善费用报销管理制度。

基础数据管理

在建设业财一体化智能费用报销系统过程中，员工信息、费用类型等基础数据对于费用报销系统的正常运作和数据管理至关重要。建设过程中需要通过主数据平台等系统确保这些基础数据的准确性、完整性和唯一性，以确保系统能够顺利地支持企业的费用管理和决策需求。以下为费用报销系统主要基础数据的建设及管控要点。

一、员工信息

在费用报销系统中，员工信息是至关重要的基础数据，用于费用报销申请、审批和核算的身份识别和权限设置。员工信息的建设及管控要点包括以下五点。

1. 身份识别与权限设置

员工信息包括员工姓名、工号、所属部门和职位等，这些信息用于系统识别员工的身份，并根据其所属部门和职位设置不同的权限。不同职位的员工在费用报销流程中可能有不同的审批权限和核算权限，确保数据的安全和合规性。

2. 费用申请和报销

员工信息用于费用报销的申请和报销环节。员工通过系统填写费用申请，系统根据员工信息自动识别申请人并进行记录。在费用报销过程中，员工的信息也用于确认报销人员的身份和职责。

3. 费用审批

员工部门、职位等信息在费用审批环节发挥重要作用。审批流程通常需要特定职位的员工审批费用申请，系统根据员工部门、职位等信息自动转发审批请求到相应的审批人员。

4. 费用核算

在费用核算过程中，员工的信息用于将费用正确归属到相应的部门或项目。费用核算需要确保费用正确地分配和归集，员工信息是核算过程中不可或缺的一部分。

5. 费用分析和报告

员工信息也用于费用分析和报告中。通过对员工信息的统计和分组，可以了解不同员工或部门的费用情况，为管理层提供有价值的数据支持和决策依据。

综上所述，员工信息在费用报销系统中具有重要作用，是费用报销流程的基础和关键要素。企业需要确保员工信息的准确性和完整性，以保障费用报销系统的顺利运作和数据管理的有效性。

二、费用类别和费用科目

费用类别和费用科目是费用报销系统中非常重要的基础数据，用于对费用进行分类和核算，从而实现对企业费用的有效管理和控制。费用类别和费用科目的建设及管控要点如下。

1. 费用类别定义

费用类别是对企业费用进行分类的一种方式，用于区分不同类型的费用支出。常见的费用类别包括交通费、差旅费、办公费、采购费、宣传费、员工福利费等。每个费用类别都代表一类特定的费用支出，有助于对费用进行细分和管理。

2. 费用科目代码定义

费用科目代码是对费用类别进行标识的一种编码方式，通常是由数字或字符组成的唯一代码。科目代码用于将费用明细归属到特定的费用类别，帮助实现费用核算和汇总。

3. 费用类别和费用科目的关系

费用类别和费用科目之间有一一对应的关系。每个费用类别对应一个特定的费用科目代码，用于将费用明细与相应的费用类别关联起来。通过费用类别和费用科目的对应关系，可以对费用进行准确的分类和核算。

4. 费用分析和预算控制

费用类别和费用科目的定义为企业提供了更精细化的费用分析和预算控制手段。通过对费用类别和费用科目进行分析，企业可以了解不同类型的费用支出情况，发现费用结构中的问题和优化空间，从而制定更合理的费用预算和控制策略。

5. 数据统计和报告

费用类别和费用科目的定义也对数据统计和报告起到关键作用。通过对费用类别和费用科目的数据进行汇总和统计，可以生成各类费用的报表和图表，为管理层提供直观、清晰的费用数据，支持决策和战略规划。

综上所述，费用类别和费用科目的定义是费用报销系统中不可或缺的基础数据，对于实现费用管理的有效性和精细化具有重要意义。在建设费用报销系统时，企业需要确保费用类别和科目的准确性和完整性，并根据业务需求进行灵活的定义和调整。

三、供应商 / 客户信息

供应商 / 客户信息是费用报销系统中的另一个重要基础数据，用于管理与供应商 / 客户的交易和付款。供应商 / 客户的建设及管控要点如下。

1. 供应商 / 客户名称

供应商 / 客户信息中包括供应商 / 客户的名称或商号，用于唯一标识不同的供应商 / 客户。每个供应商 / 客户都有一个独特的名称，用于区分不同的供应商 / 客户实体。

2. 联系方式

供应商 / 客户信息中应包含供应商 / 客户的联系方式，包括联系人姓名、电话号码、电子邮件等，方便企业与供应商 / 客户进行沟通和协商。

3. 银行账户

供应商 / 客户信息中通常包括供应商 / 客户的银行账户信息，用于付款和对账。银行账户信息包括开户行名称、账户号码等。

4. 付款条款

供应商 / 客户信息中还可以包含与供应商 / 客户的付款条款，如付款方式（电汇、支票等）、付款周期等。这些信息有助于企业合理安排付款计划，避免延误或误解。

5. 供应商 / 客户分类

有些费用报销系统支持对供应商 / 客户进行分类，例如按供应商 / 客户类型、业务关系等分类。通过对供应商 / 客户进行分类，可以更方便地进行费用数据的统计和分析，也有助于制定与供应商 / 客户相关的策略和措施。

6. 数据更新和维护

供应商 / 客户信息是动态的，企业需要定期更新和维护供应商 / 客户信息，以保持信息的准确性和完整性。如果有新的供应商 / 客户合作或供应商 / 客户信息有变更，应及时更新系统中的供应商 / 客户数据。

管理供应商 / 客户信息是费用报销系统中的关键任务之一，确保供应商/客户信息的准确性和完整性对于费用报销和供应链管理都非常重要。费用报销系统应提供方便快捷的数据录入和更新功能，同时要确保供应商/客户信息的安全性和保密性。通过有效管理供应商/客户信息，企业可以提高费用报销的效率，减少错误和纰漏，确保费用的准确支付和对账处理。

四、项目信息

项目信息是费用报销系统中的另一个重要基础数据，用于将费用与特定项目进行关联和归属。项目信息的建设及管控要点如下。

1. 项目名称

项目信息中应包含项目的名称或编号，用于唯一标识不同的项目。每个项目都有一个独特的名称或编号，用于区分不同的项目实体。

2. 项目负责人

项目信息中可以包含项目的负责人或项目经理的信息，用于联系和协调与项目相关的费用事宜。

3. 项目描述

为了更好地理解项目的性质和范围，项目信息中可以包含对项目的简要描述或说明。这有助于员工在费用报销时正确选择与项目相关的费用类别。

4. 预算与核算

对于每个项目，可以设置预算和核算规则。预算规则可以指定项目的费用预算限额，帮助控制费用开支。核算规则可以定义项目的费用核算方式，例如按项目阶段、成本中心等进行核算。

5. 项目状态

项目信息中可以包含项目的状态，例如进行中、已完成、暂停等。通过项目状态的标识，可以对费用进行合理的归属和追踪，确保费用正确地与相应的项目关联。

6. 数据更新和维护

项目信息是动态的，企业需要定期更新和维护项目信息，以保持信息的准确性和完整性。如果有新的项目启动或项目信息有变更，应及时更新系统中的项目数据。

管理项目信息是费用报销系统中的关键任务之一，特别对于涉及多个项目的企业。通过建立完善的项目信息，企业可以实现费用的准确追踪和归属，帮助项目负责人进行费用控制和管理。费用报销系统应提供方便快捷的数据录入和更新功能，同时要确保项目信息的安全性和保密性。通过有效管理项目信息，企业可以更好地控制费用开支，优化资源分配，提高财务管理效率。

五、预算信息

预算信息是费用报销系统中的重要基础数据之一，用于设定费用的预算上限，从而实现费用的预算控制和预警。预算信息的建设及管控要点如下。

1. 预算类别

预算信息中应包含不同预算类别的定义，如差旅费、办公费、采购费等。每个预算类别代表不同类型的费用支出，方便对不同费用进行分类和管理。

2. 预算金额

对于每个预算类别，设定相应的预算金额，即费用的预算上限。预算金额可以根据企业的实际需求进行设定，可以是固定金额、周期性预算或基于业务计划的动态预算。

3. 预算周期

预算信息中应指定预算的周期，例如月度、季度、年度等。预算周期决定了预算的有效期和更新频率。

4. 预算控制规则

根据预算信息，费用报销系统可以设定预算控制规则。预算控制规则可以根据不同的预算类别和预算周期，对费用进行预算控制。当费用超过预算金额时，系统可以触发预警或禁止报销，从而实现预算控制。

5. 预警机制

预算信息中设定的预算金额可以用于设定预警机制。当费用接近预算金额或超过预算金额的一定比例时，系统可以自动触发预警通知，提醒相关人员注意费用状况，并采取适当的措施进行费用调整。

6. 数据更新和维护

预算信息是动态的，随着时间和业务变化，预算金额和预算规则可能需要更新和调整。因此，企业需要定期对预算信息进行维护和更新，以确保预算的准确性和有效性。

有效管理预算信息是费用报销系统的关键任务之一。通过设定合理的预算金额和预警机制，企业可以实现费用的预算控制，避免费用超支和浪费。费用报销系统应提供灵活的预算设定功能，同时能够实时监控费用情况，并及时发出预警通知。通过合理设定预算信息，企业可以实现对费用的有效管理，优化资源使用，提高财务管理效率。

六、政策和规则

政策和规则是费用报销系统中的关键基础数据，用于制定和约束费用报销的标准和流程，以确保费用报销的合规性和一致性。政策和规则的建设及管控要点如下。

1. 报销标准

政策和规则中应明确不同费用项目的报销标准。报销标准可以包括各类费用的最高限额、报销比例、允许的费用项目等。报销标准的设定应考虑企业的财务状况、行业惯例和法律法规等因素。

2. 审批流程

政策和规则中应规定费用报销的审批流程。审批流程应包括不同级别审批人员的责任和权限，确保费用报销的逐级审批和审核。审批流程的设定应考虑企业的组织结构和管理层级，以确保审批的高效性和透明性。

3. 费用限额

政策和规则中应设定费用的限额，即对不同费用项目的最高报销金额。费用限额的设定可以控制费用支出，防止费用超支和浪费。

4. 政策合规性

政策和规则应符合相关的法律法规和内部控制要求，确保费用报销的合规性。政策和规则的制定应经过合规性审查，并与内部控制体系相匹配，以保证费用报销的合法性和准确性。

5. 数据更新和维护

政策和规则是动态的，随着业务和法规的变化，政策和规则可能需要进行调整和更新。因此，企业需要定期对政策和规则进行维护和更新，以确保其有效性和适应性。

有效管理政策和规则是费用报销系统中的重要任务之一。通过明确的政策和规则，企业可以确保费用报销的合规性和一致性，避免费用报销中的漏洞和风险。费用报销系统应提供灵活的政策和规则设定功能，同时能够自动执行和监控政策与规则的执行情况。通过合理设定政策和规则，企业可以实现对费用报销的有效管理，优化费用支出，提高财务管理效率。

七、货币汇率

货币汇率是费用报销系统中另一个重要的基础数据，特别对于涉及国际业务的企业来说尤为关键。货币汇率的建设及管控要点如下。

1. 外币费用转换

对于国际业务，企业可能会发生外币费用，例如员工在海外出差期间产生的费用。费用报销系统需要能够实时获取并记录不同货币的费用数据，并提供外币转换功能，将外币费用转换为本地货币计算。

2. 汇率更新和维护

货币汇率是动态的，随着市场行情的波动，汇率可能会发生变化。费用报销系统需要定期更新和维护汇率数据，确保外币费用的准确转换。

3. 汇率差异处理

在进行外币费用转换时，可能会出现汇率差异，导致报销金额与原始费用不一致。费用报销系统需要提供相应的汇率差异处理机制，确保报销金额的准确性和一致性。

4. 外币报表生成

对于涉及外币费用的企业，费用报销系统需要能够生成外币报表，记录和统计外币费用的相关信息。外币报表应包括外币金额、汇率、本地货币金额等信息，用于财务分析和决策。

5. 汇率风险管理

由于汇率波动可能导致费用的实际价值变化，企业需要对汇率风险进行管理。费用报销系统可以提供汇率风险管理功能，帮助企业进行汇率风险的识别、评估和控制。

有效管理货币汇率是费用报销系统中确保国际业务费用准确核算的关键。通过合理设置外币费用转换规则和汇率更新机制，企业可以确保外币费用的准确转换和计算，从而提高财务数据的可靠性和准确性。同时，汇率风险管理功能也有助于企业在国际业务中降低汇率风险，保护企业的财务稳健性。

八、银行信息

银行信息是费用报销系统中重要的基础数据之一，它涵盖了与支付和核对相关的关键信息。银行信息的建设及管控要点如下。

1. 银行账户信息

费用报销系统需要记录与企业相关的银行账户信息，包括账户名称、账号、开户行等。这些信息用于将费用报销款项支付到指定的银行账户。

2. 支付方式

费用报销系统应该支持多种支付方式，例如电子转账、支票支付等。企业可以根据实际情况选择合适的支付方式，以提高支付的便捷性和效率。

3. 供应商银行信息

对于向供应商进行付款的费用，费用报销系统需要记录供应商的银行信息，包括供应商名称、银行账号、开户行等。这些信息用于费用支付的核对和确认。

4. 银行信息的安全性

由于银行信息涉及资金支付，保护银行信息的安全性尤为重要。费用报销系统需要采取相应的安全措施，确保银行信息不被未经授权的人员访问和使用。

5. 对账和核对

银行信息还用于费用报销的对账和核对过程。企业可以通过费用报销系统自动核对银行账号和金额，确保费用支付的准确性和一致性。

通过有效管理银行信息，费用报销系统可以实现费用支付的准确和高效，同时保障支付安全。银行信息的准确录入和更新将为企业的财务管理提供可靠的基础数据，有助于优化费用核算和报销流程，提高财务管理的效率和精确性。

5 个关键举措

建设业财一体化智能费用报销系统的关键举措包括关联系统集成、数据标准整合、流程自动化、费用实时追踪与预实控制以及费用数据分析应用。关联系统集成确保系统与其他业务系统实现数据交换与共享，费用数据标准整合保证数据一致性与规范性，流程自动化提高处理效率与准确性，费用实时追踪与预实控制增强费用管理能力，费用数据分析提供决策支持。

一、关联系统的集成建设

实现真正的业财一体化费用报销需要将费用报销系统与其他企业系统进行有效集成，确保数据的互联互通和共享。需集成的系统及关键步骤和方法如下。

1. 主数据平台集成

主数据平台负责管理企业的核心数据，如员工信息、供应商信息、银行信息等。费用报销系统需要与主数据平台进行集成，确保员工、供应商和银行等信息在各系统中保持一致，避免重复录入和数据不一致的问题。

2. ERP 业务系统集成

ERP 系统是企业的核心业务系统，涵盖了采购、销售、库存等业务流程。费用报销系统需要与 ERP 业务系统集成，以获取采购和销售等相关数据，用于费用报销的核算和对账。

3. 财务核算系统集成

费用报销系统需要与财务核算系统集成，将费用数据自动传送到财务核算系统进行会计处理和凭证生成。通过接口和数据映射，确保费用数据能够正确并且完整地传递到财务核算系统，保持财务数据的一致性。

4. 银企支付系统集成

费用报销系统与银企支付系统进行集成，实现费用支付的自动化。通过与银行支付系统建立接口，将费用报销的支付信息直接传递给银行进行付款，提高支付的效率和准确性。

5. 影像系统集成

影像系统用于存储和管理票据、发票等费用相关的影像资料。费用报销系统需要与影像系统集成，将费用报销所需的影像资料与费用申请和报销关联，实现影像资料的快速查阅和管理。

6. 税务系统集成

税务系统用于税金申报和纳税申报。费用报销系统需要与税务系统集成，将相关费用数据传递给税务系统，实现费用的纳税申报和税务合规。

7. 票据系统集成

票据系统用于票据的扫描、识别和存储。费用报销系统需要与票据系统集成，自动获取费用相关的票据信息，减少手动录入，提高费用报销的效率。

8. 档案系统集成

档案系统用于存储和管理企业的重要文件和档案。费用报销系统需要与档案系统集成，将费用报销相关的审批和核准文件归档，方便后续查阅和审计。

通过以上系统集成，费用报销系统可以实现与其他企业系统的数据互通和共享，实现真正的业财一体化。集成的关键在于建立统一的数据接口和数据格式，确保数据的准确传递和一致性，从而实现费用报销的高效、准确和一体化管理。以下是费用报销系统和其他企业系统集成的关键要点：

1. 数据接口建立

费用报销系统需要与其他企业系统建立数据接口，以实现数据的传输和同步。接口可以采用标准的 API（应用程序编程接口）、Web（网页）服务或者其他数据交换方式，确保数据在各系统之间的高效流通。

2. 数据同步机制

确定数据同步的频率和机制，确保其他企业系统中的核心数据与费用报销系统中的数据保持实时或定期的同步。这样可以避免数据的滞后和不一致，保证数据的准确性和一致性。

3. 数据映射和转换

由于不同系统可能使用不同的数据格式和字段命名，需要进行数据映射和转换。确保其他企业系统的员工、供应商和银行信息能够正确映射到费用报销系统中，并进行必要的数据转换，使得数据能够顺利地被接收和识别。

4. 数据冲突处理

在数据同步过程中可能会出现数据冲突，例如同一员工在其他企业系统和费用报销系统中的信息不一致。需要设定数据冲突处理策略，例如优先选择其他企业系统的数据，或者设置数据合并规则，确保数据的一致性。

5. 安全和权限控制

数据集成过程中，涉及敏感数据，如员工的个人信息和银行账户等。因此，需要确保数据的安全传输和权限控制，只有经过授权的人员能够访问和操作相关数据。

6. 数据监控和日志记录

建立数据监控和日志记录机制，实时跟踪数据同步的状态和结果。如有异常情况，及时发现和处理，保障数据的完整性和准确性。

通过以上细化步骤，其他企业系统集成可以顺利实现，确保费用报销系统与其他企业系统的数据保持一致，消除数据冗余和错误，提高数据管理的效率和准确性。这将为企业实现真正的业财一体化费用报销奠定坚实基础。

二、数据标准的整合一致

费用数据标准整合是业财一体化费用报销系统的关键要素之一，旨在保证数据的一致性和规范性。在企业中，不同部门和业务场景可能使用不同的费用数据标准，这可能导致数据不统一，难以进行综合分析和管理。为了解决这一问题，需要将这些不同的费用数据标准进行整合和统一。

首先，建立通用的费用数据模型是业财一体化费用报销系统的重要要素之一。费用数据模型是对费用进行分类和归类的框架，其中包括费用类别、科目编码、成本中心等重要属性。通过建立统一的费用数据模型，可以确保各部门和业务场景的费用都能准确地归类和核算，避免不同部门使用不同的费用分类标准导致的混乱和错误。

在建设费用数据模型时，需要充分考虑企业的业务特点和需求，确保模型的灵活性和适应性。模型的设计应该充分细化费用类别和科目，以便对各类费用进行精确的归类和追踪。同时，成本中心的设立也是必要的，这样可以更好地了解费用的产生和分布情况。

通过建立通用的费用数据模型，不仅可以实现各部门间的数据交换和共享，还能避免数据冗余和错误，提高数据的准确性和可靠性。此外，统一的数据模型还方便了数据的比较和分析，为管理层提供了更好的决策支持。整合各部门的费用数据，构建业财一体的费用报销系统，将为企业带来更高效的财务管理和更精确的费用控制。

其次，制定统一的编码规范是建设业财一体化费用报销系统的另一个关键要素。编码规范是对费用数据进行编码和标识的指导原则，通过为不同费用项分配统一的编码，确保各部门和业务场景使用相同的编码体系，避免因编码不一致导致的数据混淆和错误。

在制定编码规范时，应该确保规范明确、简洁，并得到各部门的共识和遵守。编码规范应该包括费用类别、科目编码、成本中心等重要元素的命名规则和标准。例如，可以采用统一的字母或数字组合作为科目编码，确保每个费用项都有唯一的标识符。

遵守统一的编码规范有助于费用数据的一致性和规范性。当不同部门和业务场景遵循相同的编码规则时，费用数据可以更加方便地进行比较和分析，提高了数据的可比性和可信度。此外，统一的编码规范还简化了数据处理和系统集成的工作，提高了系统的稳定性和运行效率。

为确保编码规范的有效执行，应该进行员工培训和意识宣导，让所有相关人员了解和理解规范的重要性，并确保规范在实际应用中得到严格遵守。通过统一的编码规范，企业能够更好地实现业财一体化费用报销，提高财务管理效率，加强费用控制与监管，进一步优化企业的财务管理体系。

通过费用数据标准整合，企业可以实现费用数据的一致性和规范性，从而提高管理效率。统一的数据标准使得费用数据更加可靠和准确，为业财一体化的费用报销系统提供了可靠的数据基础，有利于企业更好地进行费用管理和决策支持。

三、流程自动化解决方案

业财一体化的费用报销系统需通过流程自动化有效解决传统费用报销流程烦琐和低效等问题，具体包括以下方面。

1. 自动化的费用申请和审批流程

业财一体化的费用报销系统实现了费用申请和审批流程的自动化。员工可以通过系统填写电子申请表，附上电子发票和相关文件，系统自动将申请转发给相应的审批人员进行审核。审批人员可以在系统中审批申请，提供意见和批准，从而加速审批过程。这大大减少了烦琐的手工操作和纸质文档传递，提高了申请和审批的效率。

同时，系统还可以设置自动化的审批规则和流程，根据不同类型的费用和金额进行自动审批，进一步加快审批速度。

2. 电子化的发票管理

业财一体化的费用报销系统支持电子化的发票管理。员工可以将电子发票直接上传到系统，系统利用 OCR（光学字符识别）技术自动识别发票的相关信息，并进行归类和存储。这样，发票的管理和检索变得更加便捷和准确，节省了纸质发票的处理和存储成本。同时，电子化的发票管理也减少了手工录入发票数据的错误，提高了数据的准确性和一致性。

3. 自动化的费用核算和报销

业财一体化的费用报销系统实现了自动化的费用核算和报销。系统根据事先设定的规则和政策，自动计算费用报销金额、折旧等相关数据，并自动生成报销凭证和账务分录。这消除了手工计算和录入的错误，提高了数据的准确性和一致性。自动化的核算和报销过程还可以提供审计和审查的便利，减少了人工检查的工作量，提高了数据处理的效率。

通过业财一体化的流程自动化解决方案，传统费用报销流程中的烦琐和低效问题得到了有效解决。自动化的费用申请和审批流程加速了整个报销流程，减少了人为因素的介入。电子化的发票管理简化了发票的处理和存储过程，提高了发票管理的准确性和效率。自动化的费用核算和报销消除了手工计算和录入的错误，提高了数据的准确性和一致性。这些解决方案提升了费用报销流程的效率和准确性，为企业提供了更高效、便捷和可靠的费用管理方式。

四、费用实时追踪和预实控制

业财一体化的费用报销系统需提供费用实时追踪和预实监控机制，通过以下方式实现。

1. 实时数据更新

费用报销系统与财务管理系统进行数据对接，费用报销的数据可以实时更新到财务系统中。这确保了财务数据的及时性和准确性，为实时费用追踪提供了基础。通过数据对接，费用报销系统能够获取最新的费用支出、预算执行情况、费用占比等关键信息。

2. 可视化报表和仪表盘

费用报销系统生成可视化的报表和仪表盘，展示费用支出情况、预算执行情况、费用占比等关键指标。这些报表和仪表盘以直观的图表和图形形式展示，使管理层能够快速了解费用情况，并进行实时监控和分析。

3. 预警机制

费用报销系统可以设置预警规则，当费用超过预设的阈值或者异常情况发生时，系统会自动触发预警机制。预警可以通过系统通知、报表提示等方式进行，使管理层能够及时获得费用异常的信息。

4. 实时监控和审查

费用报销系统提供实时监控和审查功能，管理层可以随时查看费用报销的进展和状态。通过实时数据追踪，管理层能够发现费用异常、异常波动和超支情况，从而及时采取相应的控制措施。系统提供实时的费用支出情况、费用占比、费用趋势等数据，管理层可以借助这些数据进行费用分析和监控。

5. 实时协作和沟通

费用报销系统可以提供实时的协作和沟通功能，使得相关部门和人员能够及时协调和解决费用异常的问题。

通过业财一体化的费用追踪和预实控制机制，管理层能够实时了解费用情况，及时发现费用超支、异常波动等异常情况，使管理层能够迅速采取行动措施进行控制和调整，帮助企业更有效地管理和控制费用。

五、费用数据的分析应用

业财一体化的费用报销系统需提供强大的数据分析功能，包括数据收集和整合、数据清洗和处理，以及数据存储和管理，以支持企业进行深入的费用数据分析和决策。

1. 数据收集和整合

费用报销系统可以自动收集各部门的费用数据，包括差旅费、办公费、采购费等，将其整合到一个统一的数据源中。

不同部门的费用数据来源和格式多样，费用报销系统能够将这些分散的费用数据整合到一个统一的平台上，消除信息孤岛，提高数据的可访问性和可用性。

2. 数据清洗和处理

费用报销系统提供数据清洗和处理功能，对费用数据进行清洗和去重，去除重复的数据条目，确保数据的准确性和一致性。

系统还能够纠正错误的数据，如格式错误、录入错误等，通过数据验证和校验机制，提高数据的质量和可信度。

系统可以对费用数据进行标准化和规范化处理，使数据格式一致，并符合企业的内部规范和行业标准。

3. 数据存储和管理

费用报销系统提供安全的数据存储和管理机制，确保数据的可靠性和完整性。

数据存储在可靠的数据库中，并进行备份和恢复，以防止数据丢失或损坏。

系统提供权限管理和数据访问控制，确保只有授权人员能够访问和操作费用数据，保护数据的机密性和安全性。

通过这些数据分析功能，业财一体化费用报销系统能够提供准确、一致的费用数据，为企业的决策和管理提供可靠的基础。

费用数据作为企业财务管理的重要组成部分，管理层可以利用系统中的数据进行深入的费用分析，发现费用变动趋势、费用差异以及潜在的费用优化机会，从而制定更有效的成本控制和费用优化策略。以下是从费用数据中获取有价值信息的几个方面。

一是费用趋势分析。通过对历史费用数据的分析，可以了解费用的趋势和变化。识别费用的增长或下降趋势，了解费用增长的主要驱动因素，为企业制定合适的费用控制策略提供依据。费用趋势分析可以帮助企业预测未来的费用走势，为预算编制和经营决策提供参考。

二是费用分析和比较。对不同部门、项目或时间段的费用进行分析和比较，可以发现费用差异和问题。识别费用高昂的部门或项目，探索费用异常的原因，帮助企业进行成本优化和资源分配。通过费用分析和比较，企业可以发现低效的费用支出，找出降低费用的机会，优化费用结构，提高成本效益。

三是费用关联分析。将费用数据与其他关键数据进行关联分析，如销售额、利润等，可以发现费用与业务绩效之间的关系。通过费用关联分析，企业可以了解费用对业务绩效的影响程度，为战略决策提供依据。通过对费用数据进行细致的分析和挖掘，企业可以获得深入的洞察和有价值的信息。这些信息可以帮助企业制定有效的费用管理策略，优化费用结构，提高财务绩效，并支持企业的决策制定和战略规划。

成效及未来展望

建设业财一体化智能费用报销系统，可以帮助企业消除信息孤岛、减少数据冗余、提高数据可用性、夯实财务管理基础，在提升企业财务管理效能、改善决策质量和强化内部控制与合规性方面发挥着重要作用。

一、费用报销系统的成效

1. 消除信息孤岛

通过业财一体化智能费用报销系统，不同组织／部门的费用数据可以得到整合，消除了各个组织／部门之间的信息孤岛现象，使企业管理层可以更全面地了解和掌握企业的整体费用情况。

2. 减少数据冗余

通过整合不同组织／部门的费用数据，可以减少数据的冗余和重复录入。业财一体化智能费用报销系统通过集成不同组织/部门的数据流程，实现一次性录入和共享，减少了数据冗余和重复劳动。

3. 提高数据可用性

通过将不同组织/部门的费用数据整合到统一平台，企业可以实现对数据的集中管理和统一访问。企业管理层可以更方便地获取和分析全面的财务数据，这提高了数据的可用性，为财务决策提供了更快速和准确的数据支持。

4. 提升管理效能

业财一体化智能费用报销系统在流程自动化与效率提升、实时费用追踪与控制、数据分析与决策支持等方面发挥重要作用，使得费用报销流程更高效和准确，帮助企业降低成本、优化费用结构，并为决策提供可靠的数据支持。

5. 改善决策质量

通过费用报销系统提供的数据分析和决策支持功能，企业能够从费用数据中获取有价值的信息，深入洞察费用的趋势、结构和关联性。有助于管理层做出明智的决策，优化资源分配，制定战略规划，并在竞争激烈的市场环境中获得竞争优势。

6. 强化内控及合规

业财一体化智能费用报销系统通过自动化的审批流程、预警机制和实时监控，加强了内部控制和合规性管理。系统的预警和监控功能可以及时发现费用异常和违规行为，减少风险发生的可能性，并保持企业的合规性和财务稳健性。

综上所述，业财一体化智能费用报销系统提高了财务管理的效率和准确性，使得企业能够更好地管理费用、优化资源配置。

二、费用报销系统的未来展望

在未来，业财一体化智能费用报销系统将继续发展和演进，以满足企业日益增长的财务管理需求。以下是未来发展的趋势和展望。

1. 智能化和自动化

随着人工智能和自动化技术的不断进步，业财一体化费用报销系统将越来越智能化和自动化。系统可以利用大数据模型的自然语言处理和机器学习等技术，自动识别和分类费用，提供智能推荐和建议，进一步简化和优化费用报销流程。

2. 数据驱动的决策

未来，数据分析将成为决策制定的重要依据。业财一体化智能费用报销系统将提供更强大的数据分析功能和决策支持工具，通过高级数据挖掘和可视化分析，帮助管理层更深入地洞察费用和财务状况，做出更精确、迅速的决策。

3. 整合性和协同性

业财一体化智能费用报销系统将越来越注重与其他企业系统的整合，实现各个业务系统之间的协同工作。例如，与采购系统、差旅系统等的整合，实现全面的业务流程管理和数据共享，提高工作效率和协同性。

4. 移动化和云计算

随着移动设备的普及和云计算的发展，业财一体化智能费用报销系统将越来越移动化和云化。员工可以通过移动设备随时随地申请报销，拍摄照片并上传相关文件，管理层可以通过云平台访问和分析实时数据，实现实时监控和决策支持，提高工作效率和灵活性。

5. 数据安全和隐私保护

随着数据泄露和隐私泄露事件的频发，数据安全和隐私保护将成为业财一体化费用智能报销系统发展的重要关注点。未来的系统将加强数据加密、权限控制和访问审计等安全措施，确保敏感数据的保护和合规性。

综上所述，业财一体化智能费用报销系统在未来将趋向智能化、数据驱动、整合性和移动化。随着技术的不断发展和创新，这些系统将成为企业财务管理的重要工具，为企业提供高效的费用报销和决策支持，推动业务发展和竞争优势的持续提升。

系统建设及应用案例

某房地产集团公司作为一个庞大的企业集团，其费用报销管理存在一系列问题，影响了财务管理效率和成本控制。首先，由于费用报销采用传统的手工操作，导致报销流程烦琐，审核审批耗时较长，员工的报销体验较差，影响了企业的工作效率和员工满意度。其次，由于各子公司和部门的费用数据存在信息孤岛，缺乏统一管理和分析的平台，导致集团无法全面掌握费用情况，难以进行准确的费用预算和成本分析。此外，费用结构不合理，存在重复建设和管理成本高的问题，造成了不必要的浪费。

为了解决这些问题，该集团公司决定建设业财一体化的费用报销系统。该系统旨在整合费用报销流程，实现自动化审批和核算，统一管理各子公司和部门的费用数据，建立规范的费用类别和编码体系，实时追踪费用情况，提供精细化的费用分析和预算管理，从而提升集团公司的财务管理水平，优化费用结构，降低管理成本，支持管理决策，提高企业的竞争力和运营效率。

一、集团公司内各关键系统的融合集成

该集团公司在构建业财一体化智能费用报销系统时，关联系统集成是实现系统协同与数据互通的关键一环。该集团公司通过关联系统集成，实现不同系统之间的数据交换与共享，消除信息孤岛，为后续的数据整合和分析提供稳固基础。

为确保员工信息的一致性和准确性，该集团公司首先将费用报销系统与主数据平台进行集成。通过建立统一的数据接口，实现员工信息在各系统间的同步更新。例如，当员工在主数据平台中的信息发生变化时（如调动、离职等），费用报销系统可以自动获取更新后的信息，避免因信息不一致而导致的错误或混淆。这种集成不仅简化了数据维护，还保证了员工信息的及时准确性。

ERP业务系统是该集团公司日常业务流程的核心，费用报销系统与ERP的集成将实现业务数据的共享。当员工提交费用报销申请时，系统可以直接从ERP系统获取相关的业务数据，例如采购记录、付款审批记录等。这样，在费用审批和核算过程中，可以更准确地核对数据，提高审批的准确性和效率。同时，集成还可以实现费用

与业务的关联分析，为后续的费用数据分析提供更多维度。

该集团公司的财务核算系统承担着成本、费用核算分摊等重要职责，费用报销系统与财务核算系统的集成将实现费用数据的无缝传递。当费用报销审批完成后，相关数据可以自动传递到财务核算系统进行成本核算，确保费用的准确分摊和核算。这不仅减少了人工干预的风险，还加快了核算流程，确保了财务数据的一致性和准确性。

费用报销不仅包括费用的申请和核算，还涉及支付环节。该集团公司通过将费用报销系统与银企支付系统集成，实现了费用的无纸化支付。一旦费用报销获得批准，系统可以自动触发支付流程，将相关款项直接转入员工银行账户，提高了支付的效率和准确性，同时也减少了支付过程中的人为错误。

为增强费用报销的可视化管理和遵循税务合规要求，该集团公司还将费用报销系统与影像系统、税务系统、票据系统等进行集成。这样，员工在提交费用报销时，可以上传相关票据的影像，系统将自动与票据系统关联，实现影像化管理。同时，税务系统集成将自动获取税务信息，确保报销的税务合规性，为集团公司的税务申报和纳税工作提供支持。

通过以上关联系统集成，该集团公司成功实现了多系统之间的数据交换与共享，消除了信息孤岛问题，为后续的数据整合和分析打下了坚实基础。这为企业的费用管理和综合决策提供了更强大的支持。

二、集团公司内费用数据标准的整合统一

在构建业财一体化费用报销系统的实施过程中，该集团公司意识到数据标准化的重要性，通过制定统一的费用类别和编码规范，实现各项费用的分类和编码，以确保数据的一致性、准确性和规范性。以下详细介绍该集团公司是如何进行数据标准整合，为费用报销系统的顺利实施奠定坚实基础的。

1. 统一费用类别和编码规范

该集团公司首先制定了统一的费用类别和编码规范，对各类费用进行了明确的分类和编码。例如，差旅费用被细分为机票、住宿、交通等不同类别，并为每个类别分配了唯一的编码，以确保费用的标准化管理。统一的编码规范，不仅简化了费用的录入和核对流程，还为后续的数据分析提供了更可靠的基础。

2. 数据录入和校验规范

为确保费用数据的准确性和完整性，该集团公司制定了数据录入和校验规范。在费用报销申请阶段，员工需要按照规定的格式录入费用信息，系统会对录入的数据进行校验，确保数据的合法性和一致性。例如，系统可以验证费用类别与编码是否匹配，是否存在不合规的数据格式等。这种校验机制有效地减少了数据录入错误，提高了数据质量。

3. 数据映射和转换

由于该集团公司涉及多个子公司和部门，各自使用不同的系统和数据格式，因此数据映射和转换变得尤为重要。通过数据映射和转换，不同系统之间的数据可以进行互通和共享。例如，将不同系

统中的费用数据映射到统一的费用类别和编码上，实现不同系统数据的标准化和整合。这样，集团公司可以在后续的数据分析中，更方便地进行跨系统的对比和统计。

4. 数据质量管理

为保障数据质量，该集团公司建立了数据质量管理机制。在数据录入和处理过程中，系统会进行数据质量检查，发现异常或不合规的数据将被标记并报警。例如，金额超过预设范围、费用类别与编码不匹配等情况都会触发警报。这种数据质量管理机制有助于及时发现和纠正数据问题，确保了后续分析和决策的可靠性。

通过以上数据标准整合的措施，该集团公司成功实现了各项费用数据的一致性、准确性和规范性。这为后续的业务流程自动化、实时追踪与预实控制以及数据分析应用提供了可靠的数据基础，为业财一体化费用报销系统的全面实施打下了坚实基础。

三、集团公司费用报销流程自动化实现

在构建业财一体化智能费用报销系统的实施过程中，该集团公司意识到业务流程自动化的重要性，通过将费用报销流程进行自动化，提高了流程效率和准确性。以下将详细介绍该集团公司是如何实现费用报销流程的自动化，包括从报销申请到审批、核算和支付的整个流程。

为了提高员工的报销效率，该集团公司引入了移动报销功能。员工可以通过移动设备随时随地提交费用报销申请，无须再填写纸质报销单或在办公室电脑前操作。员工只需在移动应用中录入费用

信息、费用类别、费用金额等，并上传相关票据照片。这样的移动报销申请方式简化了流程，加快了申请速度，同时减少了纸质流程的烦琐。

一旦员工提交了报销申请，系统会根据预设的审批流程自动进行审批。系统会根据报销金额、费用类别等条件自动指派审批人员，同时向相关人员发送通知，提醒其进行审批操作。审批人员可以在移动设备或电脑上进行审批操作，无须等待纸质文件的传递。系统会记录审批意见和结果，确保审批过程的透明和可追溯。

经过审批的费用申请将自动进入费用核算阶段。系统会根据费用类别和编码，自动进行费用核算和分类。例如，系统会将差旅费用按照类别进行核算，将机票、住宿、交通等费用归类到相应的类别下。同时，系统会根据核算结果自动生成费用报表，方便后续的数据分析和管理决策。

在费用核算完成后，系统会自动触发支付流程。根据支付信息和银企支付系统的对接，系统会自动发起支付申请，并将支付结果反馈给申请人和财务部门。这种自动化的支付流程不仅提高了支付效率，还降低了支付错误的风险，确保了支付的准确性和安全性。

通过以上的自动化流程，该集团公司成功提高了费用报销流程的效率和准确性。自动审批流程、费用核算和支付等环节的自动化，减少了人为的介入和干预，提高了流程的合规性和透明性。这样的业务流程自动化不仅为员工提供了便利，还为集团公司的费用管理和决策提供了更可靠的数据支持。

四、集团公司各类费用的实时追踪与预实控制

在实施业财一体化智能费用报销系统的过程中，该集团公司着重关注实时追踪与预实控制的实现，以加强对费用的监控和管理。以下将详细介绍该集团公司如何通过费用报销系统实现对费用的实时追踪和预算控制，从而提高费用管理的精细化和准确性。

该集团公司的费用报销系统实现了对各项费用的实时追踪。一旦费用发生，系统会自动记录并更新相关数据。例如，当员工提交费用报销申请并获得批准后，费用金额会被实时记录在系统中。这样的实时追踪机制使得集团公司能够随时了解各项费用的发生情况，避免费用的遗漏和漏报。

为了保证费用在可控范围内，该集团公司的费用报销系统引入了预算控制和预实核对功能。系统会根据预设的预算标准，与实际发生的费用进行对比和核对。如果某项费用超出了预算范围，系统会自动触发警报，并向相关人员发送通知。这样的预算控制机制有效地避免了费用的超支和浪费，提高了费用管理的效率和精确性。

除了实时追踪和预算控制，该集团公司的费用报销系统还支持对费用的预先核算和控制。在费用发生之前，系统可以根据历史数据和预算信息，预先进行费用核算。例如，员工在提交费用申请前，系统会根据目的地和交通方式，预先计算出差旅费用的估算值。这样的预先核算功能有助于提前预警费用异常，引导员工合理安排费用，确保费用的合理性和可控性。

通过以上实时追踪与预实控制的机制，该集团公司成功实现了对费用的精细化管理和实时监控。系统能够随时跟踪费用的发生情

况，与预算进行对比，预先核算和控制费用，以保证费用的合理性和可控性。这样的实时追踪与预实控制机制为集团的费用管理提供了更加有力的工具，确保了费用的有效使用和管理。

五、集团公司费用报销数据的分析应用

该集团公司的业财一体化智能费用报销系统不仅仅用于费用管理的日常操作，还充分利用数据分析应用，通过商业智能（BI）技术对费用数据进行深入分析，为管理决策提供可靠的数据支持。以下将详细介绍该集团是如何利用数据分析应用，通过各类报表和图表揭示费用的趋势、分布、结构等信息，从而优化企业的费用管理和战略决策。

该集团的费用报销系统通过应用商业智能技术，能够自动生成各类报表和图表，直观地展示费用数据的关键信息。例如，系统可以生成差旅费用趋势图，展示不同时间段内差旅费用的变化情况；还可以生成费用结构饼图，显示各个费用类别在总费用中的占比。这些报表和图表为管理层提供了直观的数据展示方式，帮助他们更好地理解费用数据的特点和趋势。

通过数据分析应用，该集团公司可以对各个部门的费用进行深入分析。系统可以生成部门费用对比报表，展示不同部门之间的费用差异和变化情况。举例来说，如果某个部门的差旅费用明显偏高，管理层可以通过分析报表了解其原因，进一步优化差旅费用的预算和使用方式，提高费用管理效率。

另一个重要的数据分析应用是地域费用分布分析。集团公司可

以通过系统生成的地域费用热点图,直观地显示各个地区的费用分布情况。这对于集团公司的业务拓展和资源分配具有重要意义。例如,如果某个地区的费用支出较高,管理层可以进一步调查原因,是否与业务策略、市场需求等因素有关,从而调整战略和资源分配。

通过数据分析应用,集团公司还可以进行费用的趋势分析和预测。系统可以生成费用趋势折线图,显示费用在不同时间段内的变化趋势。这有助于集团公司更好地了解费用的季节性变化和长期趋势。同时,系统也可以基于历史数据进行费用预测,为未来的预算制定和费用管理提供参考依据。

通过以上数据分析应用,该集团公司有效地利用费用报销系统中的数据,为管理层提供了准确、直观的费用信息。这样的数据分析应用不仅有助于优化费用管理策略,还为企业的战略决策提供了科学依据,进一步提升了企业的综合管理水平和竞争力。

通过详细的案例分析,我们可以看到,建设业财一体化智能费用报销系统时,在关联系统集成、数据标准整合、流程自动化、费用实时追踪与预实控制以及费用数据分析应用等关键要素的协同作用下,企业可以实现费用管理的高效化和决策支持的提升。这不仅有助于优化费用管理流程,降低费用管理成本,还可以提高管理人员的决策效率和准确性,推动企业的持续发展和创新。

第七章

税务数字化管理系统建设：企业税务风险管理的抓手

在很多企业的财务职能领域数字化进程中，税务数字化的开始时间要远晚于财务核算、资金管理等职能领域，可以说是起步最晚的，但在金税工程等国家税收征管改革的外部因素驱动下，企业税务数字化的发展速度也是最快的。一方面，税局端的数字化能力的提升，为企业端税务数字化的开展提供了基本条件，比如电子税务局、乐企平台等税局端数字化平台的推出，是企业开展税务数字化、税企直连的基础平台。另一方面，企业根据税务征管改革的要求，重新审视自身税务管理和涉税风险，自发启动企业内部的税务数字化的建设，发动公司财务和业务部门共同审视从业务、财务到税务协同的不足以及相应数字化产品的缺失，在加强协同管理的同时，逐步将管控点落地到相应的数字化产品中，真正实现企业内部业财税的数字化，以达到利用数字化来加强内部管理、提升效率，提升风险防控能力的整体目标。

税务数字化管理系统建设的动因

一、国家金税系统建设对企业的影响

1. 国家推进全面深化税收征管改革

自 2016 年 5 月 1 日起，国家全面推进"营改增"试点工作，将建筑业、房地产业、金融业、生活服务业全部纳入营改增试点，全面开启增值税纳税模式。自全面"营改增"后，国税总局等相关部门发布多项政策文件持续深化推进增值税改革，2021 年 3 月 24 日，中共中央办公厅、国务院办公厅印发了《关于进一步深化税收征管改革的意见》，涉及多项税收征管改革和数字化建设。同时，随着国家金税工程的推广与完善，国家的税收征管与稽查已进入精细化、大数据化、自动化的新时代，企业将面临更加严格与细致的监管。

2. 国家金税三／四期加强大数据的应用，以监管税收

顺应国家推行电子化、数字化的大趋势，国家税务总局从税局端推陈出新，推行"互联网＋税务"行动计划，以实现税收征管、税收稽查、税收法制建设、纳税服务等的电子化；实施千户计划，加强了对企业的税务管理，同时获取了海量税务数据；以数字化发票掌握完整交易数据，系统全面分析企业生产经营各个环节数据的合理性，加强税收管控力度，做到"以票控税"；推行"放管服"征管新模式，依托大数据进行大数据比对、风险提示、税务稽查等差别化应对。由于税局端数字化、电子化的"先行"，以至于出现企业信息"倒挂"的特殊现象，也就是说税局可能比企业更了解企业的

真实情况，这无疑是对企业提出的数字化、电子时代的新挑战，企业端的税务数字化建设迫在眉睫。

二、企业管理对税务管理数字化的要求

在国家推进全面深化税收征管改革、数字化征管的大背景下，传统的税务业务管理模式已经不再满足要求。另外，随着各行业管理的深入和精细化，税务作为企业财务管理的重要环节，其在财务决策中占据的地位也越来越高，在一些税负较高的行业（比如房地产开发行业），甚至变成了决定公司经营方向的关键核心要素。在这样的背景下，企业对税务数据的准确性、及时性和可靠性提出了更高、更全面的要求，企业税务管理也到了不得不变革的历史时点。具体来说主要包括以下两个方面。

1. 企业有加强税务信息管理的迫切需求

企业尤其是集团型企业普遍面临业态多、地域广、各地税务政策不一等情形，作为企业管理的总部普遍缺少管控抓手，很难实现对各公司信息的及时、高效的采集和管理，迫切需要利用数字化手段进行平台化管理。另外，由于企业中税务管理信息化、数字化的基础薄弱，在企业的数字化建设的系统架构中，税务、业务和财务等税务全流程数据联动不足、综合业务效率有待提升，对税务管理形成阻碍。基于以上的需求，企业有动力、有意愿利用信息工具，按照管控要求设定规则，在加强内部管理的同时，提高税务遵从度，规避税务风险。

2. 外部经营环境的变化对财务管理转型升级战略、质效提升的要求

当前企业经营环境处于快速变化之中，企业需要紧跟变化、顺应趋势、积极面对挑战，提升竞争力，实现可持续、健康的发展。为应对变革，很多大企业都在推动企业数字化转型，推动财务向价值创造型管理组织转型，财务不仅仅是传统的账务会计，更要从财务视角、数据视角为公司经营决策、业务发展提供意见，通过业务数据的"洞察"辅助业务开展、提前防范经营风险。体现在税务管理上，首先要解决的是税务业务的线上化、基础性税务工作由技术替代的问题。通过信息系统建设，减少手工工作量，提质增效，将税务人员的工作向税务政策研究、税务筹划、决策分析与风险监控方向侧重，为企业经营发展提供助力。同时，利用数字化手段进行涉税数据的沉淀、治理、加工，利用涉税大数据合理地降低税负、减少税收风险负担，提升数据价值。

无论是内部管理需要，还是外部环境要求，企业都要考虑自身税务数字化系统的建设，无论是自建还是外购，都应该纳入企业自身整体数字化版图，而且日益紧迫。

建设什么样的税务数字化管理系统

对于大部分企业来说，税务数字化管理系统的建设基本是从无到有，有一部分企业在"营改增"期间打下了一些基础，基本实现了业务系统的"价税分离"和对业务前端的一些规范性的管理要求，

但从税务管理的全盘角度思考，规划税务信息管理系统建设还是一个需要从长计议的大工程，需要综合考虑、分步落实。

一、总体的原则

在满足税务遵从度的要求前提下，提升税务基础工作的效率，实现税务管理价值的最大化。要在这个总体的税务管理要求的大前提下来规划税务管理数字化。

二、系统建设的设计思路

税务数字化管理系统首先应该是一个智能化的管理平台，能够聚合公司各业务条线的财务、业务和税务的信息与数据，能够支撑税务相关岗位人员在这个平台上实现基础税务处理、强化财税管控、防范税务风险等信息管理，为主管单位建立一个管控的"抓手"。从笔者的税务数字化系统建设的经验来看，系统的建设设计至少应该考虑以下6个方面。

1. 搭建税务数字化管理的智能化平台，并要无缝融入企业整体数字化生态

税务数字化管理系统首先应该是一个税务业务处理的平台，是一个税务业务的专业系统，要能够为公司税务全链条信息管理提供抓手，为基础税务工作提供处理操作的工具，帮助企业管理主体管理下属单位的税务遵从度和防范税务风险。通过数据的沉淀和加工，可以支持汇集企业财税数据为管理分析服务。

另外，税务数字化管理系统是"后起之秀"，在建设规划的时候

就要设计好跟现有数字化产品、架构的融合，避免"树烟囱"、孤立的建设。重点是要囊括税务管理的全链条，并分辨出税务业务管理，以及相关与业务、财务各条线的接触点，逐步实现税务管理全流程的管控，尊重"业务实质"，遵从"税务法规"。

2. 严格遵从业财税一体化创管理模式，重视数据的标准化和数据治理

税务业务不是孤立的，税务来源于前端业务，某种意义上，税务系统本身不产生"数据"，而是业务数据的"搬运工"，是一个加工、应用数据的系统。税务数字化系统要分辨并依托企业前端业务的实质进行税务的处理。同时，财务数据是业务发生的财务结果，也应该符合业务实质的要求，这就要求在税务数字化系统建设的时候必须遵循"业财税一体化"的设计思路，实现公司数据信息的贯通和共享。这个设计思路的选择比较难，是一条非常难走的道路，但也是唯一正确的道路。笔者所供职的公司在规划税务数字化系统建设之前，首先对企业各项业务（房地产开发、租赁、物业服务等）进行了摸排，具体要做哪些工作将在后文详细介绍。

3. 支持前端业务开展、提质增效

按照各业务特点，从涉税数据的分析、风险防控、稽查价差、自动算税等各个维度倒推对前端业务的要求，深度融入业务发生的过程，而不是任凭业务"无序"发生，否则后续的税务处理将面临重大的挑战。这一点很重要也很难，特别是税务数字化系统建设在后，企业的业务系统可能已经运行多年，功能已经固化，要想在各个业务的发生的税务"触点"上增加税务管控要求，需要提前拉通

各业务部门，申明重要性、联合推动落实。除了对业务前端有约束之外，也可以通过税务数字化系统提供一些智能化、便利的工具，为企业一线赋能、助力业务开展、提升客户体验。比如发票的电子化、财务收据的电子化等，既能降本增效，又能提升客户体验，也能增加业务部门的积极性。

4. 紧跟国家金税工程的进程，利用好新功能、新技术持续创新

在增值税综合服务平台的应用过程中，可以通过销项发票电子化、进项数字证书实现智能采集、税局自动申报通道等实现互联互通，提升工作效率。另外，有些企业也通过区块链技术和 RPA 智能机器人来满足企业全链条数据管理和智能化的需求。目前很多企业也都有建设应用，市面上也有成熟的软件可以选择，重点是要选择适合企业自身管理和数字化体系的产品。

5. 业务系统怎么接才能少走弯路

以税种的自动算税为例，全税种纳税申报口径涉及的税务数据源，需要对接的业务系统多，存在数据接口体系不统一、执行口径不统一、安全时效要求高等情况，对数据源的对接方案，需要有非常全面的考虑，以应对不同数据源对税务系统的整体影响。对于数据的完整性和基于原有业务局限性，存在较多的既有系统优化和改造个性化需求。重点关注以下 4 个方面的考量。

（1）对接安全性。要基于企业整体数字化安全的安全体系，以系统安全、数据安全、网络安全为原则，结合公司安全规范体系和各业务系统对接规范标准，严格实施系统对接层面涉及的软件、硬件、数据、传输、网络、保密等方面的安全性设计。

（2）数据准确性。数据标准规范与治理，保障数据的持续正确；梳理重点主题数据标准，并建立数据标准管理体系，涉税数据管理规范；制定数据标准管理办法及实施细则，提高数据质量，旧数据要清洗，新数据要保障。

（3）获取时效性。全税种申报口径涉及的税务数据源须及时获取，来保障纳税申报的报税节点，对数据源准备的及时性、系统对接取数的时效性，依据数据治理管理规范和系统对接方案性能层面进行解决，避免数据维护不及时、数据传输不及时的情况。

（4）接口个性化。坚持"同一业态、统一接口标准"的原则，税务数据的梳理，离不开对既有系统提供个性化改造优化的诉求，无论是数据口径还是业务口径，都要确保项目最终成果与建设需求的一致性。

6. 税务共享和"中台"模式的应用探讨

笔者所供职的公司在建设税务数字化系统时，采用了建立税务业务平台并融入公司数字化体系的思路，按照税务业务设计出不同的税务应用工具对外发布并提供税务数字化服务。对于已经建立企业业务中台的企业，也可以选择将部分税务工具纳入中台当中，为前端业务系统提供公共的税务服务，比如很多公司将开发票的功能做到了中台，前端业务系统只是将业务单据传入中台，所有数据的组装、票面的数据取数、开票等都在中台完成，避免各业务系统分别建设类似功能。对于有中台的企业这也是一种选择，各有利弊。

财务共享模式是当前很多企业选择的一种财务管理模式，常规的财务业务很多也都纳入了财务共享服务范围当中，比如企业费用报销、应收款的管理、集中的资金结算，甚至报表的编制、基础的数据服务等。由于税务数字化建设的滞后性，税务业务纳入共享服务范围的企业较少（当然也有一部分受限于属地化的工作较多），从当前财务管理模式的选择来看，笔者认为基础税务业务处理的"尽头"应该也是税务共享，也就是将税务业务的处理（除必须属地化服务的税务工作之外）纳入财务共享中心服务范围。对于必须本地化的工作，随着国家征管改革以及税局数字化和电子化的推进，相信必须本地化处理的税务工作也会越来越少，会有越来越多的工作纳入线上化、共享化，不再受地域的限制。据笔者了解，当前也已经有企业将一部分税务工作纳入了财务共享服务范围当中，比如发票的校验、稽核、认证抵扣等，这些工作不需要本地化处理，财务共享服务中心的员工在线上就可以处理完成，大大提升了整体工作效率。

如何建设税务数字化管理系统

一、税务数字化管理系统建设步骤

税务数字化管理系统建设的步骤包括：基于红线范围内的税务业务管理，制订税务系统建设的基本原则和目标，搭建集团统一的税务管理信息系统；坚持统一管理、集中部署、分步实施的原则，先行实施发票管理的系统，循序渐进，逐步推进全税种自动算税的数字化建设，建成覆盖全税种、全业务流程的税务管理信息系统；充分利用大数据管理功能，通过规范管理、优化流程等手段，全面提升税务筹划能力和税务分析能力，进一步降低税务风险，探索出符合公司实际的税务管理信息化建设模式，为公司的财务管理转型和税务共享提供全面的支持。

二、税务数字化管理系统应包含的功能

从税务数字化管理系统的架构设计来看，核心应该关注："纵向功能分层、横向业务联动"，纵向可分为基础平台层、数据处理层和风险治理层。横向来看，前有业务系统供数（税基的获取），后有税局的互联互通（税局端），中间是各个税务业务的加工和处理，在统一的数据标准和口径下，环环相扣，数据可追根溯源，实现规则统一、"数出一孔"。税务数字化管理系统架构如图7-1所示。

三、系统建设案例

基于前文讲到的税务数字化管理系统的功能清单，本部分将结合笔者所供职公司的案例，选取其中较为核心的功能模块来讲解税务数字化管理系统的建设思路，主要从发票管理智能化、税金计缴自动化和税务核算一体化三个部分来举例，对应财务人员日常工作的管票、算税和记账。这三部分是财务人员在日常税务工作中最基础的三项工作，也是传统手工模式下最耗时、最容易出错的三项工作，也是所有税务风险管控、税务数据应用的基础，实现智能化的迫切性最高。

（一）发票管理智能化

面对国家税务政策的变革，一部分企业给予了高度的重视和支持，成立了专门的"营改增"工作组，全面推进"营改增"工作。按

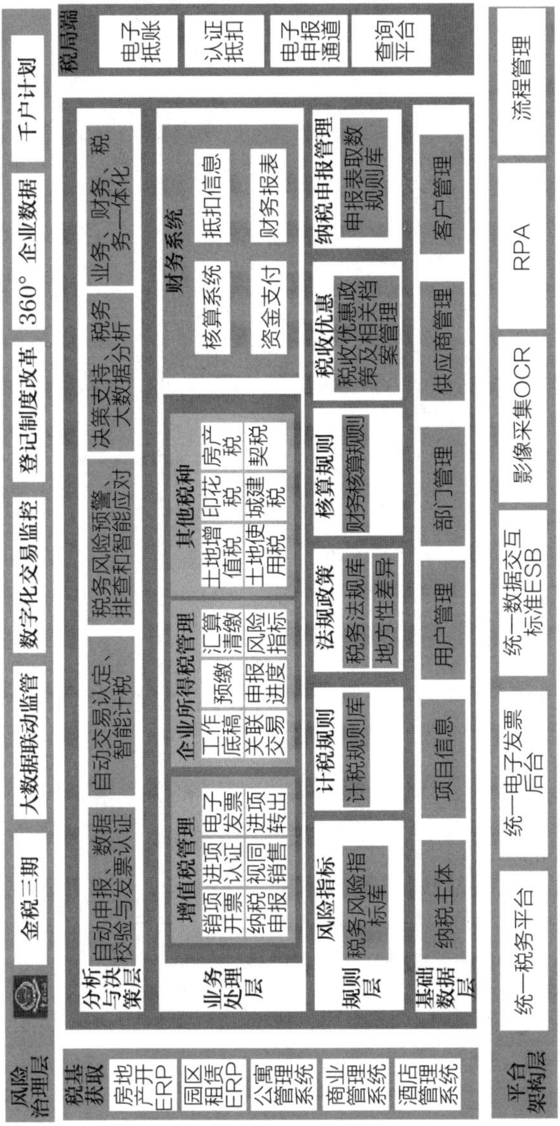

风险治理层

税基获取：房地产开发ERP　园区租赁ERP　公寓管理系统　商业管理系统　酒店管理系统

金税三期　大数据联动监管　数字化交易监控　登记制度改革　360°企业数据　千户计划

税局端：电子抵账　认证抵扣　电子申报通道　查询平台

分析与决策层：自动申报、数据校验与发票认证　税务风险预警、排查和智能应对　决策支持税务大数据分析　业务、财务、税务一体化

业务处理层：

增值税管理：销项进项开票　电子发票　视同销售进项转出　纳税申报认证

企业所得税管理：工作底稿　预缴申报　关联交易　汇算清缴　申报风险指标

其他税种：土地增值税　印花税　房产税　土地使用税　城建税　契税

财务系统：核算系统　资金支付　抵扣信息　财务报表

税收优惠：税收优惠政策及相关文档

纳税申报管理：申报表提取数规则库

规则层：

风险指标：税务风险指标库

计税规则：计税规则规则库

法规政策：税务法规库　地方性差异

核算规则：财务核算规则

基础数据层：纳税主体　项目信息　用户管理　部门管理　供应商管理　客户管理

平台架构层：统一税务平台　统一电子发票启台　统一数据交互标准ESB　影像采集OCR　RPA　流程管理

图 7-1　税务数字化管理系统架构图

照国家财税〔2016〕36号文的要求，2016年度完成了对公司相关业务系统的"营改增"改造，并初步搭建了增值税管理平台。2017年度，结合国税总局关于电子发票、进项税管理等最新文件的规定，从业财税一体化角度、秉承"一个入口、一个平台、统一流程、统一管控"的原则，搭建完成公司统一的增值税管理平台，包括销项管理系统、电子发票管理系统、进项税管理及纳税申报系统等功能，实现了税务数据、业务数据和财务数据的集成共享，强化了增值税业务的全流程和精细化管理，为提高公司的税务管理水平、规避税务风险提供了有力的支持。

随着国家金税三期工程优化完善和推广应用，税收征管与稽查已进入精细化、大数据化、自动化的监管时代，对企业财税的监管要求日趋严格，惩治力度也逐渐加大。建设增值税进项税和电子发票管理系统，实现了公司的业务信息和税务信息集成共享，将前端的业务系统、后端的税局系统连通，提高了数据的准确性和日常工作效率，对加强风险预警、规避税务风险有积极的促进作用。

该系统将税务工作同业务和财务有机结合在一起，实现了税、业、财一体化运作，其运营模式在国内属于创新应用。同时，该系统将国家金税系统、航信税控系统、明源ERP系统、金蝶EAS系统和影像采集系统进行了全面的数据集成和共享，在系统的实现方式和新技术应用上，居国内领先地位。通过建设增值税管理系统，基本实现增值税业务的销项税管理从业务到税务的一体化、进项税管理从数据采集到认证申报的智能化和普通增值税发票电子化等功能，为后续建设全税种的税务管理系统和推进税务共享奠定了良好的基础。

1. 销项税发票管理："一键开票"方案

（1）业务驱动，关联强控。实现业务系统（房地产 ERP 系统和园区租赁）与税务发票系统之间的强关联，由业务驱动税务直接开具销项发票，同时对特殊直接开票现象进行了严格的控制和管理，有效规避了虚开发票、错开发票等现象，减轻了财务人员的开票压力。

（2）规范流程，控制风险。开具专票以及红冲、作废等异常开票业务时，按照公司规定在系统中自动发起相对应的审核流程，审核通过后方可进行下一操作。将公司的相关制度通过流程的方式落实到系统中，进一步规范了开票流程，降低了异常开票引发的风险。

（3）多维分析，实时管控。系统按照"一套账、多组织"架构部署，可实时管控所属公司 200 多个税号应用情况，实现对异常开票情况进行预警，同时系统还提供多维度的统计报表分析，为后续的纳税申报等业务提供基础数据支撑。

（4）规则灵活，方便快捷。在系统的基本原则框架下，满足各城市公司的差异化需求，提高了开票效率。用户可以根据自己的实际需求，定义灵活多样的开票规则，开票时默认关联规则，自动带出相关发票内容，省时省力。据不完全统计，采用线上开票能够将原来平均 5 分钟左右才能开出一张发票，降低到 10 秒以内开出一张，极大提高了工作效率。

2. 进项税发票管理：全流程风险管控

增值税进项税发票是公司确认成本（应付）、对外付款非常重要的凭据，系统的实施应用，实现了公司各业务系统同国家金税三期工程和财务信息系统之间的有效集成和共享，对规范业务管理、控制税务风险有很大的促进作用。实现进项税"智能核验"方案，交通运输类发票全流程管理方案，财税对账智能化管理方案。

（1）实现影像自动识别验真伪。系统采取"T+1"的模式，每天更新公司的电子底账库进项数据，业务端在收到发票确认应付或付款时，首先进行影像扫描和 OCR 识别，系统自动将相关发票信息发送到进项税系统，同电子底账库进行发票信息比对，验证所收发票的真伪和准确性。实现了"一扫验真伪"的智能化应用，避免了税务风险，提高了工作效率。

（2）全面掌控进项税抵扣状态。公司的税务管理人员，可以随时登录增值税系统，进行发票的确认、认证、抵扣等操作，全面掌控进项发票的抵扣状态。同时可以提前从金税三期平台获得进项发票信息，反向提醒公司相关人员及时跟进，避免逾期不可抵扣的情况。

（3）实现税财一体化应用。在系统确认进项发票真实合规的前提下，前端的业务财务人员在系统上确认录入该进项业务的抵扣信息，如是否可以抵扣。付款或应付确认完成后，该抵扣信息将自动传递到财务系统和税务系统，财务人员按照相应的业务转换规则自动编制会计凭证，税务人员按照业务情况进行相应的认证抵扣，从而保证了财务账簿中税务数据和增值税系统的数据一致性，实现税务核算和会计核算的一体化应用。

（4）实现进项税业务全过程管理。通过业务、财务、税务、影像以及税局五方的协同，将进项税业务从线下管理纳入线上管理，实现了进项税业务从信息采集、校验、认证、抵扣以及税务申报等环节的全过程管理，对提高公司的税务管理水平有积极的促进作用。

3. 数电票（电子发票）：全面智能化管理

按照国税〔2017〕31号、〔2017〕232号文件相关要求和发票电子化的未来趋势，基于"大平台、多前端"的规划思路，从2017年7月开始，在公司统一的增值税管理平台上，全面启动公司的增值税电子发票系统建设工作。

站在国家的层面来讲，推行电子增值税发票系统有利于促进社会进步，节约社会资源，为纳税人营造健康公平的税收环境，是税务机关推进税收现代化建设，实现"互联网＋税务"的重要举措。就公司的角度而言，通过建设电子发票系统，有效地解决了当前纸质发票耗费成本高、管理成本高、客户获取不便等难题，打通了业务系统同税务系统之间的连接，实现了对电子发票信息的全流程闭环管理。系统目前已经正式上线运行，取得的成效主要体现在以下几方面：

（1）降低了发票的使用成本。电子发票不需要纸质载体，用电子签章代替了传统的发票专用章，以信息防伪代替纸质防伪，没有印制、打印、存储和邮寄等成本，发票的领购、缴销等环节全流程电子化，绿色环保、高效便捷，极大降低了发票的使用成本。仅以深圳招商物业的停车场为例测算，其每年可节约相关费用约300万元，如果在招商蛇口全面推广电子发票，预计全年可节约成本在千万元级以上，将会极大地降低税务发票的管理应用成本。

（2）充分满足用户的需求。公司自建的电子发票系统采用云计算技术，实现了电子发票在线领用、在线开具、在线传输等功能，具备瞬间付款、马上开票等特点。同时通过手机短信、微信卡包、电子邮件等多渠道主动推送发票信息，方便用户的接收下载。这些功能的上线应用，极大地提升了客户的体验度，增强了客户对招商蛇口的信任感，为进一步提高公司的客户管理水平提供了有力的支持。

（3）实现对发票信息的长久保存。按照行业规定，开出的纸质发票存银根联和记账联要分别保存 5 年和 10 年，其各联次丢失后都不能补开。而电子发票以信息为载体的特性，使其永久、安全地保存变得轻而易举。同时，实施电子发票，为后续的会计档案电子化建设工作奠定了良好的基础。

4. 国内旅客运输服务类票证进项税额智能化管理：全流程自动化

2019 年财政部、税务总局和海关总署公告的第 39 号文《关于深化增值税改革有关政策的公告》中明确要求：纳税人购进国内旅客运输服务，其进项税额允许从销项税额中抵扣，也就是说对于可用于进项抵扣的种类更丰富了，除了增值税专用发票之外，公告中明确范围的票据也纳入了可以进项抵扣的范围，这样就对税务数字化管理系统的进项税管理功能提出了新的要求，要能实现可抵扣票据的进项税管理的全流程，包括与报账系统连通，实现多票种自动识别、税额自动计算、自动核算与对账、自动登记抵扣台账，并按月生成申报数据。

从税务管理数字化系统的功能角度看，在进项税管理模块中增加"票据抵扣"的功能，将可抵扣票据的抵扣纳入整体进项税管理流程当中。票据抵扣主要功能包括：企业收到的运输服务类票据（运输服务类普票、行程单、火车票、船票、巴士票），在完成财税对账后，运输服务类数据进入此功能模块，对数据进行确认抵扣和查询等操作。

国内旅客运输类票据进项税抵扣主要业务流程节点如图 7-2 所示：

（1）费用报销：费用报销系统的线上填写费用报销单，并粘贴发票（纸质）和导入发票（电子发票），纸质发票的粘贴支持混合式的粘贴，系统后续通过智能工具识别出旅客运输服务类的票证。填写完成后正常提交报销单据。

（2）智能识别：纸质粘贴发票的 OCR 智能切割以及电子发票的智能识别，通过 OCR 工具实现纸质粘贴文件中的票证识别、分票种展示、开票日期识别、区分国内运输、旅客身份信息等，并按照规定税率自动计算税额，支持票证包括行程单（票价 + 燃油附加费）、火车票、轮船票、区块链发票、运输服务类电子发票等，并自动实现票据的验重，规避重复报销。

（3）智能核算：根据智能识别的结果，将可抵扣票证的票面信息回传到费用报销单上，实现核算信息依据前端报销业务、税额等信息，定义规则自动生成。

（4）财税对账及认证抵扣：在智能识别出票证信息后，对于价税的分离、可抵扣的税额视同增值税专用发票同样处理，首先完成发票税额与账务核算的对账（实现"账票一致"）；使用"票据抵扣"

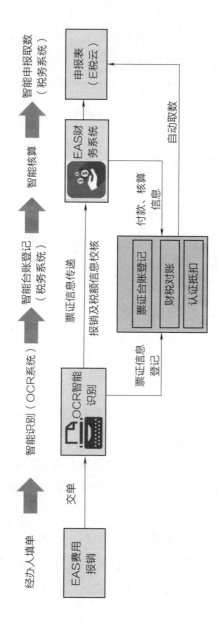

图 7-2　旅客运输类票据进项税可抵流程

的功能，完成对税局已支持增值税专用发票、旅客运输服务的票证等其他可抵扣票证的登记、财税对账、抵扣处理，在完成抵扣确认后纳入纳税申报表的自动填写。

（5）申报填写：将当前税务所属期所有已经勾选确认的可抵扣票证进行汇总，自动实现申报表自动取数（未取得增值税专用发票部分），实现申报填写。

（二）税金计缴自动化

传统的工作模式下，纳税申报的算税和申报，都要靠税务专员手工处理，面临众多困难，需要利用数字化手段，以业财税一体化为基础，实现纳税申报业务的闭环。

1. 传统手工报税普遍面临的困难

（1）计算难：涉税数据来源广，跨部门取数，业务系统数据不规范。各税种申报表及附表计算逻辑复杂，涉及财务数据、业务数据和开票数据等，计算难度大，对税务水平要求较高。

（2）涉税判断难：哪些可以抵扣，应该如何抵扣？哪些不可以抵扣？增值税税务变革，进项税额抵扣场景众多，正确计算并抵扣进项税额，有利于降低企业成本，降低税务风险。

（3）人工复核难：计算逻辑复杂，数据较多，复核难度大。申报表涉及财务系统、业务系统、税务系统、费控报销系统数据对接，各系统关账时间不同，申报表生成晚，可供复核时间短。

（4）申报"最后一公里"难：提交纳税申报填写，工作量大。计算得到的申报结果需要手工填写并提交税务局纳税申报系统，重复工作量大且很难避免人工操作导致的错误。

2. 实现税金计缴自动化前要做的准备

（1）以终为始，梳理业务标准化和税务触点。

按照业财税一体化的原则，在系统规划设计的时候要首先梳理业务，完成前期工作和配套，包括但不限于以下几个方面：一是业务梳理，并形成业务流程梳理和规范；二是财务规则的梳理，并形成核心涉税业务的会计科目的标准化、会计核算处理的统一；三是税务业务的梳理，涉税业务以及相关税务触点的确定；四是系统架构的设计，全盘考虑、统一规划。

（2）税务业务的梳理。

一是要开展业务调研，对企业中各个业务条线进行全面税务工作调研，了解各个业态的业务范围，各办税人员日常办税流程，各地税务规则，特殊税务事项，以及对增值税自动申报系统的需求及建议。

二是明确规则、数据治理和系统规则的梳理，梳理企业财务规则及业务规则，了解收入结转条件、各种业务场景下财务计账科目、发票开具条件等，梳理结果将作为增值税系统业务逻辑基础；梳理企业内部正在使用的财务系统及业务系统中数据的处理方法及颗粒度，梳理结果将作为增值税系统的自动取数依据。

三是自动申报系统架构设计，根据相关税务法规，结合企业管理要求及办税人员操作习惯，对增值税自动申报系统的整体架构及功能点进行设计（图7-3）。

四是自动申报系统业务逻辑设计，根据相关税务法规要求，设计在各个业务场景下的增值税申报规则，包括从财务系统、业务系统及发票系统取数逻辑，业财税数据比对逻辑、土地价款抵扣逻辑

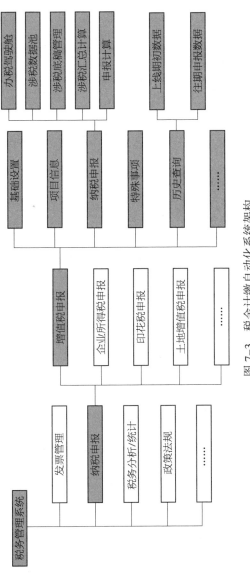

图 7-3 税金计缴自动化系统架构

（适用于房地产开发企业）、销项税款计算逻辑、进项税转出、分摊逻辑等，实现不同颗粒度层级报税数据的全自动处理。

（3）定义涉税数据指标。

按照纳税申报算税要求、税务分析、风险防控等要求，拆分、定义涉税数据指标，清晰定义指标含义、口径及各个属性，以便于后续所有的业务、财务、税务等在同一个数据口径上"说话"，如图7-4所示。

3. 计税规则管理

根据各业态梳理计税规则，以房地产开发业务为例，主要从以下三个方面考虑计税规则的设计与管理。

（1）数据获取及比对。根据实际情况及管理层要求，确认系统中各个业务的税务数据管理层级（公司级、项目级、房间级等），并根据层级设计从财务系统及业务系统的取数及比对规则，实现原始数据的自动获取及比对。

（2）涉税数据计算，根据税务法规的要求，结合集团业务的各个场景，设计在每个业务场景下系统对原始数据的计算规则（如土地价款的抵扣、预缴税金的抵扣等），实现自动计算纳税申报数据，自动生成纳税申报表。

（3）统计及分析，设计各个层级（如不同期间、不同业务、不同地区）税务数据的统计及分析规则，内置预警指标，满足集团税务分析及风险管理要求。

4. 自动算税系统设计

（1）设计从涉税数据准备、加工（台账）、申报到税金核算、归

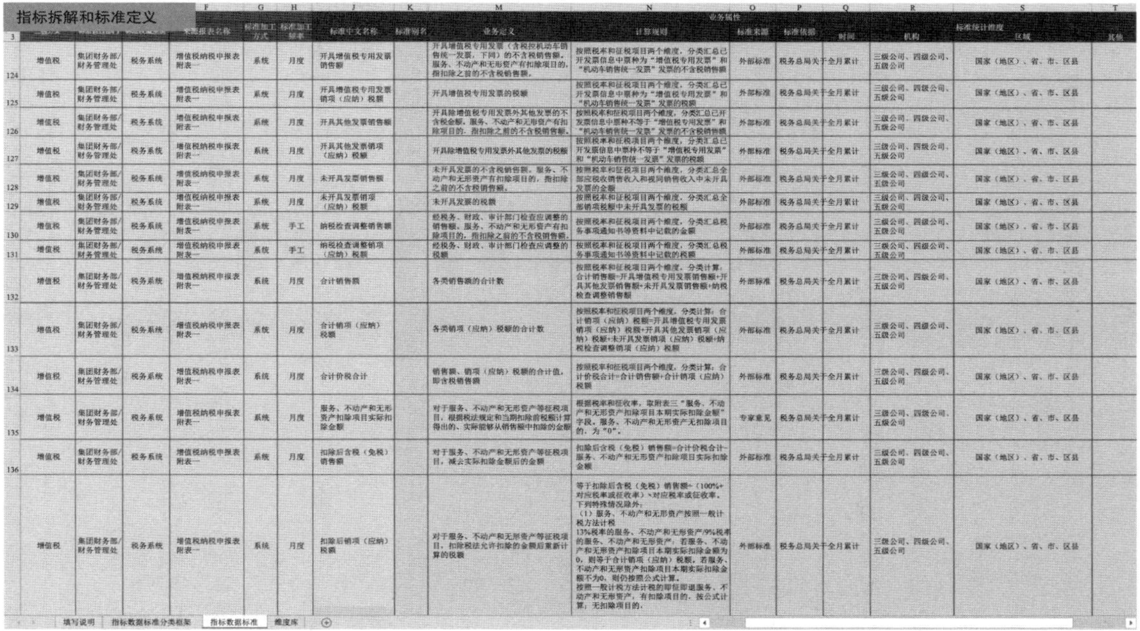

指标拆解和标准定义

3				来源报表名称	标准加工方式	标准加工频率	标准中文名称	标准别名	业务定义	业务属性 计算规则	标准来源	标准依据	时间	标准统计维度 机构	区域	其他
124	增值税	集团财务部/财务管理处	税务系统	增值税纳税申报表附表一	系统	月度	开具增值税专用发票销售额		开具增值税专用发票（含税控机动车销售统一发票，下同）的不含税销售额。服务、不动产和无形资产有扣除项目的，指扣除之前的不含税销售额。	按照税率和征税项目两个维度，分类汇总已开发票信息中票种为“增值税专用发票”和“机动车销售统一发票”发票的不含税销售额	外部标准	税务总局关于	全月累计	三级公司、四级公司、五级公司	国家（地区）、省、市、区县	
125	增值税	集团财务部/财务管理处	税务系统	增值税纳税申报表附表一	系统	月度	开具增值税专用发票销项（应纳）税额		开具增值税专用发票的税额	按照税率和征税项目两个维度，分类汇总已开发票信息中票种为“增值税专用发票”和“机动车销售统一发票”发票的税额	外部标准	税务总局关于	全月累计	三级公司、四级公司、五级公司	国家（地区）、省、市、区县	
126	增值税	集团财务部/财务管理处	税务系统	增值税纳税申报表附表一	系统	月度	开具其他发票销售额		开具除增值税专用发票外其他发票的不含税金额。服务、不动产和无形资产有扣除项目的，指扣除之前的不含税销售额。	按照税率和征税项目两个维度，分类汇总已开发票信息中票种不等于“增值税专用发票”和“机动车销售统一发票”发票的不含税销售额	外部标准	税务总局关于	全月累计	三级公司、四级公司、五级公司	国家（地区）、省、市、区县	
127	增值税	集团财务部/财务管理处	税务系统	增值税纳税申报表附表一	系统	月度	开具其他发票销项（应纳）税额		开具除增值税专用发票外其他发票的税额	按照税率和征税项目两个维度，分类汇总已开发票信息中票种不等于“增值税专用发票”和“机动车销售统一发票”发票的税额	外部标准	税务总局关于	全月累计	三级公司、四级公司、五级公司	国家（地区）、省、市、区县	
128	增值税	集团财务部/财务管理处	税务系统	增值税纳税申报表附表一	系统	月度	未开具发票销售额		未开具发票的不含税销售额。服务、不动产和无形资产有扣除项目的，指扣除之前的不含税销售额。	按照税率和征税项目两个维度，分类汇总全部应税收销售收入和视同销售收入中未开具发票的金额	外部标准	税务总局关于	全月累计	三级公司、四级公司、五级公司	国家（地区）、省、市、区县	
129	增值税	集团财务部/财务管理处	税务系统	增值税纳税申报表附表一	系统	月度	未开具发票销项（应纳）税额		未开具发票的税额	按照税率和征税项目两个维度，分类汇总全部销项税额中未开具发票的税额	外部标准	税务总局关于	全月累计	三级公司、四级公司、五级公司	国家（地区）、省、市、区县	
130	增值税	集团财务部/财务管理处	税务系统	增值税纳税申报表附表一	系统	手工	纳税检查调整销售额		经税务、财政、审计部门检查应调整的销售额。服务、不动产和无形资产有扣除项目的，指扣除之前的不含税销售额。	按照税率和征税项目两个维度，分类汇总税务事项通知书等资料中记载的金额	外部标准	税务总局关于	全月累计	三级公司、四级公司、五级公司	国家（地区）、省、市、区县	
131	增值税	集团财务部/财务管理处	税务系统	增值税纳税申报表附表一	系统	手工	纳税检查调整销项（应纳）税额		经税务、财政、审计部门检查应调整的税额	按照税率和征税项目两个维度，分类汇总税务事项通知书等资料中记载的税额	外部标准	税务总局关于	全月累计	三级公司、四级公司、五级公司	国家（地区）、省、市、区县	
132	增值税	集团财务部/财务管理处	税务系统	增值税纳税申报表附表一	系统	月度	合计销售额		各类销售额的合计数	按照税率和征税项目两个维度，分类计算：合计销售额=开具增值税专用发票销售额+开具其他发票销售额+未开具发票销售额+纳税检查调整销售额	外部标准	税务总局关于	全月累计	三级公司、四级公司、五级公司	国家（地区）、省、市、区县	
133	增值税	集团财务部/财务管理处	税务系统	增值税纳税申报表附表一	系统	月度	合计销项（应纳）税额		各类销项（应纳）税额的合计数	按照税率和征税项目两个维度，分类计算：合计销项（应纳）税额=开具增值税专用发票销项（应纳）税额+开具其他发票销项（应纳）税额+未开具发票销项（应纳）税额+纳税检查调整销项（应纳）税额	外部标准	税务总局关于	全月累计	三级公司、四级公司、五级公司	国家（地区）、省、市、区县	
134	增值税	集团财务部/财务管理处	税务系统	增值税纳税申报表附表一	系统	月度	合计价税合计		销售额、销项（应纳）税额的合计值，即含税销售额	按照税率和征税项目两个维度，分类计算：合计价税合计=合计销售额+合计销项（应纳）税额	外部标准	税务总局关于	全月累计	三级公司、四级公司、五级公司	国家（地区）、省、市、区县	
135	增值税	集团财务部/财务管理处	税务系统	增值税纳税申报表附表一	系统	月度	服务、不动产和无形资产扣除项目实际扣除金额		对于服务、不动产和无形资产等征税项目，根据税法规定和当期扣除前税额计算得出的、实际能够从销售额中扣除的金额	根据税率和征收率，取附表三“服务、不动产和无形资产扣除项目本期实际扣除金额”字段。服务、不动产和无形资产无扣除项目的，为“0”。	专家意见	税务总局关于	全月累计	三级公司、四级公司、五级公司	国家（地区）、省、市、区县	
136	增值税	集团财务部/财务管理处	税务系统	增值税纳税申报表附表一	系统	月度	扣除后含税（免税）销售额		对于服务、不动产和无形资产等征税项目，减去实际扣除金额后的金额	扣除后含税（免税）销售额=合计价税合计−服务、不动产和无形资产扣除项目实际扣除金额	外部标准	税务总局关于	全月累计	三级公司、四级公司、五级公司	国家（地区）、省、市、区县	
	增值税	集团财务部/财务管理处	税务系统	增值税纳税申报表附表一	系统	月度	扣除后销项（应纳）税额		对于服务、不动产和无形资产等征税项目，扣除税法允许扣除的金额后重新计算的税额	等于扣除后含税（免税）销售额÷（100%+对应税率或征收率）×对应税率或征收率。下列特殊情况除外：（1）服务、不动产和无形资产按照一般计税方法计税 13%税率的服务、不动产和无形资产/9%税率的服务、不动产和无形资产：若服务、不动产和无形资产扣除项目本期实际扣除金额为0，则等于合计销项（应纳）税额，若服务、不动产和无形资产扣除项目本期实际扣除金额不为0，则仍按照公式计算。 按照一般计税方法计税的即征即退服务、不动产和无形资产，有扣除项目的，按公式计算；无扣除项目的，	外部标准	税务总局关于	全月累计	三级公司、四级公司、五级公司	国家（地区）、省、市、区县	

填写说明　指标数据标准分类框架　指标数据标准　维度库

图 7–4　涉税数据指标标准定义

档等的税金的计算和缴纳全流程，如图 7-5 所示。

（2）"四步法"实现纳税申报的流程标准化（全税种统一）如图 7-6 所示。

（3）企业系统上线效果对比如下。

①系统上线前面临的问题包括：

- 集团性企业业务范围广，工作量大，一线税务人员的工作任务繁重；

- 手工处理业务相对更容易出错，且不同人员的工作方法不同，集团难以对工作方法的合规性进行有效监督；

- 手工数据难以进行有效归档，不便于工作交接，工作记录的丢失也可能给企业带来税务风险；

- 手工数据难以进行实时的统计，不便于区域总部及总部领导进行监控与管理。

②系统上线应用效果如下：

- 实时处理大量数据，降低一线税务人员工作量，提高工作效率；

- 按照合规的方法对系统操作流程进行设计，根据各地实际操作进行灵活配置，并嵌套风险控制指标，增强合规水平，降低税务风险；

- 系统对税务数据分类与归档，并上传到云端，杜绝数据丢失；

- 税务数据按法人、区域、管理层级进行灵活的统计及关键指标分析，便于管理层及时进行整体税务情况管理。

4. 税企直连管理

根据各省级税务机关政策及税务系统建设规划，集团税务系统

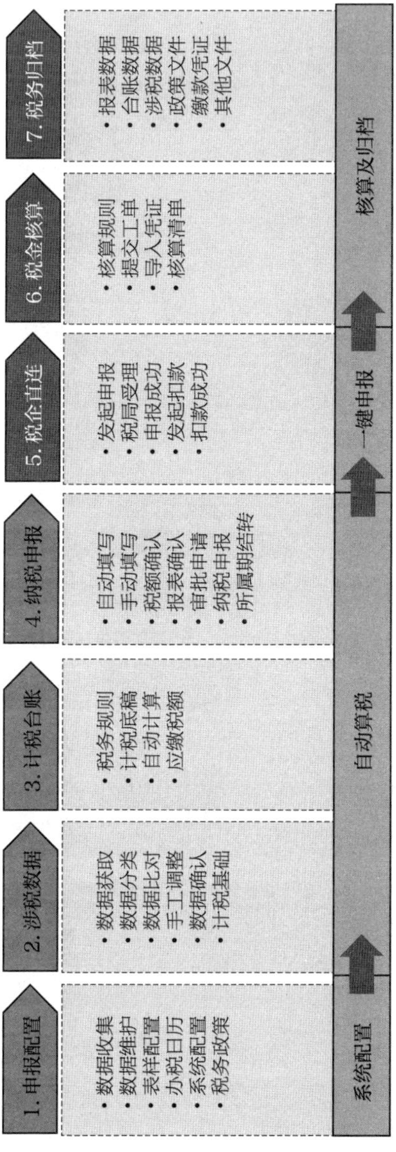

图 7-5 自动申报系统架构设计

1. 申报配置	2. 涉税数据	3. 计税台账	4. 纳税申报	5. 税企直连	6. 税金核算	7. 税务归档
•数据收集 •数据维护 •表样配置 •办税日历 •系统配置 •税务政策	•数据获取 •数据分类 •数据比对 •手工调整 •数据确认 •计税基础	•税务规则 •计税底稿 •自动计算 •应缴税额	•自动填写 •手动填写 •税额确认 •报表申请 •审批申报 •纳税申报 •所属期结转	•发起申报 •税局受理 •申报成功 •发起扣款 •扣款成功	•核算规则 •提交工单 •导入凭证 •核算清单	•报表数据 •台账数据 •涉税数据 •政策文件 •缴款凭证 •其他文件

系统配置 → 自动算税 → 一键申报 → 核算及归档

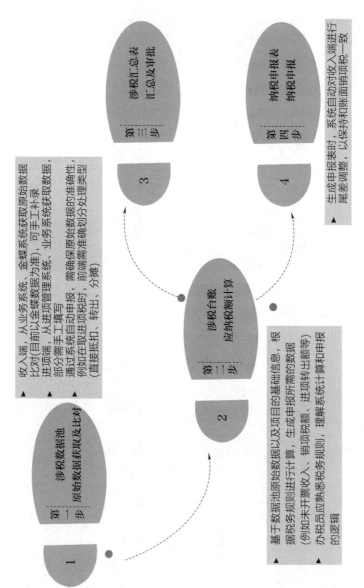

图 7-6 "四步法" 示意图

已打通税企直连通道（图7-7），减少了办税员的工作，提高办税效率，支持通过税务系统完成纳税申报、缴款及完税证明开具。

（三）税务核算一体化

税务核算是业财税一体化的重要环节，利用税务管理系统中纳税申报的数据来实现税金的预提和实缴凭证的自动制证，实现税金核算凭证的全面自动化。通过税务核算一体化，实现每一张税金凭证都有税务业务的支撑，降低手工制证可能存在的操作风险，在提升凭证自动化率的同时，实现了税务业务处理、自动算税、财务核算、电子归档的闭环管理。

1. 梳理并制定核算规则

财务核算科目的统一和核算规则标准化是税务核算一体化的前提。在此前提下，按照"同一业态、同一税种、同一规则"的原则，梳理出企业所有各业态（如房地产开发、商业管理、物业管理等）所涉及税种（如企业所得税、增值税等）的税金核算规则，形成标准化后固化到税务管理系统中，这是实现税务核算的标准化、一体化和自动化的基础条件。

2. 税务核算凭证模板的管理及分配

在税务管理系统中，以已经标准化的税务核算规则为基础配置税金凭证模板（税金凭证模板按照业务种类进行设置，比如一家纳税主体业务涵盖多个业务种类，应该分配多个税金凭证模板），按照各纳税主体所涉业务种类进行模板的按需分发，以达到支撑不同业态、不同税种的税金核算的目的。税金凭证的模板的设计应考虑不同的申报周期（比如：按次、按月、按季度、按半年和按

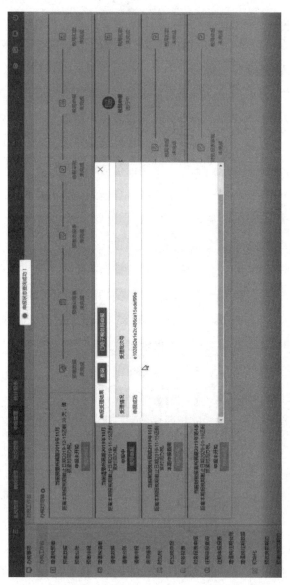

图 7-7　税企直联、一键申报示意图

年）和不同的税务业务场景，以税金的预缴和实缴为基础，将税务业务的各种场景考虑周全，才可以实现税务核算的自动化和高完整度，比如：应充分考虑更正申报、缓交、补缴和退税等各个场景的发生，系统需要自动判定各纳税主体所涉及的场景，并自动适配所需凭证模板以及对应的取数规则，进而完成数据的加工和自动制证。

3. 税务业务的处理

按照税务业务实际情况，税务专员需要在税务管理系统完成税金测算和自动算税，并完成审批和确认。对于税金的实缴，在完成自动算税之后将以税企直联的方式直接发起指令到税局进行申报和缴款，在税局缴款完成后，税务管理系统通过税企直联下载完税证明，并完成申报归档工作。对于存在其他税务业务场景的由税务专员进行相应的业务处理，如退税、补缴的台账登记等，确保系统中税务业务的完整。

4. 财务共享模式下的自动制证及电子归档

在完成税务业务的处理后，使用税金凭证模板，税务管理系统自动推送税金核算工单至财务共享平台，并附带已经影像化（税务管理系统需与企业影像系统对接）的纳税申报表、审批记录、完税证明等支持性文件，辅助财务共享中心专员进行税金凭证的工单审核，财务共享平台将自动匹配税金凭证以及税局扣款的银行流水，并完成对账。最后，系统会将所有相关支持性文件影像化并随凭证进行会计电子档案归档，完成税金核算的处理。

税务数字化管理系统涉税数据的应用

一、税局风险分析的主要方法及应对

1. 计算机风险扫描 + 人工专业复评

通过计算机自动风险扫描预判风险，再由人工专业复评"望闻问切"，靶向定位，不断提升风险分析的精确性。

2. 重点企业剖析 + 行业复制推广

针对部分行业风险同质性高的特点，利用专项取数表格将若干共性事项在行业进行推广。

3. 网络预警 + 跟踪分析

建立网络涉税信息分析预警机制，充分利用互联网公开数据，定期跟进经济热点问题，捕捉重大事项涉税风险，适时介入、事前提醒、不断提升企业遵从。

4. 发票利用 + 链条化风险分析

组建增值税发票分析专业团队，在千户集团集成分析的基础上，对增值税发票实行定向深挖，形成对其他分析结果的交叉验证和智力支持。

二、税务数字化趋势：利用涉税数据进行大数据比对，提前识别风险

1. 比对范围

纳税申报表及其附列资料信息包括：

• 开具的增值税发票信息

• 增值税一般纳税人取得的进项抵扣凭证信息

• 纳税人税款入库信息

• 优惠备案信息

• 申报比对所需的其他信息

2. 比对内容

表表比对：申报表表内、表间逻辑关系比对。

票表比对：各类发票、凭证、备案资格等信息与申报表进行比对。

表税比对：当期申报的应纳税款与当期的实际入库税款进行比对。

3. 常见异常

常见异常包括：

• 未开票收入出现负数

• 进项税额转出出现负数

• 当期开具发票（不包含不征税发票）的金额、税额合计数应小于或等于当期申报的销售额、税额合计数

• 当期已认证或确认的进项增值税专用发票上注明的金额、税额合计数小于申报表中本期申报抵扣的专用发票进项金额、税额合计数

• 无免税备案但有免税销售额异常情况及处理

异常比对结果经申报异常处理岗核实可以解除异常的，对纳税人税控设备进行解锁；企业应提供相关证明材料，对异常情况进行说明，经申报异常处理岗核实后，方可对税控设备进行解锁。

三、税务数字化趋势：税务机关高度重视增值税发票使用管理情况，企业需要自查

纳税人很可能因为一个小小的申报上的疏忽和发票问题而被扣分降级，因此需要规范申报纳税工作。

大企业常见增值税发票问题包括：

• 虚假发票

• 虚开发票

• 报销时是真发票，之后变为非正常、失联发票

• 重复报销

• 真发票，却难以举证

• 纳税信用等级降低的负面影响

• 评级低于 B 级的纳税人，不可申请退还增量留抵税额

• 影响税收优惠政策的申请，如资源综合利用项目相关增值税即征即退、促进残疾人就业增值税优惠、新型墙体材料相关增值税优惠等

• 影响其他资质证照的申请

• 列入重点监控对象，提高监督检查频次，发现税收违法违规行为的，不得适用规定处罚幅度内的最低标准等

税务数字化管理系统建设的风险控制

由于税务管理信息化工作涉及的面较广，受国家税务政策的影响较大，特别是"营改增"后，国家金税三 / 四期工程也在不断优化

完善，因此，公司的税务管理信息化的建设工作还存在一些困难和风险。克服困难、规避风险是企业建设税务数字化系统必须面对和解决的问题。

一、国家税收法规政策的变化对税务信息化建设的影响

税务信息系统的建设必须遵循国家税收方面的政策法规，这是系统建设的最基本原则，是刚性要求。同时，当国家税收政策发生调整变化时，系统也要进行相应的调整和优化，既要满足国家税务监管的需要，又要满足公司税务核算和管理的需要。因此，系统各功能模块之间的逻辑关系以及底层的数据架构，在严谨合规的同时，又要有适度的开放性。特别是当国家的税收政策发生重大调整和变化时，要有充分的准备以及积极的应对措施和解决方案。另外，由于受税务管理的行业性、地域性，以及税法与会计准则的差异等因素的影响，在标准化、规范化的前提下，要有一定的灵活性和方便性。

二、国家金税工程建设对税务信息化建设的影响

1994 年 3 月，国家成立了跨部门的国家税控系统建设协调领导小组，全面启动了以加强增值税管理为主要目标的"金税"工程。经过 20 多年的建设，完成了金税一期、金税二期、金税三期的税务信息工程建设，目前金税三期优化升级版也已经全面上线运行。国家在金税工程建设方面的这些重大举措，对企业的税务信息化建设产生了巨大的影响。特别是金税工程的不断持续优化升级，对企业的税务核算和税务管理提出了更高的要求。我们必须紧跟时代步伐，

按照国家政策法规的要求，加快企业的税务信息化建设工作。

三、业务系统信息不健全对税务信息化建设的影响

目前很多企业在系统的功能上很少有与会计核算直接相关的税务数据，财务人员基本靠手工完成各种税额的计算、申报、缴交等工作，效率低，且存在一定的错报、漏报等税务风险。因此，加大对业务系统的改造力度，实现全税种的信息化管理是今后企业税务信息系统建设的重点工作。

四、数据治理难度大，企业数据质量对税务数字化管理系统建设的影响

企业的内部业务和财务数据的数据质量是影响税务数字化管理系统建设的关键因素，从笔者的经历和对其他企业的了解来看，这部分也是当前大多数企业的短板，没有业务标准化，没有数据指标标准，更谈不上建立数据资产。以全税种纳税申报的自动算税为例，申报口径的数据梳理，数据来源广，牵涉业务线和部门多，对数据梳理、规范、落地难度巨大；数据质量至关重要，涉税主数据和业务数据清洗难度大，时间长，数据治理在一定程度上决定了项目最终成败；要统一治理、逐家清洗。

五、复合型管理人才不足对税务信息化建设的影响

在"互联网＋税务"的大趋势下，信息化在税务业务方面的应用将越来越广泛，建设好、应用好税务信息管理系统，必须有一支

税务信息化人才队伍作为保证。近年来国家不断实施税制新政，相关政策法规变化较大，需要财务税务人员不断学习，具备相当专业的知识水平，能够将税务与财务管理融会贯通，做好纳税筹划。同时，国家《"互联网＋税务"行动计划》的全面推进，标志着国家的税务信息化进入全新的阶段，信息化人才是税务信息化建设的关键。因此，企业急需培养和引进既懂财税又懂信息化的复合型人才，促进税务信息化系统建设健康有序发展。

第八章

建立集中统一的财务核算基础体系

多元业务大型集团在建设及应用财务核算系统过程中，常常面临因财务核算基础体系标准化顶层设计缺失以及标准管控不到位带来的数据孤岛、数据质量差、数据管理和维护成本高等典型问题，进而影响财务系统在企业经营管理过程中的数据分析和决策支撑能力。

2022 年 3 月，国资委发布了《关于中央企业加快建设世界一流财务管理体系的指导意见》，明确通过建立健全统一的财务核算和报告体系，统一集团内同行业、同板块、同业务的会计科目、会计政策和会计估计，统一核算标准和流程，确保会计核算和报告规范化、标准化。多元业务大型集团在建设财务核算系统过程中，需充分做好核算组织架构、会计科目体系、固定资产类别、收付款信息、客户及供应商等基础数据标准化顶层设计，统一设置原则及管控思路，使集团及各成员企业通过应用统一财务核算基础体系的财务系统，达到强化核算报告、实现财务合规精准的管理目标。

财务核算组织架构管理

一、财务核算组织架构的设置原则

1. 财务账套的编码及命名

（1）明确财务账套编码需包含哪些关键要素，形成统一编码规则进行全局管控。例如，以产权代码、统一社会信用代码为基础要素，以地区代码、业态代码等为辅助要素，结合数字流水码作为统一编码规则，便于识别和维护管理。

（2）常规财务账套应以核算组织的全称命名，特殊财务账套应在核算组织全称的基础上增加特殊核算业务的简称，便于识别和维护管理。例如，A 公司的常规核算账套名称为"A 公司"，A 公司的工会核算账套名称为"A 公司—工会"。

2. 核算架构的设置

（1）明确定义每个核算组织层级的名称和描述，以确保用户理解其职责和功能。例如：集团总部、业务板块、区域、城市等，级别的定义可以包括各级组织的主要职能和地理位置。

（2）创建组织层级图示，以图形方式展示各级核算组织之间的关系。这有助于员工更清晰地了解组织结构，例如，图示可以包括箭头表示上下级关系。

（3）制定层级调整规则，以解释如何进行层级的新增、条件、禁用或封存。确保变更过程有明确的指导，例如，规定需提供变更申请并经过审批流程。

（4）明确定义各个核算组织之间的上下级关系，以建立正确的数据汇总和报告体系。例如，哪个分公司隶属于总部，可以明确规定各级组织的汇报关系。

（5）数据传递机制：确定如何在不同核算组织之间传递数据和报告信息，以确保数据的准确性和一致性。例如，可以规定使用特定的报告模板和传递频率来确保数据的一致性。

二、财务核算架构的应用案例

A地产集团作为一个综合性地产集团公司，其主营业务包括房地产开发、投资性房地产和物业管理业务，建立一个有效的财务核算系统的核算组织架构至关重要。以下是该集团财务核算系统的核算组织架构设置方案、管理要点，以及取得的应用及管理成效的详细说明。

1. 设置方案

（1）层级结构

A地产集团的核算组织架构包括以下层级：

- 集团总部
- 房地产开发业务板块
- 投资性房地产业务板块
- 物业管理业务板块
- 区域（片区）、城市
- 实体组织

（2）组织关系

集团总部：作为企业战略规划和决策中心，是A地产集团的核算组织架构的最顶层，负责制定统一的财务核算基础体系并监控落地。

各业务板块：是 A 地产集团的核算组织架构的第二层，执行落地统一的财务核算基础体系，并在此基础上负责制定相应业务板块细化规则并监控落地。

区域、城市：是 A 地产集团的核算组织架构的第三、四层，执行落地统一的财务核算基础体系以及相应业务板块的细化规则。

2. 管理要点

（1）命名与编码：每个核算组织的命名均按照层级设置和业务特点进行明确定义。房地产开发板块的核算组织名称为"A 地产—房地产开发"，采用编码"A001"，明确组织架构的识别和管理。

（2）层级汇报关系：确保各级核算组织之间的关系清晰，上下级关系和交叉关系明确规定，便于核算组织的数据汇总和报告的准确性。

（3）层级调整规则：明确了如何进行核算组织的新增、条件、禁用或封存，包括变更申请和审批流程以减少混乱和不规范的变更。

（4）明确组织职责功能：确保每个核算组织的职责和功能清晰，有助于提高工作效率。

（5）规范数据传递机制：通过规定报告模板和传递频率，确保数据的一致性和准确性。

3. 应用成效

（1）数据准确性：通过标准化的核算组织架构，数据的准确性得到提高，降低了数据错误和人工干预的风险。

（2）数据可比性：标准化的核算组织架构提高了各级核算组织

数据的可比性和可操作性，有助于支持业务决策。

（3）成本控制：管理规范和规则的实施降低了数据管理和维护的成本。

（4）合规性和风险管理：集团能够更好地满足监管和法规合规性，减少潜在风险，保障财务数据的安全。

（5）财务效率提升：财务核算系统的应用和管理成效，使集团降低了数据处理和报告的时间和成本，提高了整体的财务效率。

通过明确的核算组织架构和细致的管理，A地产集团能够更好地管理其多元化的业务，提高财务数据的管理和报告效率，并为决策制定提供更好的支持。

会计科目体系管理

一、会计科目体系的设置原则

1. 会计科目体系的层级结构

（1）定义层级数量：审视企业的需求和规模，确定适当的层级数量。根据企业的需求，会计科目的层级结构可以包括主科目、子科目、明细科目等层级。例如，如果企业需要更详细的财务分析，可以增加子科目和细目，确保层级数量满足实际需求。

（2）划分科目类别：划分科目类别，如资产、负债、权益、成本和损益等，确保科目的分类清晰明了。这有助于财务报表的准确生成和分析。例如，资产类别包括现金、固定资产、应收账款等，费用类别可以包括人工成本、租金、水电费用等。

（3）建立层级关系：确定不同层级科目之间的关系，以构建树状结构。例如，主科目可以有多个子科目，每个子科目可以有多个细目，确保层级结构的逻辑性。例如，在主科目"费用"下，子科目"人工成本"可以包括细目"工资""社会保险费"等。

2. 会计科目体系的编号

（1）编码格式规定：制定编码格式规定，确定数字、字母、特殊字符等的使用方式。例如，规定数字表示层级，字母表示科目类别，特殊字符表示关系等。例如，编码格式可以采用"1001.01.01"，其中第一组数字表示主科目，第二组数字表示子科目，第三组数字表示细目。

（2）唯一性保证：确保每个科目都有唯一的编码，避免编码重复。可以使用自动编号系统，确保唯一性。例如，系统可以自动生成唯一的编码，根据科目的层级关系和类别来分配编码。

（3）编码文档和维护：创建编码文档和维护手册，以记录每个科目的编码规则和含义。这有助于新员工的培训和科目信息的维护。文档和手册应包括编码规则的详细说明，示例和编码结构的解释。

3. 会计科目体系的命名

（1）制定命名模板：定义命名模板，包括科目性质、功能、部门、项目等元素。确保模板的设计能够满足各种科目的命名需求。例如，命名模板可以采用"性质—功能—部门—项目"的结构，以反映不同科目的属性。

（2）命名示例和规范：提供命名示例和规范，以帮助用户理解和遵循命名规则。示例可以包括不同类别的科目，以便员工模仿。

规范可以明确每个元素的含义和使用方式。例如，示例可以是"成本—人工成本—销售部—2023Q3"，规范可以说明"成本"表示成本类别，"销售部"表示部门。

（3）验证可理解性：在规则制定过程中，验证命名规则的可理解性和一致性，以确保科目名称不仅清晰，还易于理解。例如，可以进行培训和测试，以确保员工能够正确理解和应用命名规则。

二、会计科目体系的应用案例

对于 A 地产集团，建立一个有效的财务系统的会计科目体系至关重要。会计科目体系需要能够反映和支持各项业务的管理和核算需求，同时确保财务报告的准确性和透明度。以下是 A 地产集团的财务系统会计科目体系的设置方案、管理要点，以及取得的应用及管理成效的详细说明。

1. 设置方案

（1）主科目设置：A 地产集团的会计科目体系首先包括主科目，主科目的设立应反映集团整体的财务结构，包括但不限于以下几类主要科目：资产类、负债类、权益类、成本类、损益类科目。

（2）明细科目设置：每个主科目结合核算、管理需要划分多个子科目及明细科目，以便财务系统能详细地记录反馈各业务板块的财务数据，例如：

资产下的明细科目包括：土地、开发成本、开发商品等明细颗粒等。

损益下的明细科目包括：人工成本、运营成本、管理费用、销售费用的明细颗粒等。

2. 管理要点

（1）业务分析与核算：通过设置详细的子科目和细目，A 地产集团可以对不同业务领域的财务状况进行更精细的核算和分析，了解各个业务的盈利状况和资产负债情况。

（2）数据整合：集团财务系统需要能够整合各个子科目的财务数据，以生成综合报告和绩效分析，帮助管理层了解整体财务状况。

（3）财务数据透明度：通过明确的会计科目体系，集团可以提高财务数据的透明度，使各项业务的财务状况清晰可见。

（4）合规性和风险管理：集团需要确保会计科目体系的合规性，以满足监管和法规要求，并降低潜在风险。

3. 应用成效

（1）业务分析与决策支持：集团可以更好地了解各个业务领域的绩效，根据数据分析做出决策，例如选择在哪个业务领域进行资本投资或收缩。

（2）财务数据的一致性：集团通过会计科目体系的设置，确保不同业务领域的财务数据一致性，提高了财务数据的可比性和准确性。

（3）资源分配优化：集团可以根据各个业务领域的盈利状况，更有效地分配资源，包括资金、人力和时间。

（4）合规性和风险管理：集团能够更好地满足监管和法规合规性，减少潜在风险，保障财务数据的安全。

（5）财务效率提升：财务会计科目体系的应用和管理成效使集

团降低了数据处理和报告的时间和成本，提高了整体的财务效率。

通过明确的会计科目体系和细致的管理，A地产集团能够精准地核算和追踪各项成本、收入以及资产负债情况，有助于及时发现业务运营中的异常情况，有效降低财务风险，提高财务数据的管理和报告效率，提高财务决策的准确性和及时性。

现金流量项目管理

一、现金流量项目的设置原则

1. 现金流量项目的分类

（1）分类层级定义：制定清晰的现金流量项目分类层级，包括主分类和子分类。确保每个现金流量项目都能在正确的层级内得到归类。例如，主分类可以包括经营活动、投资活动、筹资活动等，而子分类可以进一步划分为收入、支出、投资等子类别。明确定义层级的数量和关系，以确保层级结构的合理性。

示例：

主分类：经营活动

子分类：销售收入

子分类：运营支出

主分类：投资活动

子分类：资本支出

子分类：投资收入

（2）定义分类标准：为每个分类层级明确定义分类标准，以确保一致性和准确性。例如，经营活动的子分类可以包括销售收入、运营支出、税款支付等。这有助于确保不同业务交易都能被正确分类，并便于财务报表的准确生成。

示例：

> 经营活动——子分类：销售收入
> 项目 1：产品销售
> 项目 2：服务销售
>
> 经营活动——子分类：运营支出
> 项目 1：工资支出
> 项目 2：租金支付

（3）示例和模板：提供分类示例和模板，以帮助用户理解和遵循分类规则。示例可以包括不同业务交易的现金流量项目，以便员工模仿。模板可以作为指导，帮助用户在不同情况下正确应用分类规则。

示例：

> 模板：主分类——子分类——项目

示例：经营活动—销售收入—产品销售

示例：投资活动—资本支出—购买新设备

2. 现金流量项目的编码

（1）编码元素规定：确定编码规则所需的元素，如数字、字母、特殊字符等。规定元素的使用方式，以避免重复和混淆。例如，确定编码格式，包括数字表示层级，字母表示分类，特殊字符用于分隔。

示例：

编码格式：X.Y.Z

X 表示主分类

Y 表示子分类

Z 表示项目

（2）唯一性保证：确保每个现金流量项目都有唯一的编码，避免编码重复。这可以通过自动编号系统来实现，确保唯一性。编码系统应能够自动生成唯一的编码，根据项目的层级关系和类别来分配编码。

示例：

自动编号系统确保不同项目都有唯一编码。

项目 A：001.02.01

项目 B：001.02.02

（3）编码文档和维护：创建编码文档和维护手册，以记录每个现金流量项目的编码规则和含义。这有助于新员工的培训和现金流量项目信息的维护。文档和手册应包括编码规则的详细说明，示例和编码结构的解释。

二、现金流量项目的应用案例

对于 A 地产集团这样多元化的房地产企业，现金流量项目体系需要能够反映和支持房地产开发、投资性房地产和物业管理等不同业务领域的管理和核算需求，同时确保财务报告的准确性和透明度。以下是 A 地产集团的财务系统现金流量项目设置方案、管理要点，以及取得的应用及管理成效的详细说明。

1. 设置方案

（1）主分类定义：A 地产集团的现金流量项目首先应包括主分类，用于对不同业务领域进行总体分类。主分类的设立应反映集团整体的财务结构，包括但不限于以下几个主要类别：经营活动、投资活动、筹资活动等。

（2）子分类划分：每个主分类下再划分为多个子分类，以更详细地记录各项业务的现金流量变动。子分类需要根据不同的业务领域进行划分，例如，经营活动下的子分类可以包括销售收入、运营支出、税款支付等；投资活动下的子分类可以包括投资购买、投资收益、处置资产等；筹资活动下的子分类可以包括借款、偿还债务、股权分配等。

2. 管理要点

（1）业务分析与核算：通过设置详细的子分类，A 地产集团可以对不同业务领域的现金流量变动进行更精细的核算和分析，了解各个业务板块的现金流量状况和盈利情况。

（2）数据整合：集团财务系统需要能够整合各个子分类的现金流量数据，以生成综合报告和绩效分析，了解整体现金流状况。

（3）财务数据透明度：通过明确的现金流量项目体系，集团可以提高现金流量数据的透明度，使各项业务的现金流量状况清晰可见。

（4）合规性和风险管理：集团需要确保现金流量项目体系的合规性，以满足监管和法规要求，并降低潜在风险。

3. 应用成效

（1）业务分析与决策支持：集团可以更好地了解各个业务领域的现金流状况，根据数据分析做出决策，例如选择在哪个业务领域进行资本投资或收缩。

（2）财务数据的一致性：集团通过现金流量项目体系的设置，确保不同业务领域的现金流量数据一致性，提高了现金流量数据的可比性和准确性。

（3）资源分配优化：集团可以根据各个业务领域的现金流量状况，更有效地分配资源，包括资金、人力和时间。

（4）合规性和风险管理：集团能够更好地满足监管和法规合规性，减少潜在风险，保障现金流量数据的安全。

（5）财务效率提升：财务现金流量项目体系的应用和管理成效使集团降低了数据处理和报告的时间和成本，提高了整体的财务效率。

通过明确的现金流量项目体系和细致的管理，A 地产集团能够准确把握企业资金的流入和流出情况，更好地掌握企业的资金状况和偿付能力，及时发现资金缺口和流动性风险，有效规避资金链断裂等潜在危机，进而提高企业的资金运作效率和经营效益。

辅助核算项目管理

一、辅助核算项目的设置原则

1. 辅助核算项目的类别

（1）明确定义类别：为每个辅助核算项目明确定义类别，如成本中心、项目、地区、部门等。确保类别的定义清晰且具体，以确保不同项目可以被正确分类和管理。

示例：

类别：成本中心

类别：项目

类别：地区

（2）业务需求分析：进行业务需求分析，以确定每个类别的必要性和适用性。不同类别可能适用于不同的业务场景，因此需要根据实际需要进行分类。业务需求分析应考虑公司的运营模式、报告需求和管理要求。

示例：

成本中心类别适用于跟踪不同部门的成本和开支

项目编号类别适用于跟踪不同项目的预算和开支

地区类别适用于区分不同地理位置的业务单位

（3）类别与层级结构：如果适用，定义类别之间的层级结构，以反映其之间的层次关系。例如，成本中心可以根据管理需要分为不同部门，形成层次结构。这有助于建立辅助核算项目的关系和层次。

示例：

部门1

部门2

部门3

2. 辅助核算项目的设置

（1）每个类别的规则：为每个类别规定详细的辅助核算项目明细项目规则。例如，对于成本中心类别，规定每个部门的成本中心明细项目，包括名称、编码、描述等。

示例：

名称：部门 A 成本中心

编码：C001

描述：描述部门 A 的成本中心

（2）明细项目的属性：定义每个明细项目的属性和特征，如名称、编码、描述等。这有助于明确每个明细项目的特点和用途。

示例：

名称：部门名称

编码：部门编码

描述：部门描述

（3）示例和模板：提供示例和模板，以帮助用户理解和遵循明细项目规则。示例可以包括不同部门的成本中心明细项目示例，以便员工模仿。模板可以作为指导，帮助用户正确应用规则。

示例：

模板：成本中心—部门名称—部门编码

示例：成本中心—部门 A—CC001

示例：成本中心—部门 B—CC002

（4）变更规则：规定如何处理明细项目的变更，包括新增、删除、合并、分割等。明确变更的审批流程和记录要求，以确保变更的合规性和可追溯性。

示例：

新增明细项目需要经过部门经理批准

删除明细项目需要经过部门负责人批准

合并或分割明细项目需要经过财务总监批准，并记录变更
原因

二、辅助核算项目的应用案例

1. 设置方案

（1）成本中心：成本中心是用于跟踪各项开支的重要辅助核算项目。在 A 地产集团的情况下，成本中心可以包括不同的项目、地产开发项目、物业管理项目等。每个成本中心将被分配一个独特的标识符，以便跟踪和核算相关成本。

示例：

项目 1—房地产开发项目

项目 2—投资性房地产项目

项目 3—物业管理项目

（2）地区：由于房地产业务通常涉及不同地区的运营，地区成为另一个重要的辅助核算项目。每个地区将分配一个独特的标识符，以便追踪和对比不同地区的财务表现。

示例：

　　地区 1—北京

　　地区 2—上海

　　地区 3—广州

（3）业务部门：为了更好地管理不同领域的业务，业务部门成为另一个关键的辅助核算项目。每个业务部门将分配一个独特的标识符，以跟踪和核算相关业务的绩效。

示例：

　　房地产开发部门

　　投资性房地产部门

　　物业管理部门

2. 管理要点

（1）编码的管理：每个辅助核算项目的编码都必须是唯一的，避免重复。建立标识符分配和管理机制，确保每个项目、地区、部门、客户都有唯一标识符。

（2）数据一致性：确保辅助核算项目的命名和编码的一致性，以避免混淆。规定一致的命名规则，如项目编号应包括项目名称的缩写或相关业务信息。

（3）变更规则：规定如何处理辅助核算项目的变更，包括新增、删除、合并、分割等。明确变更的审批流程和记录要求，以确保变更过程有秩序。

3. 应用成效

（1）业务分析与决策支持：集团能够更好地了解各个领域的财务状况，根据数据分析做出决策，例如选择在哪个地区或业务部门进行资本投资或收缩。

（2）资源分配优化：集团可以根据各个领域的财务状况，更有效地分配资源，包括资金、人力和时间。

（3）合规性和风险管理：辅助核算项目的设置确保了数据的合规性，以满足监管和法规要求，并降低了潜在风险。

（4）财务数据的透明度：通过明确的辅助核算项目，集团提高了数据的透明度，使各个领域的财务状况清晰可见。

（5）财务效率提升：财务辅助核算项目的应用和管理成效使集团降低了数据处理和报告的时间和成本，提高了整体的财务效率。

通过明确的辅助核算项目体系和细致的管理，A 地产集团能够准确地追踪和记录各项业务活动的相关数据，更好地分析和评估各项业务活动的经济效益和成本构成，进而优化资源配置和运营策略，提高企业的运营效率和竞争力。

固定资产类别管理

一、固定资产类别的设置原则

1. 固定资产的分类

（1）明确定义资产分类：为每个资产类别明确定义资产分类，如建筑、机械设备、办公设备、运输工具等。确保资产分类的定义清晰、全面，覆盖所有企业的固定资产。

示例：

资产分类：机械设备

资产分类：办公设备

资产分类：运输工具

（2）层级结构规定：如果适用，定义资产分类之间的层级结构，以反映其之间的层次关系。例如，机械设备可以进一步细分为生产设备、办公设备等子类别。

示例：

机械设备

生产设备

办公设备

（3）资产分类与折旧方法关联：确保每个资产分类与相应的折旧方法相关联。不同的资产分类可能需要不同的折旧方法，需要在规则中明确这种关系。

示例：

机械设备资产采用直线法折旧

办公设备资产采用减值法折旧

2. 固定资产的状态

（1）状态明确定义：为各种资产状态明确定义规则，如新购、在用、闲置、报废等。确保状态定义清晰、不容易混淆。

（2）状态变更规则：规定资产状态的变更规则，包括变更的条件、审批程序和记录要求。这有助于管理资产的使用情况。

示例：

资产从"在用"状态变更为"闲置"状态需要经过部门主管批准

资产从"报废"状态变更为"出售"状态需要财务部门批准，并记录变更原因

3. 固定资产的编码

（1）编码元素规定：确定编码规则所需的元素，如组织编码、资产类型、数字、特殊字符等，规定元素的使用方式，以避免重复和混淆。

（2）唯一性保证：确保每个资产都有唯一的编码，避免编码重复。这可以通过自动编号系统来实现，确保唯一性。

示例：

机械设备资产的编码：0001—JX—001

办公设备资产的编码：0001—BG—001

（3）编码文档和维护：创建编码文档和维护手册，以记录每个资产的编码规则和含义。这有助于新员工的培训和资产信息的维护。

示例：

    编码文档和维护手册包括资产编码规则、编码元素含义和示例编码的列表

二、固定资产类别的应用案例

1. 设置方案

（1）固定资产类别，以 A 地产集团为例，设置以下几个主要的固定资产类别，以便更好地跟踪和管理不同类型的资产。

土地：用于开发房地产项目的土地，包括开发前的土地购置成本、土地改良费用等。

房屋和建筑物：用于房地产开发和投资性房地产项目的建筑结构，包括住宅、商业和办公楼宇。

物业设备：用于物业管理业务的设备和设施，包括物业维护所需的设备。

车辆和交通工具：用于房地产开发和物业管理业务的车辆和交通工具，例如用于运输和维护的车辆。

（2）使用状态及变动方式，为更好地管理固定资产，A 地产集团可以设定使用状态和变动方式，以跟踪每个资产的情况和变动。

①使用状态

在用：表示资产正常使用，包括在房地产开发项目中使用的土

地、建筑物等。

闲置：表示资产不再用于生产，但仍然属于公司资产。例如，一个项目完成后，土地可能会暂时处于闲置状态。

维修维护：表示资产正在进行维修或维护，例如，建筑物的例行性维护。

报废：表示资产已经达到其有用寿命，不再可用或者无法修复。

②变动方式

购入：表示新购资产，包括土地、建筑物、设备等。

调拨：表示资产在不同项目或部门之间的内部调拨，例如，从一个房地产项目转移到另一个。

维修和更新：表示对资产进行维修和更新以延长其寿命，同时提高其价值。

处置：表示出售或处置资产，包括出售闲置资产或报废的资产。

2. 管理要点

（1）标准化编码：每个固定资产类别都应具有标准化的编码规则，以确保唯一性和一致性。

（2）数据分类和记录：对于每个固定资产类别，明确定义数据分类和记录要求，包括资产的折旧、维护、保险等信息。

（3）折旧方法关联：不同的固定资产类别可能需要采用不同的折旧方法，确保每个资产类别与相应的折旧方法相关联，以提供准确的财务信息。

（4）变动审批流程：制定变动方式的审批流程，以确保变动是经过授权和合规的。

（5）报废和处置规则：明确资产报废和处置的规则和程序，包括评估报废资产的价值、销售程序和处置记录的保留。

（6）定期审查和更新：固定资产类别、使用状态和变动方式的设置需要定期审查和更新，以适应业务的发展和变化。

3. 应用成效

（1）数据准确性：标准化编码和数据分类确保了固定资产数据的准确性和一致性，提高了财务报告的可信度。

（2）成本控制：通过明确变动方式和审批流程，有效控制新资产的购入和旧资产的处置，降低了不必要的开支。

（3）合规性和风险管理：规范的报废和处置规则确保了合规性和降低了法律风险，同时提高了数据的可追溯性。

（4）资产维护效率：定期审查和更新保持了规则的适应性，使固定资产管理更具效率和灵活性。

通过明确的固定资产类别、使用状态、变动方式管理，A地产集团能够更好地管理固定资产、更好地控制成本及合规风险，提高资产利用效率和降低维护成本，实现对固定资产的精细化管理。

收付款信息管理

一、金融机构、行名行号、银行账户的设置原则

1. 金融机构、行名行号、银行账户的格式

（1）字符格式：制定明确的字符使用规则，确保金融机构、行名行号、银行账户的信息都符合特定字符要求。例如，指定使用大

写字母、数字、短划线等。

（2）长度要求：规定每个字段的长度要求，以确保信息不过长或过短。不同字段可以有不同的长度要求，根据信息的性质和用途来确定。

（3）数据标准：根据国际或行业标准，确保金融机构、行名行号、银行账户的信息格式与标准一致，确保信息的互操作性和可比性。

2. 金融机构、行名行号、银行账户的编码

（1）唯一性保证：确保每个金融机构、行名行号、银行账户都有唯一的编码，避免重复。编码可以基于地区、机构类型、行号等信息，以区分不同金融机构和账户。

（2）编码生成规则：规定如何生成编码，包括编码中包含的信息和生成方法。这可以包括根据机构名称的首字母、行号、地区代码等生成编码。

（3）编码文档和维护：创建编码文档和维护手册，以记录每个金融机构、行名行号、银行账户的编码规则和含义。这有助于新员工的培训和信息的维护。

二、金融机构、行名行号、银行账户的应用案例

A 地产集团主营多元业务，包括房地产开发、投资性房地产和物业管理。为了有效管理和结算与这些业务相关的资金流动，需要一个完善的资金结算系统设置。以下是 A 地产集团的资金结算系统的设置方案。

1. 设置方案

（1）金融机构设置方案

A 地产集团应设定主要的金融机构，以便进行资金管理和交易。这些金融机构可以包括商业银行、投资银行、基金管理公司等。每个金融机构的设置应包括以下元素：

名称：金融机构的正式名称，以便明确身份。

账户信息：包括账户号码、开户行地址等细节信息。

联系信息：需要存储金融机构的联系信息，包括电话号码、电子邮件地址等。

结算货币：指定每个金融机构的结算货币，以便管理不同币种的交易。

（2）行名行号设置方案

行名行号是与金融机构相关的重要标识。A 地产集团应建立一个明确的行名行号数据库，以便为与不同金融机构的交易提供准确的信息。设置方案应包括：

行名行号表：包括每个金融机构的行名行号，以及相应的机构信息。

国际行名行号：如果 A 地产集团进行跨国交易，需要存储国际行名行号，以确保国际支付的准确性。

更新机制：定期更新行名行号表，以反映新金融机构的加入或现有机构信息的更改。

（3）银行账户设置方案

对于房地产开发、投资性房地产和物业管理等不同业务，A 地产集团需要设定相应的银行账户。设置方案包括：

业务账户：分别为不同业务设定专用账户，以便跟踪资金流向。

关联性质：指定每个账户的关联性质，例如，用于投资、收入、支出等。

访问权限：确定哪些员工或部门可以访问和操作特定账户。

（4）结算方式设置方案

A地产集团应制定结算方式，以决定不同交易如何结算。设置方案包括：

付款方式：包括电汇、支票、信用卡等。

结算周期：确定不同业务的结算周期，例如，房地产开发可能需要更短的结算周期，而物业管理可能有更灵活的结算安排。

批准程序：规定需要审批的交易金额范围，以确保资金安全。

2. 管理要点

（1）业务分离管理：通过设定不同的银行账户和结算方式，可以更好地管理不同业务领域的资金流动，确保资源不被混用。

（2）合规性与风险控制：通过设定行名行号和金融机构信息，有助于合规性和风险控制，防止与未知或不受信任的金融机构进行交易。

（3）效率与跟踪：清晰的金融系统设置使得资金流动更高效，也更容易跟踪和审计不同交易。

3. 应用成效

（1）业务分离：A地产集团可以更容易将资金用于特定业务，有助于业务分离和财务控制。

（2）风险降低：通过设置金融机构信息，可以防止未知金融机构的不当交易，降低了潜在的风险。

（3）资源优化：清晰的结算方式有助于资源分配和资金管理的优化，提高了财务效率。

（4）合规性：有助于满足合规性要求，提高了公司财务运作的合法性和可追溯性。

通过明确的金融机构、行名行号、银行账户管理，为集团提供了资金安全、财务透明度、资金效率和风险管理的优势，提高了企业资金使用效率和运营效益，保障了企业资金的安全性和稳定性。

客户与供应商信息管理

一、客户与供应商信息的设置原则

1. 客户与供应商信息的格式

（1）字段类型和长度：定义每个信息字段的数据类型（如文本、数字、日期等）和最大长度。例如，公司名称可以是文本，最大长度为 100 字符，税号可以是数字，最大长度为 15 位。

（2）字符集和特殊字符：规定所使用的字符集，以确保一致性。同时，明确禁止或允许使用哪些特殊字符。这有助于防止非标准字符引入系统。

（3）日期格式：确定日期格式，以确保日期信息的统一性。例如，日期可以采用 YYYY-MM-DD 格式。

2. 客户与供应商信息的必填字段

（1）核心信息：确定哪些字段被视为核心信息，例如公司名称、联系信息、统一社会信用代码、税号等。这些字段必须填写，以确保数据的完整性。

（2）数据校验规则：制定数据校验规则，以确保必填字段的信息符合预定标准。例如，税号必须是合法的税号格式，电话号码必须符合特定国家的格式。

示例：

税号字段必须是有效的国家税务机构分配的格式，如"123-456-789"

电话号码字段必须符合国际电话号码格式，如"+1-123-456-7890"

（3）缺失字段处理：规定如果某个必填字段缺失，将如何处理。可以要求用户提供缺失信息，或者在一定情况下允许暂时性的例外。

二、客户与供应商信息的应用案例

A 地产集团主要经营房地产开发、投资性房地产和物业管理业务，因此，有效的客户与供应商信息管理对于维护业务伙伴关系、高效交易和财务控制至关重要。以下是 A 地产集团的客户与供应商信息设置方案：

1. 设置方案

（1）客户信息设置方案。

客户分类：A 地产集团可以根据业务需求将客户分为不同的类

别，例如购房客户、租赁客户、合作伙伴等。这有助于更好地识别不同客户群体的需求和特点。

客户信息记录：每个客户的信息记录应包括客户名称、联系信息、合同历史、付款记录等。这些记录有助于建立客户档案，了解其历史交易和付款情况。

信用评估：为了降低风险，A 地产集团可以建立客户信用评估体系，以确定哪些客户可以享受信用购房或租赁服务。

合同管理：客户信息系统应与合同管理系统集成，以便跟踪每个客户的合同和相关支付。

（2）供应商信息设置方案。

供应商分类：为了更好地管理不同类型的供应商，A 地产集团可以将供应商分为原材料供应商、服务供应商、外包供应商等不同类别。

供应商信息记录：每个供应商的信息记录应包括供应商名称、联系信息、交易历史、付款历史等。这有助于建立供应商档案，了解其过去的交易和供货情况。

供应商评估：A 地产集团可以建立供应商绩效评估体系，以确定哪些供应商在交货、质量和价格方面表现良好。

合同管理：供应商信息系统应与合同管理系统集成，以跟踪与供应商的合同和相关付款。

2. 管理要点

（1）数据集成：客户和供应商信息应与财务系统、合同管理系统、CRM（客户关系管理）系统等相关系统集成，以确保数据的一致性和准确性。

（2）风险降低：通过客户信用评估和供应商绩效评估，降低潜在的风险，确保只与可信赖的业务伙伴合作。

（3）客户满意度提升：借助 CRM 系统，实现更好的客户关系管理，提供个性化的客户服务，提升客户满意度。

3. 应用成效

（1）业务伙伴关系改善：通过客户信息系统，A 地产集团能够更好地了解客户需求和历史，从而改善与客户的关系，提供更好的产品和服务。

（2）供应链优化：通过供应商信息系统，A 地产集团能够更好地管理供应商合作关系，提高供应链效率和质量。

（3）风险降低：通过客户信用评估和供应商绩效评估，降低了潜在的经济风险。

（4）业务决策支持：客户与供应商数据的完整性和准确性提供了更好的业务决策支持，帮助 A 地产集团实现更好的财务和运营管理。

明确的客户与供应商信息管理，为集团维护业务伙伴关系、提高交易效率、降低风险和控制成本提供了重要支持，有助于企业的可持续发展。

财务核算基础体系的统一管控举措

一、组织与机制保障

1. 建立管理团队

设立专门的管理团队或委员会，负责制定和维护财务核算基础资料管理规则。团队可以包括财务部门代表、IT 专家和高级管理层成员，确保团队成员充分了解财务核算基础资料统一管控的重要性。

2. 明确团队职责

确定每个团队成员的职责和任务，包括审核新信息、维护现有信息、协助用户等。提供团队成员所需的培训，以确保他们了解财务核算基础资料的设置规则、审批流程和质量标准

3. 制定制度规范

制定集团级财务核算基础资料管理办法，明确财务核算基础体系设置规则的制定、更新以及审查机制，以确保这些办法具备通用性和合规性。

4. 实施权责流程

实施财务核算基础资料审批工作流程，确保财务核算基础资料增减变动都经过审批。审批流程应包括相关部门的批准和授权，如财务部门、高级管理层等。确保审批流程的步骤和条件明确规定，包括提交审批的方式、所需文档、审批时限等。

二、系统权限管控

1. 角色和权限分配

制定明确的角色和权限分配，确保只有相关人员能够创建或修改财务核算基础资料，为不同的用户角色分配适当的权限，以控制其对财务核算基础资料的访问。

2. 访问控制列表

使用访问控制列表来管理谁可以访问和修改财务核算基础资料，

列表可以包括用户、角色、项目类别等维度。

三、日常巡检治理

1. 规则巡检

在财务系统中设置自动规则检查机制，以验证新增财务核算基础资料是否符合设置规则。这可以包括科目编号的有效性检查、名称规则匹配等。

2. 异常控制

实现规则检查后，系统应立即提供反馈，指出任何不符合规则的地方，控制不合规的财务核算基础资料新增或修改操作，避免数据错误的产生。

3. 数据治理

制定数据治理规则，包括删除重复记录、修正错误信息、标准化数据格式等，确保财务核算基础资料数据持续准确可用。

四、用户宣贯培训

1. 培训计划

制订用户培训计划，包括系统上线培训和常规应用培训，确保集团及各成员企业财务人员了解财务核算基础资料设置规则和业务流程。

2. 持续宣贯

持续做好集团及各成员企业宣贯工作，通过会计政策、流程宣传和激励机制来提高财务人员对财务核算基础资料准确性与合规性的重视。

通过财务核算基础数据标准化顶层设计，结合统一管控举措，多元业务集团企业在建设及应用财务核算系统过程中，可以有效建立统一的财务核算基础体系，确保财务系统数据的准确性、合规性和完整性，为企业经营管理决策提供可靠的数据支撑，最终实现强化核算报告、财务合规精准的管理目标。